KB193691

인문학으로 비추어보는
의료 발전의 이면

iMH
경희대학교 인문학연구원
HK+통합의료인문학연구단
통합의료인문학
학 술 총 서_13

인문학으로 비추어보는
의료 발전의 이면

김승래 김태은 박성호 이동규 정세권 조민하 조태구 최성운 지음

The Humanities Perspective
on the Underside of Medical Development

도서출판 모시는사람들

경희대학교 인문학연구원 HK+통합의료인문학연구단은 인문학 중심의 학제 간 의료인문학 연구를 수행하면서 첨단 의료 기술의 급속한 발전 앞에 선 우리에게 인간의 가치를 다시금 일깨우려는 목적으로 2019년부터 지난 6년간 지속적인 연구 및 교육, 사회적 확산 활동 등을 수행해 왔습니다.

어느덧 여섯 번째 해를 마무리하고 있는 현시점에서, 본 연구단은 지금껏 축적해 온 연구 성과들을 종합하고, 이를 토대로 앞으로의 의료가 나아가야 할 방향을 제시해야 하는 책임감을 느끼고 있습니다. 그리하여 본 연구단에서는 "좋은 의료란 무엇인가?"라는 최종적인 질문 앞에서 의료인문학이 내놓을 수 있는 답을 모색하고 정리해 나가고자 합니다.

좋은 의료란 과연 무엇일까요? 이에 대답하기에 앞서서, 우리는 먼저 좋은 의료의 대척점에 놓인 것이 무엇인지부터 제시해야 한다는 문제의식에 도달했습니다. 의료의 여러 장면에서 우리가 겪은 수많은 오류와 시행착오, 굴절과 변질의 문제를 하나하나 짚어 나가야지만 비로소 '좋은 의료'라는 것에 대한 인문학적 접근이 가능하다고 보았기 때문입니다.

이는 결코 '나쁜 의료'를 말하고자 하는 것이 아닙니다. 인간의 생명을 보호하고 건강을 증진시키고자 하는 무수한 시도들을 결과론적인 관점으로 소급하여 '나쁘다'고 평가하는 것은 섣부른 일일 것입니다. 그러나 의도의 선량함이, 혹은 기술의 발전이 반드시 인간을 행복하게 만들어 주는 것이 아님도 분명합니다. 의료란 궁극적으로 사람을 살리기 위해 존재하는 것이지만, 동시에 의료가 항상 모든 사람을 건강하고 행복하게 만들어 주지는 않았던 것도 명백한 사실입니다.

학술총서 『인문학으로 비추어 보는 의료 발전의 이면』은 이러한 문제의식에 부응하기 위해 기획되었습니다. 의료문학, 의사학, 의철학을 위시한 각 분야의 저자들이 인문학적 관점에서 의료 발전 과정에서 나타난 또 다른 측면들을 조망하고, 이를 토대로 의료 앞에 선 인간의 가치는 무엇인지에 대해 비판적인 질문을 던져 보고자 하였습니다.

1부 〈의료의 그늘, 소외된 인간〉은 의료 발전을 위해 도입된 기술이나 제도 및 여타의 다양한 시도들이 본래의 의도와는 다르게 인간을 소외시키거나 억압한 사례들을 중심으로 구성되었습니다. 지역 내의 위생을 근거로 하여 외국인 조계의 확장을 꾀하고 현지의 중국인들에 대한 억압을 합리화한 사례를 다룬 김승래의 「조계의 의료와 '갑북'」, 현대 신경정신의학에서의 약물 치료가 초래한 부작용과 이를 극복하기 위한 대안들에 대한 비판적 의문을 제기한 김태은의 「중국의학에서의 심(心) 수양과 현대 동서의학의 심리치료」, 한국에서의 위생 가전의 대두 과정에서 공중보건

보다는 소비의 대상으로 변질, 소외된 일반인들을 다룬 정세권의 「1970
년대 실내로 들어온 '공해' 그리고 위생 가전의 등장」, 디지털 의료 기술의
발전 속도를 따라가지 못하고 소외되는 노년층의 문제에 집중한 조민하
의 「정보 기술의 발달과 노인의 헬스 리터러시」가 그것입니다.

  2부 〈인간이라는 프리즘, 의료를 굴절시키다〉에서는 의료에 대한 새로
운 지식이나 기술, 각종 제도나 실험 등이 사회나 문화, 혹은 인간 개개인
의 욕망 앞에서 어떤 식으로 변주되어 본래의 취지나 의도에 대비하여 어
떻게 변주되는지에 주목하였습니다. 1910년대 화류병 매약 광고를 중심
으로 사람들의 통념하에 당대 의학 지식이 굴절되는 양상을 탐구한 박성
호의 「광고를 통해 굴절된 근대 의료」, 영양학적 지식이 대중에게 전달되
는 과정에서 어떻게 재배치되고 변주되는지를 살펴본 이동규의 「식품과
건강에 대한 근대 지식의 성립과 한계」, 건강에 대한 도교의 가르침이 질
병 치료와 회춘 및 장수에 대한 담론으로 수용되는 과정에 주목한 최성운
의 「복식(服食)에 기반한 질병 치료와 회춘-장수 담론의 형성」, 태아 성감
별 문제를 중심으로 유전자 기술이 수용자에게 어떤 식으로 오도될 수 있
는지를 경계한 조태구의 「의료 기술의 발전과 위협받는 생명」 등을 수록
하였습니다.

  이러한 논의들을 통해 의료라는 '빛'이 인간을 비추는 과정에서 어떻게

굴절되고 반사되었는지, 그리고 어떤 형태의 '그늘'을 드리웠는지 다각도에서 조망할 수 있게 되기를 희망합니다. 나아가서는 본 연구단의 최종적인 도달점이자 새로운 의료인문학 연구를 위한 시발점이 될 "좋은 의료란 무엇인가?"에 대한 충실한 답변을 내놓는 데 유효한 마중물로서 자리매김할 수 있기를 바랍니다.

경희대학교 인문학연구원 HK+통합의료인문학연구단

차례

머리말 ── 5

1부 의료의 그늘, 소외된 인간

2부 인간이라는 프리즘, 의료를 굴절시키다

1부
의료의 그늘, 소외된 인간

조계의 의료와 '갑북'

―서구 의료의 상해 조계 주변 지역 인식과 그 영향

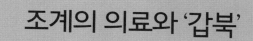

김승래
경희대학교 인문학연구원 HK+통합의료인문학연구단 HK연구교수

1. 서론

갑북(閘北)은 문자 그대로 갑문의 북쪽 지역을 의미하는 것으로, 지금의 중국 상해시 정안구(靜安區) 일부에 해당하는 지역이다. 이 지역을 흐르는 오송강(吳松江)에는 17세기 말과 18세기 초에 각기 한 차례씩 갑문이 설치되었다.[1] 이후 이 갑문의 북쪽에 인근 상해현(上海縣)과 보산현(寶山縣) 주민들이 이용하는 시장이 생기면서 자연스럽게 마을이 형성되었고, 이를 계기로 이 지역을 갑북이라 부르게 되었다.

남경조약과 호문조약의 결과로 상해를 비롯한 중국의 여러 개항장에 조계(租界)가 설치된 이래, 갑북 지역은 외국인들이 거주하는 조계와 불가분의 관계 속에 있었다. 특히 경제적으로, 두 지역은 노동력과 상품 거래를 통해 밀접하게 연결되어 있었다. 청이 조계라는 시스템을 받아들인 궁극적인 이유는 외국인의 격리 및 통제 때문이었지만, 19세기 중반 전란을 피해 조계로 유입된 대규모 중국인 피난민들이 그곳에 정착한 이후 그러한 정책은 유명무실해졌다. 결과적으로 조계의 범위를 규정하는 경계

---

1   張笑川, 『近代上海閘北居民社会生活』, 上海辞書出版社, 2009, p.28.

선은 일정한 실체를 가진 것으로만 보기에는 어렵게 되었다. 로버트 피덤(Robert Feetham)은 1932년 상해 공공조계 공부국의 행정 운영에 대해 상세한 조사 보고서를 발간하였을 때, 조계의 경계선에 대해서는 "눈에 보이는 경계선과는 달리, 각기 다른 지역 간의 이러한 경계선은 지도상의 선에 지나지 않으며, 일반적으로 모든 방향으로의 왕래가 존재하였다."라고 표현하기도 하였다.[2] 이 표현이 의미하는 바는 지도상에 표시된 조계의 경계선이 실제로는 엄격하게 그 내부와 외부를 구분하고 조계를 격리하는 것이 아니었으며, 조계의 '영향권'이라고 할 만한 흐릿한 영역이 조계 경계선의 안팎으로 중첩된 채 존재하고 있었다는 뜻이었다. 갑북은 명백하게 조계의 영향력을 받는, 또는 어떤 면에서는 영향을 주기도 하는 지역으로서 조계와 밀접한 관계 속에 있었다.

한편 갑북과 같은 인접 지역들은 때때로 조계 확장을 거쳐서 조계 내로 흡수되기도 하였다. 남경조약 이후 상해에 최초로 설립된 영국 조계(Shanghai British Settlement)를 비롯하여 상해에는 총 3곳의 조계가 있었는데, 이 중 영국 조계와 미국 조계가 합병되어 형성된 상해 공공조계(Shanghai International Settlement)는 점차 지역 내 중심지의 역할을 하며 영향력을 확대했다. 또한 단순히 영향력을 미치는 것에서 그치지 않고, 주변 지역을 향해 확장되기도 하였다. 따라서 조계의 주변 지역들은 도심의 배후지와 같은 위치에 있었을 뿐만 아니라, 동시에 언제든 도심에 포섭될

---

2   Richard Feetham, *Report of the Hon. Richard Feetham, C. M. G., Judge of the Supreme Court of the Union of South Africa, to the Shanghai Municipal Council* (Shanghai: North-China Daily News and Herald), 1931-1932, Vol. 1, p.19.

위기에 놓인 지역이기도 하였다.

그럼에도 불구하고, 조계의 주변 지역이지만 포섭되지 않고 독자적인 발전 단계를 밟아 나간 지역도 존재한다. 갑북은 그러한 대표적인 사례라고 할 수 있다. 갑북은 이미 1899년의 공공조계 확장 교섭에서부터 확장 대상 지역으로서 논의되었다. 이것은 갑북의 지리적 인접성 및 수로에 인접하였다는 교통 편의성 등 다양한 요인 때문이었다. 그러나 청은 물론 그 뒤를 이은 중화민국 정부도 갑북 지역이 공공조계에 포함되도록 허용하지 않았다. 조계의 외국인들은 이 지역에 대한 경찰 관할권을 조계 경찰이 갖는다고 주장해 왔으나, 갑북의 중국 경찰은 잦은 충돌에도 불구하고 관할권을 포기하지 않았다.

이처럼 중국 역대 정부까지 나서서 갑북 지역이 조계에 포섭되는 것을 저지해 온 이유에 대해서는 몇 가지 이유가 지적되었다. 우선 가장 일반적으로는 이 지역에 1898년 이후 송호철로(淞滬鐵路) 철도역이 건설되면서 중요성이 커졌다는 점이 지적되었다. 국가 기간 시설인 철도역이 외국인들의 영향력하에 놓이는 것은 중국 정부가 받아들일 수 없는 일이었다. 한편으로는 지역 내 중국인 상인들에 의하여 자치 시정이 추진된 결과 1906년부터는 반관반민의 지방 행정 기구가 설립되었다는 점도 지적할 수 있다.[3] 중국 지방정부는 조계의 행정력이 갑북 지역을 침범하는 것

---

3 물론 이 시기 갑북에서 이루어진 지방 행정은 아직 '지방 자치'라고 부르기는 어려운 것으로서, 반관반민이라는 운영 방식이 그 현실을 잘 보여주고 있다. 재정과 시스템의 부재는 민간에 의한 지방 자치의 실현을 어렵게 했다. 심지어 일부 연구에서는 태평천국 이후 청 지방 행정의 변화상을 지방 자치라는 개념과 연관시키는 것이 역사적 사실과 부합하지 않는다고 지적하기도 하였다. 실제로는 지방 자치의 확대와는

을 자신의 관할권에 대한 침범으로 받아들였다. 특히 프레데릭 웨이크먼 (Frederic Wakeman, Jr.)의 연구에 따르면 1920년대 후반 중국의 국민국가 형성 과정에서 갑북 지역을 포함한 상해 주변 지역의 중국 경찰의 성공적 인 운영이 극히 중시되었으며, 그 결과 갑북 방면을 향한 외국인들의 진 출이 점점 어려워졌다고 할 수 있다.[4]

갑북 지역의 이러한 역사적 특징은 상해의 역사가 조계를 중심으로만 형성된 일방적인 것이 아니었다는 점을 보여준다.[5] 장소천(張笑川)은 갑북 지역의 발전 과정에 관한 상세한 연구를 통하여 이 지역이 단순히 조계에 종속된 배후지로서의 의미만 있는 것이 아니라는 점을 증명하였다. 상술 한 프레데릭 웨이크먼의 연구 역시, 상해사에서 공공조계와 그 주변 지역 의 상호 관계가 중국사 내에서도 중요하다는 점을 지적한 것이라고 이해 할 수 있다. 결론적으로 일부 선행 연구들은 조계 확장 논의에서 조계 주 변 지역들이 지니는 성격과 의미를 고려할 필요성에 대해서도 제시해 준 다.

당연하게도, 조계의 외국인들은 이와 같은 갑북의 발전 과정에 대해 정 반대의 관점에서 보고 있었다. 예를 들어 1908년에 제기된 공공조계의 보

반대로, 도대와 같은 지방관의 역할이 확대되는 가운데 지방 행정 내에서 관의 영향 력이 오히려 강화되었다고 보아야 할 것이다. 馮賢亮, 「從國家到地方 : 淸代江南的符 縣秩序與行政控制」, 『學術月刊』 42-5, 2010; Leung Yuen-sang, *The Shanghai Taotai -Linkage Man in a Changing Society, 1843-90* (Hawaii: University of Hawaii Press), 1990.

4 Frederic Wakeman, Jr., *Policing Shanghai*, 1927-1937, Berkeley and Los Angeles, California: University of California Press, 1995.

5 張笑川, 앞의 책.

산현 방면 확장 요구는 실제로 당시 조계 외국인 사회의 관점에서 볼 때 갑북 시정의 발전에서 촉발되었다고 이해할 수 있는 부분이 존재했다. 공공조계의 외국인에게 1906년부터 갑북의 지방 행정 기구 설립과 오송 자개상부지(自開商埠地, Chinese commercial settlement)의 설정은 조계에 일종의 위협으로 다가왔다. 또한 1907년부터 활동하기 시작한 갑북의 중국 경찰은, 기존에 공부국 경찰의 활동 영역이던 월계로와 그 인접 지역을 '침범'하며 충돌을 일으켰다. 1908년 공공조계 확장 요구에 대해서 살펴보면, 조계 외국인이 이러한 문제들을 해결하기 위한 수단으로서 조계 확장을 꺼내 들었다는 점을 알 수 있다.[6]

조계 확장에 관한 전통적인 연구들은 당시 조계 외국인들이 가졌던 이러한 관점에 대하여 그 식민주의적 성격을 비판해 왔다. 류혜오(劉惠吾)의 연구는 상해라는 지역에서 외국인에 의한 조계의 운영이 지닌 식민주의적인 성격을 비판하는 가장 기본적인 출발점을 마련하였다고 볼 수 있다.[7] 또한 괴세훈(蒯世勳)은 조계 확장과 월계축로의 연관성을 지적하면서, 동시에 조계 확장의 근거로 중국 지방 당국의 행정 능력 미흡이 제기되어 왔다는 점도 언급하였다.[8] 한편 이사벨라 잭슨(Isabella Jackson)은 초국적 식민주의(Trans-national Colonialism)라는 개념을 도입하여 조계 행정

6   김승래, 「20세기 초 상해 공공조계의 보산현 확장 문제 - 1908년 확장 교섭을 중심으로」, 『史叢(사총)』 111, 2024.
7   劉惠吾 編, 『上海近代史(上)』, 華東師範大学出版社, 1985.
8   蒯世勳, 「上海公共租界拡充面積的実現和失敗」, 『上海公共租界史稿』, 上海人民出版社, 1980.

의 식민주의적 성격을 설명하고자 했다.[9]

　의료 및 위생 분야에 관한 연구들에서도 유사한 관점을 찾아볼 수 있다. 우선 루스 로가사키(Ruth Rogasaki)는 중국에서 위생 개념의 도입과 그 변화의 양상에 관하여 개항장 도시와의 연관성 속에서 논한 바 있다.[10] 이에 따르면 중국에서 위생의 제도화 과정은 개인의 건강을 지키는 차원에서 점차 민족과 국가 차원의 방어, 또는 데이비드 아놀드(David Arnold)의 논의를 빌려 신체의 식민지화에 대한 저항으로 나아갔다.[11] 또한 치에코 나카지마(Chieko Nakajima)는 상해를 중심으로 중국의 근대적 위생 관리 기구의 성립과 발달 과정에 관하여 다루었다.[12] 특히 후쿠시 유키(福士由紀)는 상해 공공조계의 외국인에 의한 위생 행정에 관하여 다루면서 그 식민주의적 성격에 대해 논하였고, 잭슨 역시 초국적 식민주의에 관한 연구에서 공공조계 위생 행정에 관한 장을 일부 할애하기도 하였다.[13]

　이처럼 조계 행정과 조계 외국인의 식민주의적 시각에 대해 생각해 볼 때, 조계의 확장은 대표적인 식민주의적 행정의 사례로서 중요하다. 조계 확장은 단순히 경계선의 확장만이 아니라 조계 행정과 외국인들의 영

9　Isabella Jackson, *Shaping Modern Shanghai : Colonialism in China's Global City*, Cambridge: Cambridge University Press, 2018.

10　Ruth Rogasaki, *Hygienic Modernity: Meanings of Health and Disease in Treaty-Port China*, California: University of California Press, 2004.

11　David Arnold, *Colonizing the Body: State Medicine and Epidemic Disease in Nieteenth-Century India*, California: University of California Press, 1993.

12　Chieko Nakajima, *Body, Society, And Nation: The Creation of Public Health and Urban Culture in Shanghai*, MA and London: Harvard University Asia Center, 2018.

13　福士由紀, 『近代上海と公衆衛生』, 御茶の水書房, 2010.

향력 그 자체의 확장을 의미하였다. 특히 위생의 관점에서, 조계의 확장은 곧 근대적이고 서구적인 위생 행정의 확장을 의미하였다. 자연히 조계 확장이 예정된 지역에 대해, 조계의 외국인들은 그 확장의 정당성을 찾기 위해 위생의 문제를 거론하기도 하였다. 비위생적인 환경과 중국 지방 당국의 무능은 대표적인 조계 확장의 당위성으로 제기되었다. 본문에서는 선행 연구의 성과를 바탕으로 공공조계의 행정과 이것을 담당한 외국인들이 조계의 주변 지역을 어떻게 바라보았는지, 그 의의는 무엇인지에 관해 갑북 지역을 중심으로 논하고자 한다.

2. 조계 확장과 위생의 시선

1) '모델 세틀먼트'와 위생: 1899년 공공조계 확장 논의

1899년 상해 공공조계는 조계 역사상 최대 규모의 확장에 성공하였다. 기존의 두 배에 달하는 면적의 토지를 새로이 조계의 공식적인 경계선 내에 포함하게 되면서, 조계의 면적은 약 21㎢에 이르게 되었다. 이처럼 전례 없는 대규모 확장은 단순히 면적의 확대만이 아니라 조계 인구의 증가와 공부국의 행정이 영향을 미치는 범위가 확대되었음을 의미하는 사건이기도 하였다.

그럼에도 불구하고, 여전히 조계의 외국인들은 확장 시도를 멈추지 않았다. 그래서 중국인들은 월계축로(越界築路)가 조계 확장의 수단이 되어 있다며, 월계축로와 조계 확장의 연관성을 지적하기도 하였다.[14] 실제로 1899년의 조계 확장은 기존에 월계축로가 진행된 지역을 중심으로 이루어지기도 하였으며, 확장의 결과 새로이 생겨난 조계의 '외부'에 또다시 월계축로와 외국인의 진출이 이어지기도 하였다. 이것은 결국 조계 확장의 식민주의적인 성격을 보여주는 부분이기도 하다. 적어도 상해에서, 조계는 끊임없이 외부를 내부로 포함하는 방식으로 식민주의적인 확장을 반복해 왔다. 비록 1899년의 조계 확장이 실제로 이루어진 마지막 확장이었음에도 불구하고, 월계축로가 그 뒤에도 지속적으로 활발히 이루어졌다는 점은 조계의 식민주의적 확장이 1899년 이후에도 지속되었다고 말할 수 있는 지점이기도 하다.

　한편 1899년의 공공조계 확장은 조계 행정이 이른바 '과학적 위생 행정'을 적극적으로 도입하기 시작한 기점이라고도 볼 수 있다. 이 시기까지 조계의 위생 행정은 의료 전문가를 고용하는 등 비교적 근대적인 방식을 취하고자 노력하였으나, 전문적인 위생 행정 전담 부서를 만들기보다는 다양한 부서들이 각자의 영역 내에서 위생 문제를 해결하는 방식을 채

14　「抵制推放租界之呈文」『申報』1914年 2月 14日. 월계축로는 당시부터 중국어, 영어, 일본어 등 다양한 방식으로 표기되었으나, 본 논문에서는 기본적으로 중국어의 용례를 따른다. 이에 따라 조계 경계선 외부에서 도로를 건설하는 행위를 가리켜 월계축로로, 월계축로를 통해 건설된 도로를 월계로라고 한다. 용례의 참조는 다음의 자료들을 이용할 수 있다. 植田捷雄,『支那における租界の研究』, 巖松堂書店, 1941, pp.147-172; 蒯世勳, 앞의 논문, pp.465-497; Richard Feetham, *Report of the Hon. Richard Feetham, C. M. G., Judge of the Supreme Court of the Union of South Africa, to the Shanghai Municipal Council*, Vol. 3, Shanghai : North-China Daily News and Herald, 1931-1932, pp.3-22.

택해 왔다. 그런데 1899년 조계 확장 과정에서 공공조계의 자치 시정 기구인 공부국은 새로 편입된 광대한 영역을 관리하기 위한 조직 개편 과정에서 위생처(Health Department)를 설립하였다. 위생처는 전문적으로 공공위생 분야를 담당하는 부서로서, 첫 부서장으로는 왕립 과학 대학(Royal College of Science)에서 공공위생 학위를 받고 현장 경험도 있는 의사 아서 스탠리(Arthur Stanley)가 임명되었다.[15] 그 결과 스탠리는 공부국 시영 연구실(Municipal Laboratory) 내에 상해 백신 스테이션(Shanghai Vaccine Station)을 설치하는 등, 공공조계의 위생 행정에 과학적 방법론을 도입하는 데에 적극적이었다.[16] 이러한 점을 통해서 생각해 볼 때, 1899년의 조계 확장이 위생의 측면에서 어떤 배경을 가지고 진행된 것인지 검토해 보는 것은 조계의 외국인들이 외부에 대해 가진 태도와 관점을 이해하는 데에 매우 중요하다.

1899년의 공공조계 확장과 관련된 교섭은 1896년 1월 공부국 동사회가 상해 영사단에 조계 확장과 관련된 협조를 요청하면서 시작되었다.[17] 공공조계 측은 갑북 지역을 포함한 보산현 방면으로 조계를 확장하고자 하였다. 이에 따라 동년 3월 북경의 각국 공사단이 청의 외교 부서인 총리아

---

15   Arnold Wright, *Twentieth Century Impressions of Hongkong, Shanghai, and other treaty port in China*, London: LLoyd Greater Britain Publishing Company, 1908, p.437

16   조정은 「근대 상하이 공공조계 우두 접종과 거주민의 반응: 지역적·문화적 비교를 중심으로」, 『의사학』 29-1, 2020, p.144.

17   上海市檔案館編, 『上海公共租界工部局董事会会議録(The Minutes of the Shanghai Municipal Council)』 12, 上海古籍出版社, 2001, p.224. 이후 회의록으로 표기.

문(總理衙門)과 협력을 도모하였으나, 별다른 답변을 받지 못하였다.[18] 이러한 상황을 타개하고자, 공부국은 1896년 6월경부터 상해의 지방 관원 및 지역 내 유력한 중국인 상인들과 비공식적인 협상을 이어 나갔다.[19] 현지에서 충분한 지지를 얻었다고 생각한 공부국 동사회는 사안을 북경의 공사단에 다시금 전달하였고, 1896년 10월 말에 영국 공사 클로드 맥도널드(Sir Claude Maxwell MacDonald)로부터 긍정적인 대답을 받았다.[20] 그 결과 공공조계의 확장은 1898년까지 지속적으로 추진되는 과정에 있었다.

그런데 같은 시기에 상해 프랑스 조계(Concession Française de Shanghai) 역시 확장을 추진하면서 문제가 발생하였다. 프랑스 조계의 도시 행정을 담당하던 공동국(公董局)은 1874년부터 남서쪽 서가회(徐家匯) 방면으로 확장을 시도해 왔는데, 그 과정에서 건설하게 된 도로가 영파(寧波) 출신 주민들의 동향 단체인 사명공소의 묘지 부분을 지나가게 되었다. 공동국은 1874년에 이미 이 문제로 사명공소 측과 분쟁을 일으켜, 항의하는 중국인 군중에게 발포하여 사상자가 발생하기도 하였다.[21]

분쟁의 핵심 쟁점은 도로가 사명공소 소유지를 지나간다는 것보다는, 시신이 들어 있는 관을 실외에 방치한다는 점에 있었다. 이것은 중국인들의 관습인 '귀장(歸葬)'으로서, 죽은 뒤에 시신을 고향에 묻어 주기 위해 가매장 또는 임시 보관하는 것이었다.[22] 이 관습 때문에 시신의 부패가 위생

---

18   劉恵吾, 앞의 책, p.277.
19   회의록 12, p.320.
20   회의록 12, p.410.
21   潘君祥, 段煉, 陳漢鴻,『上海會館公所史話』, 上海人民出版社, 2012, p.85.
22   伊藤泉美,『横浜華僑社会の形成と発展』, 山川出版社, 2018, pp.327-328.

문제를 일으킬 것을 우려한 외국인들과 충돌하는 일이 잦았다.

프랑스 공동국 역시 마찬가지였다. 1898년 1월, 프랑스 공동국은 조계 인근에 관을 두거나 묘지를 확장하는 것을 불허한다는 내용을 사명공소 측에 통보하였다. 이것은 프랑스 총영사가 프랑스 조계장정 제7조에 따라 혐오감을 유발할 수 있고 병을 일으킬 수 있는 것을 건물 내외를 막론하고 보관해서는 안 된다고 명령한 것에 기인하였다. 동년 5월에는 학교와 병원을 건설하겠다는 명분으로 사명공소 소유의 토지를 양도할 것을 요구하였다. 사명공소 측은 프랑스 조계가 해당 토지의 소유권을 인정한 바 있다고 항의하였으나, 7월 16일에는 프랑스 군함에서 육전대가 상륙하여 사명공소를 강제로 점거하고 3곳의 벽을 허물었다. 이때 저지하려던 중국인 군중에게 육전대가 발포하여 2명의 중국인 사상자가 발생하면서 사건이 확대되었다. 다음 날 항의하기 위해 모인 군중이 프랑스 조계로 진입하여 기물을 일부 파손하자, 프랑스 군과 육전대는 물론 인근에 정박해 있던 프랑스 군함까지 포격을 가해 30여 명에 달하는 사상자가 나왔다.[23]

20일 청은 포정사 섭집규(聶緝槼)를 파견하여 프랑스 조계 측과 교섭을 시작하였다. 프랑스 조계 측은 청 지방 당국이 민중의 시위를 방치한 책임이 있다고 주장하였고, 한편으로는 조계의 확장을 요구하기도 하였다. 섭집규가 여기에 원칙상 동의하면서 논의는 북경으로 옮겨졌고, 9월 2일 프랑스 조계의 확장이 승인되었다.[24] 여기에는 사명공소의 토지 소유권이

---

23   劉恵吾, 앞의 책, p.280.
24   劉恵吾, 같은 책, p.281.

유지되는 한편, 사명공소 내에 시신의 매장 금지와 공동국의 도로 건설을 허용하는 내용이 포함되었다.

사명공소 사건에 공공조계의 확장 문제가 연결된 것은 바로 이 시기로, 1898년 9월부터 영국과 프랑스가 수단의 파쇼다(Fashoda)에서 시작된 군사적 위기인 이른바 '파쇼다 사건'의 한가운데에 있었기 때문이었다.[25] 아프리카에서 식민지 경쟁을 벌이던 두 국가의 군대가 파쇼다에서 충돌할 위기에 처했고, 이 문제가 양국 간에 외교전으로 비화되었다. 그러자 영국은 사명공소 사건의 결과 프랑스 조계가 확장하는 문제에 대해 반대하며 주영 청국 공사를 초치하기도 하고, 양강총독을 지원하겠다는 명분으로 같은 해 12월에는 군함을 남경에 파견하기도 하였다. 프랑스 역시 공공조계의 확장 논의에 대해 반대 의사를 표하였고, 결과적으로 공공조계 확장 논의가 지연되었다. 사실 청의 입장에서도 보산현은 철도역이 지나가며 자치 시정이 운영되고 있는 중요한 지역으로서, 조계에 포함시킬 의사는 거의 없었다. 공공조계 측에서는 청의 관료들에게도 명망이 있는 존 캘빈 퍼거슨(John Calvin Ferguson)에게 남경에서 양강총독을 접견하고 대신 사안을 의논하도록 요청하였으나, 결과적으로는 서부로의 확장만 허용되었다.

한편 특히 위생의 측면에서 볼 경우, 1899년의 확장은 조계의 외국인들이 조계 주변 지역에 대해 어떤 시각을 가지고 있었는지 명백히 보여주는 사건이다. 사명공소 사건에서 귀장 문제를 바라보는 프랑스인들의 시각도 그렇지만, 공공조계의 외국인들은 좀 더 명백하게 '위생'의 문제를 거

---

25   Keith Eubank, *"The Fashoda Crisis Re-examined"*, *The Historian* 22, 1960.

론하였다. 1898년 6월의 상해 상무총회(The Shanghai General Chamber of Commerce) 회의에서는 조계 확장 교섭을 촉구하는 논의가 있었는데, 여기에서는 일버트 앤 컴퍼니(Ilbert & Co.)의 더전(C. J. Dudgeon)이 회의 최종 결의문에 "외국인 거류지 주변 지역에서 위생과 공부국 행정(Municipal administration)의 부족은 건강과 질서에 대한 지속적인 위험이 되고 있다." 라는 내용을 추가할 것을 제안하였다.[26] 그는 신갑(新閘), 팔선교(八仙橋), 이홍구(里虹口) 등 공공조계 주변 지역에는 '위생 환경이라는 것이 전적으로 부재(entire absence of any sanitary conditions)'하다고 표현하면서, 이 지역의 열악한 환경을 강조하였다. 더전은 또한 조계의 교외 지역에 대한 공부국의 통제가 부재하다는 것은 이른바 모델 세틀먼트(Model Settlement)라고 불리는 상해 공공조계에 하나의 수치라고 주장하기도 하였다. 더전의 관점에서 조계의 교외, 즉 월계로 인근 지역에 대한 공부국 위생 행정의 확대는 중국 내에서 가장 성공적인 개항장으로서 다른 개항장들의 모델이 되어 온 상해 공공조계가 반드시 해야만 하는 정당한 행동이었다. 그리고 더전의 제안이 회의에서 통과되었다는 점은, 상해에 거주하는 다수의 외국인 상인들이 비슷한 관점을 공유하고 있었다는 점도 보여준다. 조계의 외국인들은 조계 인접 지역의 환경이 치안과 위생 등 모든 면에서 끔찍한 상태이며, 따라서 공부국의 월권적 행위가 인정된다는 논리를 공유하며 식민주의적 확장을 정당화하고자 하였다.

---

26 "The Shanghai General Chamber of Commerce: The Extension of the Foreign Settlements", *The North-China Herald*, Jun. 20, 1898.

2) 위생의 확장과 식민주의: 1908년 공공조계 확장 논의와 아서 스탠리

1899년의 조계 확장에서도 외국인들이 일반적으로 지니고 있던 조계 주변 지역의 중국인들에 대한 차별적 관념이나 식민주의적 태도가 위생의 문제를 통해 발현되는 것을 볼 수 있었다. 그러나 이러한 관점은 사실 위생 전문가가 아닌 일반인의 관점이었기 때문에, 실제로 조계의 시정 기구에서 근무한 위생 전문가의 입장이 어땠는지 확인해 볼 필요가 있다. 나아가 그것이 조계 시정에 어떻게 반영되었는지도 검토해 보고자 한다.

1908년 5월 27일 아침, 조계 북부의 북절강로(北浙江路)에서 공부국 경찰 소속의 외국인 순경 싱클레어(Sinclair)가 중국 경찰들에게 붙잡혀 구타당하는 사건이 발생하였다. 상해의 영문 신문인 《노스 차이나 헤럴드(North-China Herald)》가 보도한 내용에 따르면, 최근 인근 지역에 설립된 중국 경찰이 외국인 경찰을 습격한 뒤, '의도를 가지고 그를 골목으로 끌고 가 공격'하였다는 것이었다.[27] 이에 사건 당일 공부국 동사회는 '적어도 철도 라인까지의 조계 확장을 요구할 시점'이 되었다는 결의를 채택하였다.[28] 이는 곧 송호철도가 지나는 갑북 지역으로 조계를 확장해야 한다는 것을 의미하였다.

---

27 '(전략)dragged him into the alleyway and assaulted him with such determination that he was fortunate to make good his escape with minor injuries that he actually received.', "The Extension of the Settlement", *North-China Herald*, May 30. 1908.

28 'It is the opinion of the members that the time has arrived to apply for an extension of the Settlement at least as far as the railway line, which, from inspection of the Paoshan plan, appears the only satisfactory barrier.', 회의록 17, p.90.

결국 이 문제는 1908년 공공조계의 갑북 방면 확장 요구로 발전하게 되었다. 조계의 성장에 따라 갑북 지역은 마치 조계의 부도심과 같은 형태로 성장해 나갔다. 그런데 1897년에 이르러 갑북 상인들이 주도하고 상해도대 채균(蔡均)이 지원하는 형태로 신갑(新閘)에 다리를 건설하는 목적의 기구를 만들었다. 이를 시작으로 갑북 지역을 중심으로 하는 민간 주도의 중국 자치 시정 기구 건설이 시작되어, 결국 1900년에 갑북공정총국(閘北工程總局)이 설립되었다.[29] 그러나 재정 문제로 곤란을 겪던 갑북공정총국은 몇 차례의 개편을 거쳐 1907년부터 독자적 경찰 조직을 갖춘 상해 순경총국(上海巡警總局)으로 재탄생되었다.

　문제는 새롭게 편성된 순경총국의 경찰 조직이 공부국 경찰과 자주 충돌하게 되면서 발생하였다. 순경총국 경찰은 갑북과 그 인근 지역을 관할 지역으로 하였는데, 이 지역은 북절강로(北浙江路), 북사천로(北四川路) 연장 노선과 같은 대표적인 월계로들이 지나는 지역이었다. 월계로와 그 주변 지역에서는 공부국 경찰이 유상으로 경찰 서비스를 제공하고 있었고, 그 결과 양측의 경찰이 서로 관할권 다툼을 벌이게 되었다.

　특히 공공조계의 외국인들은 월계로의 치안 상태가 좋지 못한 원인을 순경총국과 중국 경찰에게 돌리며 비난하였다. 5월 29일의《노스 차이나 헤럴드》에서는 조계 북쪽 경계선 너머 보산현 인근 지역의 치안과 질서 유지를 위해 특별 조치가 필요하다고 주장하며, 이 지역에 범죄자들이 들끓고 있음에도 불구하고 중국 경찰은 범죄를 통제하는 데에 미미한 영향

29　劉惠吾, 앞의 책, pp.324-325.

력만을 발휘하고 있다고 비판하였다.[30]

이러한 불만과 의심은 사실 중국 경찰에게만 향한 것이 아니라, 조계의 외부에 대한 일반적인 인식이기도 했다. 예를 들어 1900년대 초 조계 인접 지역 또는 월계로 지구에서는 치외법권을 이용하여 알함브라 (Alhambra)와 같은 외국인 소유의 불법 도박장이 활발히 운영되고 있었다. 그러자 공부국의 동사들은 이러한 불법 시설들이 만연한 결과 '불량한 자들'이 조계로 밀려들어 와 치안을 어지럽힌다는 것을 이유로 조계 외부로 경찰을 파견하여 불법 도박장들을 폐쇄하고자 노력하기도 하였다.[31] 이러한 관점에서 생각해 본다면, 조계의 외국인들은 조계의 외부에 적극적으로 간섭하고 영향력을 행사함으로써 조계의 치안과 번영을 유지하고자 하였다고 생각된다. 중국 경찰에 대한 불신과 반발은 이러한 인식때문에 생겨난 것이라고 볼 수 있다.

그렇기 때문에 이 문제는 빠르게 조계 확장 요구로 발전하였다. 공부국 동사회의 요청에 따라 28일에는 영국 총영사 펠햄 워런(Pelham Warren)이 북경의 영국 공사 존 조던(John Jordan)에게 장문의 서한을 보내, 보산현 방면을 향한 조계 확장의 필요성을 주장하였다.[32] 특히 워런은 1906년 갑북에 자치 시정 기구가 설립될 때부터 공부국이 월계로에 대한 관할권을

30   "The Extension of the Settlement", *North-China Herald*, May 30. 1908.
31   Anderson to Goodnow, Oct. 20, 1904, "The Municipal Council", *North-China Herald*, Dec. 9, 1904.
32   British Foreign Office, *Foreign Office: Consulates and Legation, China: General Correspondence, Series I*, FO228/2531, "Pelham Warren to Sir John Jordan", Jun. 4th, 1908.

주장하였음에도 불구하고 상해 도대는 일부 월계로에서 공부국 경찰의 철수를 요구하였으며, 심지어 자치 시정 기구가 설립된 이후 이 지역의 범죄율이 증가하였기 때문에 자치 시정 기구 운영의 정당성이 떨어진다고 주장하였다. 한편 그는 해당 시정 기구가 이 지역에 실질적인 경찰의 보호나 위생적인 환경을 제공했는지에 대해서도 의문을 제기하였다. 그리고 그 근거로서 이 지역이 '강도와 범죄자의 소굴(a haunt of robbers and criminals)'이라고 불리고 있다는 점, 1907년 공부국 위생처에서 펴낸 보고서에서 갑북 지역의 위생 문제가 심각하다고 지적했다는 점을 제시하였다.[33]

이 가운데 갑북 지역의 위생 문제에 관한 위생처의 보고서에 주목할 필요가 있다. 워런이 언급한 위생처 보고서가 정확히 무엇인지는 언급되지 않았으나, 당시 공부국 위생처가 발간하는 보고서는 한정되어 있었다. 우선 공부국 내 각 부서들은 매달 동사회에 시정 운영 결과 및 현황을 보고하고, 그 내용을 신문 등을 통해 공개하였다. 위생처 역시 매달 이러한 일종의 운영 보고서를 제출하였다. 그런데 실제로 1907년의 위생처 운영 보고서를 살펴보면, 1907년 1월경부터 심해지기 시작한 성홍열(scarlet fever)과 천연두(small pox)의 유행에 관해 언급한 내용들이 대부분이라는 것을 알 수 있다.[34] 이 시기 공부국 위생처는 천연두 유행 시즌에 겹쳐 성홍열

---

33 Ibid.

34 "Health Officer's Report for January", *The North-China Herald*, Feb. 8, 1907; "Health Officer's Report for February", *The North-China Herald*, Mar. 15, 1907; "Health Officer's Report for March", *The North-China Herald*, Apr. 12, 1907; "Health Officer's Report for April", *The North-China Herald*, May 24, 1907; "Health Officer's Report for

이 유행하기 시작한 것에 대해 빠른 방역 조치로 대응하였다. 보고서는 특히 중국인들 사이에 빠르게 성홍열이 전파되고 있기 때문에, 백신 접종을 확대하는 방식으로 대처하고 있다고 강조하였다. 그 결과 1907년 6월경이 되면 성홍열 확산은 진정 국면에 들어갔다는 것이 골자였다. 하지만 여기서 말하는 중국인들이 갑북 및 조계 인근 지역의 중국인들인지, 아니면 조계 내부의 중국인들인지 불분명하기에 이것이 워런이 언급한 보고서인지는 알 수 없다.

다른 하나는 공부국에서 매년 발간하는 연간 종합 보고서에 포함된 위생처 보고서이다. 이 가운데 1907년의 위생처 보고서를 보면, 위생관 스탠리가 직접 작성한 1907년 공공조계 위생 현황이 기록되어 있다. 이에 따르면 스탠리는 한 해 동안 천연두, 성홍열, 콜레라 등 예방 가능한 질병들이 상해에서 유행한 원인으로 예방접종과 식품의 살균 소독과 같은 예방적 조치의 부족을 거론하였다.[35] 또한 페스트에 대해서는 현재 안전한 상태이지만 중국인들의 가옥 특성상 바닥 아래에 쥐가 다니기 쉽다고 지적하며, 결과적으로 상해의 거의 모든 중국인들의 집에 쥐가 들끓고 있다고 주장하였다. 나아가 결론적으로는 갑북 인근의 이홍구 등 조계 주변 지역들의 심각한 비위생적인 환경이 조계의 공공위생에 치명적인 위협이 되고 있다고 지적하며, 이를 해결하기 위해 조계를 확장하여 문제가 되는 지역들을 조계의 범위 내에 포함해야 한다고 주장하였다.[36]

June", The North-China Herald, Jun. 7, 1907.
35   Shanghai Municipal Council, *Report for the Year 1907 and Budget for the Year 1908* (Shanghai: Kelly & Walsh), 1908, p.65.
36   Ibid., p.66.

따라서 워런이 주장의 근거로 제기한 위생처 보고서는 1907년 연간 보고서임을 알 수 있다. 이 보고서에서 스탠리는 갑북 지역 시정 기구의 위생 행정에 대해 전혀 언급하지 않음으로써 중국 측의 위생 행정에 대한 강한 불신으로 읽을 수 있는 태도를 보이기도 하였다. 나아가 그는 조계 주변 지역의 중국인 과밀 인구로 인한 위생 문제를 해결할 수 있는 것은 오로지 공부국 위생처뿐이며, 그러므로 조계의 확장은 공공위생의 측면에서 필수적이라고 주장하였다. 스탠리의 이러한 관점은 공공위생 전문가라는 그의 신분에 의해 과학적인 견해로서 권위를 가지고 조계 외국인 사회에 전파되었으며, 펠헴 워런과 같은 조계 외국인 사회의 대표자들에게까지 영향을 미쳤다고 생각된다.

위생 문제와 조계 확장을 연관시키는 이와 같은 시각은 사실 외국인들 사이에서도 일반적으로 공유되는 성질의 것은 아니었다. 오히려 상해 현지에 한정되는 독특한 관점이라고 보아야 할 여지가 더 강했다. 예를 들어 영국 공사 존 조던은 조계 확장 문제를 두고 양강총독(兩江總督)단방(端方)과 논의해 본 결과, 단방이 상해 순경총국에 의한 위생 행정의 결과 조계 인근 지역의 위생 환경이 개선되었다고 주장하였으나, 본인이 직접 해당 지역을 방문해 본 결과 중국 내 다른 지역에 비해 아주 미미한 정도로 개선되었을 뿐이라며 일축하였다.[37] 다만 조던 자신은 영국 외무성과 함께 조계 확장 문제에 대해 어디까지나 현지의 경찰 관할권 문제로서 접근해야 할 사안일 뿐이며, 위생 문제를 해결하기 위해 조계 확장을 거론하

---

37   British Foreign Office, *Further Correspondences respecting the Affairs of China, July to December 1908*, FO405/183, "Sir John Jordan to Sir Edward Grey", Sep. 1, 1908.

는 것은 설득력이 떨어진다고 보았다. 즉, 위생 문제에 대해서는 인정하였으나, 이를 근거로 삼아 공공조계를 확장하여야 한다는 주장에는 동의하지 않았다.

하지만 조던은 위생 문제를 근거로 한 조계 확장 자체에 반대한 것은 아니었다. 영국 공사로서 그의 태도는 사실 1908년 조계 확장 문제의 핵심 사안이 위생 문제가 아니라 경찰 관할권 문제라고 판단하였던 것에 기인하였다고 볼 수 있다. 영국 외무성과 조던은 마찬가지로 1899년에 보산현 방향으로 공공조계 확장을 이루지 못한 것은 일시적인 것이며, 1899년의 조계 확장은 단지 교두보에 불과하다는 관점을 공유하고 있었다. 적어도 이 지점에서는 위생 문제가 조던의 관점을 뒷받침하는 근거가 되었다. 조던은 1908년 9월 외무성에 보낸 연락에서, 갑북 지역에서 위생 문제의 개선이 없는 등으로 보아 이 지역에서 중국 지방 행정 기구를 운영하려는 시도에 대해서도 현재까지는 사실상 완전한 실패라고 생각하고 있었다.[38] 그러므로 그는 중국 지방 당국이 갑북의 상황을 외국인에게도 의미 있는 수준으로 개선하거나, 만일 그것에 실패한다면 이 지역이 공공조계에 합병되는 것을 허용해야 할 것이라고 주장하였다.

1908년의 공공조계 확장 문제는 이후 남경총독 단방이 최종적인 거부 서한을 보내면서 일단락되었다. 단방은 1908년 7월 29일 펠햄 워런에게 보낸 서한에서, 1899년의 조계 확장이 보산현을 향한 공공조계 확장 논의의 최종안이라는 점, 보산현에서 활동하는 중국 경찰은 아직 외국인의 기

---

38 Ibid.

준에서 부족할 수 있으나 점차 개선될 것이라는 점 등을 지적하였다.[39] 조던은 9월 영국 외무성에 보낸 보고서에서 이 결과에 대해 설명하며, 양강 총독의 견해는 상해에서 외국인의 특권이 확장되는 것을 저지하려는 데에 중점을 두고 있다고 보았다.[40] 나아가 조계 외부에 거주하는 외국인을 형성 중인 중국 지방 행정 체계 속에 포함시켜 관리하고자 하는 의도가 작동하고 있다는 점을 지적하였다.

결론적으로 1908년의 공공조계 확장 논의에서 위생의 문제는 조계 확장 교섭 자체의 핵심적인 쟁점 사안은 아니었다고 볼 수도 있다. 그러나 사실 상해 현지에서는 더전과 같은 외국인 상인들부터 스탠리와 같은 위생 전문가들까지, 조계 주변 지역에 대한 위생 문제의 해결책으로서 조계 행정의 실질적인 확대, 즉 조계의 확장이 필요하다는 관점이 일반적으로 퍼져 있었던 것은 중요하다. 비록 교섭 자체의 중점은 아니었으나, 조던 공사 역시 이 방법이 하나의 해결책일 수 있다는 점까지는 동의하고 있었다. 따라서, 당시 조계의 외국인들에게 조계 주변 지역의 위생 문제는 사실상 식민주의적 확장을 위한 논리적이고 무엇보다도 '과학적인' 근거로서 받아들여졌다고 생각된다.

---

39 FO228/2531, "Extension of Settlement: transmits to viceroy's reply to senior consuls dispatch, Pelham Warren to Sir John Jordan", Aug. 20, 1908; FO228/2531, "Enclosure No. 1, Nanking to Pelham Warren", Jul. 29, 1908; FO405/183, "Tuan Fang to Siffert", Jul. 29, 1908.

40 FO405/183, "Sir John Jordan to Sir Edward Grey", Sep. 1, 1908.

3. 1910년 상해 페스트 사태: 식민과 협력의 사이에서

2장에서 살펴본 바와 같이, 위생 문제는 조계의 식민주의적 확장을 위한 근거로서 이용되었다. 조계는 끊임없이 그 주변 지역을 포섭하고 영향력 아래에 두면서 확장되었으며, 과학적인 위생 행정은 이를 정당화하기 위한 '좀 더 과학적인 근거'를 제시하였다. 중국의 자치 시정은 무시되었으며, 위생 전문가들조차 그 공백을 채울 수 있는 유일한 방법으로서 조계 확장을 제시하는 데에 거리낌이 없었다.

그러나 중국의 자치 시정의 존재는 사실 그 자체로 조계 확장을 저지하는 역할을 하였다. 순경총국이 운영한 갑북 경찰은 공부국 경찰이 월계로 지구에서 독점적으로 경찰 관할권을 행사하지 못하도록 저지하였다. 또한 갑북 지역 자치 시정의 시작과 함께 수도 등 기초적인 도시 인프라 사업도 시작하면서, 조계 주변 지역에서 공공조계의 도시 인프라가 지닌 독점적인 지위까지 위협하기 시작하였다. 이러한 변화가 즉각적으로 조계의 식민주의적 확장을 저지하거나 조계 내에서 중국인의 지위를 향상시키지는 못하였으나, 점차 그러한 방향으로 조계 사회를 움직여 갔다고 할 수 있다.

결국 20세기 초에 이르러서는 공공조계의 영향력이 더 이상 확장되지 못하고 단지 현상을 유지하는 데에 그치게 되었다. 만일 이것을 식민주의적 확장의 일종의 한계라고 볼 수 있다면, 그것은 조계 행정의 측면에서 볼 때 외국인에 의한 독점적인 행정 운영의 한계라고도 볼 수 있을 것이다. 실제로 조계 행정은 어느 시점에 이르면 이러한 한계점을 인지하고 중국인과의 협력을 더욱 강화하는 방향으로 변화하였다.

일반적으로 조계 행정 전반에 대한 중국인의 참정권 허용 등 중외 협력의 강화는 공부국의 의뢰에 의해 1931년과 1932년 리처드 피덤(Richard Feetham)의 공공조계 행정에 관한 상세한 보고서가 출간된 이후에 발생했다고 볼 수 있다. 피덤은 5·30 사건 이후 실추된 신뢰를 회복하기 위해 공부국이 요청한 대로 조계 행정에 관한 조사를 수행하였고, 그 결과 공부국에 의한 행정이 큰 성과를 거두어 왔음에도 불구하고 현재에 이르러서는 중국인들과의 협력이 매우 강하게 요구된다고 지적하였다. 피덤의 지적은 공부국이 중국인의 참정을 허용하고 조계 행정 전반에서 좀 더 긴밀하게 중국인들과 협력하는 방향으로 전환하는 데에 큰 역할을 하였다.

그런데 특히 위생의 측면에서, 외국인들이 다른 분야에서보다 비교적 빠르게 근대적인 공공위생의 한계를 깨달았다고 볼 수 있는 부분이 있다. 예를 들어 방역의 측면에서 조계와 그 주변 지역을 바라볼 때, 급작스런 대규모 전염병의 유행에 대해 단지 공부국의 역량만으로 대응하는 데에는 한계가 있었다. 전염병의 확산을 저지하고 근절하기 위해서는 조계와 그 주변 지역의 주민들 모두에 대한 광범위한 예방 접종과 함께, 일상적인 위생 원칙과 위생 지식의 교육, 위생 및 의료 전문가의 양성과 효율적인 배치, 전염병 전문 병원 등 의료 시설의 건설과 운영 등 다양한 문제를 해결해야만 하였기 때문이다. 1907년과 1908년 공부국 위생처와 스탠리가 갑북 지역의 위생 문제를 해결하기 위한 유일한 수단으로서 조계 확장을 제시한 것은, 한편으로는 이 지역의 중국인들에게 예방접종과 교육 및 각종 방역 조치를 실시할 역량을 갖춘 시정 기구가 달리 존재하지 않는다는 생각에서였다. 달리 말한다면, 중국의 입장에서 조계 확장을 저지할 최선의 방책은 갑북 등 조계 주변 지역에서 위생 환경 개선을 위한 공부국과의 협력을 강화하는 방안을 마련하는 것이었다고 볼 수 있다. 물론 이를 위해서는 근본적으로 잘 정비된 자치 시정 기구와 함께 이러한 기구의 역량에 대해 조계의 외국인들을 설득하는 작업의 필요했는데, 동시에 그러한 협력이 식민주의적 확장을 더욱 가속화할 수 있다는 위험성도 있었다. 그럼에도 불구하고 일부 사례들은 중국인과의 협력을 그 누구보다도 필요로 했던 것이 사실 조계의 외국인들이었다는 점 역시 보여주고 있다. 이 장에서는 1910년부터 1911년까지 상해의 페스트 사태에 대해 다루면서, 상술한 바와 같은 식민과 협력의 문제에 대해 논하고자 한다.

상해에서 페스트와 같은 대규모 전염병의 유행은 때때로 발생해 온 일이었다. 매달 발행되는 위생국의 보고서에는 언제나 각종 전염병 감염자 및 사망자의 추이와 함께 이러한 전염병 동향에 대한 위생관의 코멘트가 실려 있었다. 위생관은 조계 내외에서 전염병의 동향에 대해 상세하게 파악하고 있었으며, 필요한 경우에는 예방접종과 같은 방역 조치의 실시를 요청할 수 있었다. 그럼에도 불구하고 페스트는 궤를 달리하는 민감한 사안일 수밖에 없었다. 특히 1910년의 페스트 유행은 상해만이 아니라 전 중국에 영향을 미쳤기 때문에 더욱 중요했다.

1910년 상해에서 유행한 페스트는 선페스트(bubonic plague)였다. 이것은 임파선이 부어오르는 것이 특징인 페스트로서, 쥐 등 동물에 묻은 벼룩이 사람을 흡혈할 때 페스트균에 감염되어 발병하였다. 이이지마 와타루(飯島渉)에 의하면, 중국에서 유행한 페스트는 1894년 홍콩에서의 대유행을 계기로 동아시아 전역으로 확산되었다.[41] 1899년에는 만주의 영구

---

41   이이지마 와타루 지음, 이석현 옮김, 『감염병의 중국사 - 공중위생과 동아시아』, 역

(甖口)로 전파되었으며, 이후 만주 전역으로 전파되었다. 그리고 1910년에는 만주에서 다시 남하하여 상해에도 영향을 주었다.

상해에서 페스트가 발생한 곳은 갑북에 인접한 조계 북부였다. 1910년 10월 이 지역에서 중국인 감염 사망자가 1명 발생하였고, 이에 따라 위생처에서는 방역 태세의 정비에 돌입하였다.[42] 위생처는 신문 등을 통하여 페스트의 전염 경로는 더러운 환경이 아니라 쥐라는 점을 강조하면서도, 더러운 환경이 쥐들에게 무리 지어 생존할 수 있는 서식지를 제공한다는 점에서 환경 정비의 중요성 또한 강조하였다.[43] 다만 더욱 구체적인 방역 조치들은 예산과 인력 동원이 필요했기 때문에, 특별 납세인 회의가 소집되어 권한과 예산을 부여받기 전에는 주로 예방 조치로서 쥐를 박멸하고 환경 정비의 중요성을 강조하는 캠페인을 진행하는 정도에 그쳤다.

그러는 사이 조계 외국인 사회 내에서는 페스트가 전파됨에 따라 위기의식이 확산되기 시작하였다. 이것은 주로 갑북 등 조계 주변 지역에 대한 불신과 불안감이었다. 1910년 11월 초의 한 신문 기사에서는 페스트 확산에 따른 방역 조치로서 위생부의 권한이 강화될 것이라면서, 이를 바탕으로 조직적인 쥐 박멸 운동의 필요성을 강조하였다.[44] 나아가 만일 페스트의 확산이 멈추지 않을 경우 위생 검사(sanitary inspection)를 시행해야 한다고 주장하였다. 주목할 부분은 그 대상으로서 갑북 지역을 지목하였다는 점이다. 기사에서는 갑북 지역이 지속적인 감시가 필요한 '위험 지

    락, 2024, pp.21-26.

42   "A Case of Plague", *The North-China Herald*, Oct. 28, 1910.

43   "Plague Prevention", *The North-China Herald*, Nov. 4, 1910.

44   "Plague", *The North-China Herald*, Nov. 11, 1910.

역(dangerous spot)'이라고 평하며, 이 지역에 대하여 임시적으로라도 위생 관리 조치를 취해야 한다고 주장했다. 이것은 사실상 페스트 확산의 책임을 중국인들과 갑북의 자치 시정 기구에 돌리고, 이를 근거로 갑북에 조계 행정을 확대해야 한다는 주장이었다.

그러나 이러한 강경하고 일면 극단적인 논조와는 별개로, 일부 외국인들은 이미 현실적인 한계를 인식하고 있었다. 같은 날의 다른 기사들은 조계 주변 지역에서 방역 조치를 실시하는 것의 어려움에 대해 설명했는데, 그 가운데에는 중국인 대중을 교육하고 방역 정책에 동원하는 문제를 논하는 내용도 포함되어 있었다.[45] 이를 위해서는 현수막이나 동향 단체 등을 이용하여 협력을 촉구할 필요가 있다는 주장이 제기되었다. 그런데 이러한 주장이 나온 이유는 이미 11월 초부터 페스트 방역 조치에 대해 중국인들의 근거 없는 소문들이 확산 중이었기 때문이다. 기사에 언급된 소문으로는 조금이라도 안색이 좋지 않아 보이면 감염병 환자를 위한 격리병원(Isolation Hospital)으로 끌고 가 죽여 버린다는 내용도 있었다. 그 외에도 격리병원으로 끌려간 사람의 신체를 원료로 약을 만들고 있다는 소문도 있었다.[46] 이러한 소문들은 단순히 혼란으로 끝나지 않고, 사망자가 나온 지역에 거주하는 중국인들이 공부국의 방역 정책에 이미 불만을 품기 시작하였다는 지적도 나왔다.[47] 이는 빠르게 폭동으로 발전할 위험성도 있었기 때문에, 해당 지역에는 급하게 공부국 경찰이 파견되기도 하였다.

45   "Plague Measures", *The North-China Herald*, Nov. 11, 1910.
46   福士, 앞의 책, p.57.
47   "The Plague in Shanghai", The North-China Herald, Nov. 11, 1910.

이러한 상황은 실질적으로 페스트 확산을 저지하기 위해서는 중국인 사회와의 협력이 필요하다는 것을 의미하였다. 그러나 공부국은 협력의 대상이 되어야 할 갑북의 상해 순경총국을 불신하고 있었기 때문에, 어떠한 교섭도 진행되지 않았다. 그 대신 특별 납세인 회의(Special Ratepayer's Meeting)를 통해 위생처와 위생관에게 방역 조치를 집행할 강력한 권한을 부여하였다. 예를 들어 위생관이나 위생관 업무를 대행 중인 위생 전문가에 의해 감염자 또는 감염자에게 노출된 자로서 안전하게 격리되지 않았다고 확인된 자에 대해 공부국은 안전이 확인될 때까지 그의 신병을 확보하여 격리병원이나 격리 캠프(segregation camp)로 보낼 수 있게 되었다.[48]

하지만 상황은 공부국에게 불리하게 전개되었다. 강압적인 방역 정책에 대한 소문에 영향을 받았거나 불만을 품은 중국인들이 경관과 위생 검사관을 폭행하는 사건들이 발생하였다.[49] 또한 흥분한 중국인 군중이 조계 경계 쪽에 모여 경찰이 출동하는 상황도 나타났다. 이처럼 중국인에 대한 공부국의 방역 정책이 반발만을 낳는 상황 속에서는 효과적인 방역이 이루어지기 어려웠다. 당시 페스트의 방역은 쥐의 박멸과 감염자 및 감염 위험자를 격리하는 방식을 중심으로 이루어졌기 때문에, 중국인들과의 협력은 사실상 필수적이었다.

결국 공부국도 방침을 변경하여 중국인들과 협력하기로 결정하였다. 11월 18일 공부국 동사회와 위생처 파견 인원들은 상해 상무총회, 중국

---

48 "Special Meeting of Ratepayers", The North-China Herald, Nov. 18, 1910.
49 "Disturbances in Shanghai", The North-China Herald, Nov. 18, 1910.

적십자회, 각 지역 동향회 대표들과 방역 정책 문제를 협의하였다.[50] 그 결과 여성 환자에 대해 여성 의사를 배치하는 문제, 개별 가옥에 대한 호별 검사(house inspection)를 실시하는 문제, 중국인 격리병원(Chinese Isolation Hospital)의 문제 등이 논의되었다. 한편 상해 도대 역시 포고문을 발표하여, 페스트 방역을 위한 중외 협력을 촉구하고 방역 조치가 조계 인근 지역까지 확장될 수 있도록 하여 페스트 종결에 최선을 다할 것을 주문하였다.[51]

상해에서 페스트 방역을 위한 중외 협력은 적어도 1911년 초까지 이어졌다. 1911년 2월에는 만주의 페스트 확산을 피해 중국 내륙으로 이동하는 피난민들이 상해에 도달할 경우의 대처를 논의하기 위해 상해 도대가 파견한 대표와 함께 상해 상무총회, 상해 해관 세무사, 공부국, 영·독·일 3국 총영사가 상해 각국 영사단 대표로서 참여하는 회의가 개최되었다.[52] 또한 3월에는 중국 YMCA에서 스탠리가 직접 페스트 예방을 위한 위생 지식을 알리는 대중 강연을 진행하기도 하였다.[53] 나아가 1911년 납세인 회의에서는 감염 위험 지역에 위치한 중국인 가옥들을 개선하는 것을 목적으로 위생처에 추가 예산을 배당하도록 허용하였다.[54] 또한 중국 측에서는 협력적 태도를 보이기 위한 일환으로서 독자적인 페스트 대책을

50 회의록 17, Nov. 18, 1910, pp.499-501; "The Plague", The North-China Herald, Nov. 25, 1910.

51 "A Chinese Proclamation", The North-China Herald, Dec. 2, 1910.

52 "The Plague", The North-China Herald, Feb. 3, 1911.

53 "Plague Prevention", The North-China Herald, Mar. 11, 1911.

54 "Municipal Question", The North-China Herald, Mar. 17, 1911.

준비하였고, 그 결과 신상들의 기부를 토대로 중국 공립의원(中國公立醫院)이 설립 및 운영되기 시작하였다.[55]

이처럼 중외 협력에 의한 페스트 방역 대책이 성과를 내고 있었음에도 불구하고, 이것을 통해 조계 외국인들의 조계 주변 지역에 대한 차별적 시선 자체가 사라진 것은 아니었다. 1911년 4월 스탠리는 보산현과 공공조계 경계에 위치한 비위생적 거주지들이 오물과 악취, 방치된 관 등에 의해 조계 공공위생에 위협이 되고 있다고 비난하였다.[56] 또한 이이지마가 스탠리의 보고 내용을 근거로 지적하였듯이, 공부국은 근본적으로 페스트 대책을 통해 조계 주변 지역의 위생 행정에 개입하고자 하는 태도를 버리지 않았다.[57]

이러한 사실은 1911년 8월 조계 인근 천보리(天保里)에서 페스트 감염자가 발생하면서 다시 드러나게 되었다.[58] 《노스 차이나 헤럴드》 등 조계의 신문들은 조계 외곽에서 페스트만이 아니라 다양한 전염병의 감염 사례가 지속적으로 이어지고 있는 이유로 갑북 인근의 슬럼을 원인으로 지

---

55 이이지마, 앞의 책, p.47.
56 "The Paoshan Menace", The North-China Herald, Apr. 8, 1911.
57 "상하이 상무총회가 공부국의 대책에 반발했던 것은 공부국이 페스트 대책을 통해 화계의 위생행정에 관여하려 했기 때문이다. 그 우려는 근거 없는 것이 아니었다. 공부국 위생과장 스탠리는 화계인 상하이 북부와 자베이(閘北)에서의 페스트 대책을 논한 메모랜덤 가운데, "이번 자베이 흑사병 발생은 조계 확대에 가장 좋은 기회의 하나이다. 적당한 채널을 통해 강경한 방안을 제기할 것을 권장한다"는 의견을 표명했기 때문이다.", 이이지마, 앞의 책, p.48.
58 「上海鼠疫復現之警報」, 『申報』, 1911年 8月 8日; 「上海鼠疫復現之續報」, 『申報』, 1911年 8月 10日.

적하였다.[59] 여기서 지적된 슬럼은 붕호구(棚戶區)라고 불리는 판자촌으로, 조계와 그 주변 지역에서 노동에 종사하는 중국인 하층 빈민들의 집단 거주지였다. 붕호구는 조계를 둘러싸듯이 그 주변에 존재하였으며, 공부국은 이러한 빈민촌을 조계 환경과 치안의 적으로 생각했다.[60] 외국인들도 그러한 시각을 공유하였다. 신문들은 외국인인 세관 세무사의 협조 하에 항만에서는 지속적으로 쥐의 방역 작업이 이루어지고 있음을 지적하면서, 현재 조계 내의 쥐들은 갑북을 통해서 조계로 유입되었을 것이라고 추측하였다.[61] 그러나 중국 측 신문에 의하면 8월 초부터 9월 말에 이르기까지 순경총국을 중심으로 조직된 포서대(捕鼠隊)가 천보리 일대에서만 쥐를 1,500마리 이상 잡았다고 선전하였다.[62] 즉 중국 지방 당국은 이미 쥐의 방역 작업에서 어느 정도 성과를 거두고 있었기 때문에, 쥐의 유입은 중국 측만의 문제는 아니었다고 할 수 있다.

그럼에도 불구하고 1911년 8월 중순 공부국은 갑북 방면으로부터 쥐의 유입을 막는다는 명목으로 지상에 장벽을 설치하기로 하였다.[63] 갑북으로 이어지는 지하의 도랑이나 수도관은 같은 목적으로 이미 폐쇄했기 때문에, 이번 조치는 사실상 갑북 지역이 전염병의 근원지라고 비난하는 것과 같은 조치였다. 심지어 조계의 신문들은 이 지역이 조계에서 추방된 범죄

---

59   "Outbreak of Plague", The North-China Herald, Aug. 12, 1911.

60   福士, 앞의 책, p.54.

61   "Outbreak of Plague", The North-China Herald, Aug. 12, 1911.

62   「閘北巡警查疫所成立」, 『申報』, 1911年 9月 30日.

63   "The Plague", The North-China Herald, Aug. 19, 1911.

자들의 소굴이라고 원색적인 비난을 퍼부었다.[64] 순경총국을 비롯해 갑북의 중국인들 사이에서 즉각적인 반발이 터져 나왔다. 이어진 논의에서는 붕호구를 격리하고 쥐를 박멸하는 데 더욱 노력할 것이 합의되었으나, 이 일로 인해 공부국과 순경총국의 근본적인 입장의 차이가 다시금 부각되었다.

또한 일부 외국인 상인들은 천보리의 감염 사례를 근거로 갑북에 대해 긴급한 조계 확장이 필요하다고 주장하기도 하였다.[65] 이들은 이러한 종류의 조계 확장은 추가적으로 조계를 확장하거나 조계를 개설하자는 것이 아니며, 주변 지역 관료들의 무능때문에 조계의 행정이 심각하게 방해받고 있는 것에 따른 불가피한 조치라고 강조하였다. 동시에 일부 중국인들 역시 조계 확장을 요구하고 있기 때문에, 이 지역 내에서 제한된 형태의 중국인 참정권도 고려하는 형태로 조계 확장을 논의해야 한다고 주장하였다. 결국 공부국과 순경총국의 근본적인 입장 차이가 좁혀질 수 없는 가운데, 외국인들은 전염병 위기를 빌미로 조계를 확장하고자 하는 태도를 버리지 않았다고 할 수 있다.

외국인들의 이러한 태도에 대해, 중국인들은 순경총국을 중심으로 방역 대책을 강화하는 것으로 대응하였다. 상해 도대는 의사 및 순경총국과 협의한 끝에, 강화된 방역 대책으로서 감염병이 유행하는 지역의 가옥 폐쇄 및 교통의 차단, 쥐의 포획, 주민에 대한 검진과 예방접종의 실시, 호별

---

64 Ibid.
65 "Meetings : China Association-The Shanghai Branch", The North-China Herald, Aug. 26, 1911.

검사와 소독, 장례 절차의 규정 등 다양한 대책을 시행하였다.[66]

천보리에서 발생한 감염 사례는 1911년 9월 말에는 이미 진정 국면에 접어들었다. 천보리 일대에서는 이미 전염병 감염 사례가 발견되지 않게 되었으며, 조계 내에서도 페스트 발병 사례는 나오지 않았다.[67] 신해혁명으로 혼란스러워진 1911년 말 페스트 문제는 사실상 종료된 것으로 이해되었다. 그러나 조계 외부를 바라보는 외국인들의 시선은 변함없이 식민주의적이었으며, 이는 신해혁명 이후에도 조계 확장 시도가 지속적으로 이어지는 결과로 나타났다.

4. 결론

지금까지 상해 공공조계의 외국인들이 조계 주변 지역을 바라보는 시선에 대하여, 공공위생과 의료라는 측면에서 검토하였다. 외국인들은 조계 확장이라는 목적을 정당화하기 위하여 조계 주변 지역의 위생 문제를 근거로 제시하였다. 중국 측에서 자치 시정을 통해 이러한 문제를 해결하고자 하였던 점에 대해서는, 극도의 불신을 드러내며 충돌도 서슴지 않았다. 1910년의 페스트 대유행과 같은 불가피한 상황 속에서는 잠시 협력체계를 구축하기도 하였으나, 근본적인 차별적 시선은 사라지지 않고 조계 외국인 사회 속에 뿌리 깊게 자리 잡았다. 이들의 시선 속에서 조계 주

---

66   이이지마, 앞의 책, pp.48-49.
67   "The Plague Scare", The North-China Herald, Sep. 9, 1911; 「閘北巡警查疫所成立」, 『申報』, 1911年 9月 30日.

변 지역의 위생 문제는 중국인들만의 힘으로는 해결될 수 없었으며, 오로지 외국인들의 직접적인 지도 속에서만 해결될 수 있었다. 따라서 근대적인 위생이란 이러한 관점에서 근본적으로 차별의 도구라고도 볼 수 있는 여지가 있었다.

중국의학에서의 심(心) 수양과
현대 동서의학의 심리치료

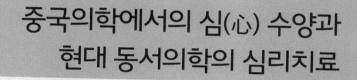

—인간의 정신을 다루는 의료에서
치료법들의 현황과 대안

김태은
경희대학교 인문학연구원 HK+통합의료인문학연구단 HK연구교수

1. 서론

의학 이론과 의료 시술의 방법을 문화 전통에 따라 동양과 서양으로 구별할 때, 중국 전통의 한의학과 미국 유럽 전통의 현대 의학은 각각의 인체론과 예방 및 치료를 위한 방법이 연구되고 전해져 내려온 것이라고 할 수 있다. 사람의 몸과 마음에 병이라고 진단되는 현상이 생겨나고, 그것이 장기적인 문제로 계속되어 고통을 느낄 때 본인 스스로 또는 관계된 가족이 현상을 완치하기 위해 병원을 찾아가게 된다. 정상과 이상이라는 진단과 분별 가운데 '병'이라고 의심을 갖고 치료를 희망하며 의원을 찾는 그때부터 의사와 환자라는 관계가 형성되고, 환자의 심리적 상태에 관해 제기하는 여러 질문들은 병적 여부 진단을 내리기 위한 도구와 대상이 된다. 인간의 신체적 정신적 고통을 완화하기 위해서 병원을 찾는 경우에도 다양한 종류와 분과 형태의 의원들 속에서 환자들은 어느 한 곳을 택해야 한다. 그것은 침구와 탕약으로 치료하는 한의원이 될 수도 있고, 현대 서구 의학의 종합병원이 될 수도 있으며, 증상의 부위나 치료를 원하는 범주에 따라서 내과, 외과, 신경정신과 등 얼마든지 다양하다. 어느 의원에서나 먼저 환자는 의사와 자기 문제에 대한 면담을 하게 되고, 문제를 치료하거나 완화하기 위한 방법을 찾게 된다. 그런데 실제 임상 의료에서는 의사가 많은 환자들을 대면할 수밖에 없고, 환자가 치료 비용을 들여 담당 의사를 장기적으로 방문하지 않는 한, 의사가 사람들 개개인의 상황과 변화에 대해 진지하게 귀 기울여 탐구하고 돌보기가 쉽지 않은 것이 사실이다. 신체적 질병은 물론 정신 질환, 노인의 치매와 요양에 대해서는 돌봄과 치료법을 쉽고 단순하게 하기 위해서 수면제나 마취제와 같은 약물요법을 일괄적으로 실행하는 경우가 대부분이다. 중국의학이든 서양의학이든 다양한 치료법이 있고, 약물치료 시 약의 용법과 용량을 부분적으로 제한하여 적용한다고 하지만, 환자 또는 의사가 오랜 기간 약물 복용을 방치하고 그것을 대체할 다른 대안으로 줄이려는 노력을 하지 않는 경우, 인체에는 약물로 인한 부작용 또는 변화가 생겨나게 된다.

"좋은 의료란 무엇인가?"하는 문제의식을 가지고 공동 작업에 해당되는 본서의 대안 탐색에 따라서 약물치료의 문제와 한계, 치료의 목적과 다르게 나타나는 부작용을 완화하기 위한 몇 가지 회의적 의문들을 논하고자 한다. 본 연구에서는 의료에서의 진단 방법과 약물요법에 관해서 특히 인간의 심리적 문제를 다루는 신경정신과의 사례를 중국의학의 이론 및 치료법과 나란히 정리해 보았다.

마음을 다스리는 한의학의 전통적 양생법과, 현대 신경정신의학에서 사람들의 정신적 현상을 대상으로 정상과 병에 대한 진단을 내리는 것, 약물요법으로 사람의 몸과 신경 정신을 다루는 방법은 구체적으로 어떻게 다르고 어떤 '빛'과 '그늘'이 있다고 할 수 있는지 생각해 보고자 한다.

2. 중국의학에서의 마음 수양

1) 예방의학으로서의 수양론

중국 전통 의학에서는 몸에 질병이 발생하기 전에 평소 마음을 수양하고 체력을 단련하는 양생법을 강조해 왔다. 중국 고대에는 의학서가 집필되기 전부터 육체의 건강과 불로장생을 위해서 정신의 수양이 먼저 이루어져야 한다는 문헌들이 나왔고, 그러한 철학 사상의 흐름 속에서 한대(漢代) 전후에 의학 경전 『황제내경(黃帝內經)』이 성립되었다. 『황제내경』에서는 병이 난 후의 다스림[治已病]보다는 병이 나기 전에 다스림[治未病]을 수행해야 한다고 하였다.

> "이러한 까닭으로 성인(聖人)은 이미 병든 것을 다스리지 않고 아직 병들지 않은 것을 다스리며, 이미 어지러워진 것을 다스리지 않고 아직 어지러워지지 않은 것을 다스린다고 하니, 이것을 말하는 것입니다. 무릇 병이 이미 이루어진 뒤에 약을 쓰며 어지러움이 이미 이루어진 뒤에 다스리는 것은 비유하자면 목이 마른 후에야 우물을 찾고 싸움을 시작하고 나서야 무기를 만드는 것과 같으니, 또한 늦은 것이 아니겠습니까?"[1]

> "양의(良醫)는 늘 병으로 나타나지 않은 상태의 병을 치료하고, 따라서 아직

---

1 『素問』 四氣調神大論 "是故聖人不治已病, 治未病, 不治已亂, 治未亂, 此之謂也. 夫病已成而後藥之, 亂已成而後治之, 譬猶渴而穿井, 鬪而鑄錐, 不亦晚乎."

진행되지 않은 병[未病]을 치료하는 것이다.[2]

병이 발생하기 전에 치료하는 것과 마음을 다스리는 것을 동등한 것으로 보는 것에 주목한다면, 아직 병이 아닌 상태라는 것은 정서나 정신적 과도함의 문제가 육체로서의 체내에 영향을 끼치지 않은 단계라고 할 수 있다. 이것은 표면에 나타나지 않고 내재되어 있는 병적 가능성을 예측하고, 신체가 손상되거나 증상이 악화되는 것을 미리 바로잡는 능력을 높이 평가한 것이다. 이러한 능력은 의술에 뛰어난 의사의 실력으로서도 평가되고, 자기 신체와 정신을 다스리는 수양자의 도(道)를 가늠하는 척도로 볼 수도 있다. 『황제내경』에서는 질병의 징후를 파악하는 의사의 실력에 대해 다음과 같이 수준을 나눈다.

"그러므로 사풍(邪風)이 이르는 것은 풍우(風雨)와 같이 빠르다. 그래서 질병을 잘 다스리는 의사는 병이 피모(皮毛)에 있는 단계에서 다스리고, 그다음의 의사는 병이 기부(肌膚)에 있는 단계에서 다스리며, 그다음의 의사는 병이 근맥(筋脈)에 있는 단계에서 다스리고, 그다음의 의사는 병이 육부(六府)에 있는 단계에서 다스리며, 그다음의 의사는 병이 오장(五臟)에 있는 단계에서 다스린다. 오장(五臟)의 단계에서 치료하는 자는 환자가 반은 죽고 반은 생존한다. … 그러므로 침(鍼)을 잘 사용하는 의사는 음에 따라 양을 이끌고, 양에 따라 음을 이끌며, 우측에 의해 좌측을 다스리고, 좌측에 의해 우측을 다스리며, 나로써 남을 알고, 겉으로써 속을 알며, 과도함과 부족함

---
2 『淮南子』説山訓 "良醫者, 常治無病之病, 故未病."

의 이치나 기미를 보아서 병의 원인을 다스리기 때문에 치료가 위태롭지 않다. 진단을 잘하는 자는 안색을 보아서 맥을 헤아리고, 우선 음양을 구별하고 맑고 탁함[淸濁]을 살펴서 병의 부분을 알며, 숨이 차는 증세[喘息]를 보고, 음성(音聲)을 들으며, 고통스러운 곳을 알고, 평형과 기준을 보아서 병의 주된 곳을 알아내며, 길고 짧은 단위[尺寸]를 헤아리고, 맥의 뜨고 가라앉는 것[浮沈]과 미끄러워 활하거나 까칠까칠한 느낌[滑濇]을 보아서 병이 생겨나는 곳을 알며, 그것에 따라 다스리니 바로잡는 데 잘못이 없고, 그것에 따라 진단하니 실수가 없는 것이다."[3]

질병을 예방하기 위해 평소에 자신을 다스리고 관리하는 것이 중요하지만, 그럼에도 불구하고 병증이 생겨났을 때에는 바깥에서 사기(邪氣)가 침입하고 병이 진행되는 단계에서 표피와 털, 근육과 맥, 육부, 오장의 순으로 깊이 병들지 않았을 때 바로잡는 능력이 중요하다는 것이다. 오장까지 병이 깊어진 후에는 회복하기가 어렵게 되므로 눈에 나타나는 단서를 살펴서 비가시적 징후를 예측하고 근본 원인을 찾아낸다는 것이다. 이와 같은 『황제내경』의 의학 사상이 중국의학 전통으로 이어져 생활 속에서 자기 몸과 마음을 다스리는 여러 가지 양생법과 도교 수련법을 수록한 문헌들을 형성하게 되었다. 의가의 경험과 의약 지식 증가에 따라 예방의학

3　『素問』陰陽應象大論 "故邪風之至, 疾如風雨, 故善治者治皮毛, 其次治肌膚, 其次治筋脈, 其次治六府, 其次治五藏. 治五藏者, 半死半生也. … 故善用鍼者, 從陰引陽, 從陽引陰, 以右治左, 以左治右, 以我知彼, 以表知裏, 以觀過與不及之理, 見微得過, 用之不殆. 善診者, 察色按脈, 先別陰陽, 審淸濁, 而知部分, 視喘息, 聽音聲, 而知所苦, 觀權衡規矩, 而知病所主. 按尺寸, 觀浮沈滑濇, 而知病所生, 以治無過, 以診則不失矣."

적 내용과 별도로 여러 병명들과 진단, 구체적인 약재 가공 및 복용법, 침과 뜸 치료와 같은 의술이 많은 의서로 맥을 이어 나갔다.

예방의학은 중국 전통 의학과 같이 현대 의료에서도 실시되고 있다. 물론 동양적 기(氣)에 의한 한의학의 양생법과는 다르지만, 질병을 예방하기 위해 여러 단계의 제도적인 의료가 마련되어 있다. 첫 번째 단계는 병이 생겨나지 않도록 예방접종, 환경 및 안전 관리, 영양 섭취와 같은 대책으로 인체의 건강을 저해하는 요인들을 배제하고 생리적 기능과 면역력을 강화하는 단계이다. 식생활, 술, 담배, 약물복용과 같은 생활의 문제를 바꾸는 것도 이러한 단계에 포함된다. 두 번째 단계는 질병의 징후를 읽어 내고 조기에 치료하는 것이다. 전염성 질환의 경우에는 전염을 최소화하고, 비전염성 질환은 조기에 대응하여 치료 기간을 단축하고 생존율을 증가시키는 단계이다. 세 번째 단계는 질병으로 인해 신체적으로나 정신적으로 손상된 경우에 후유증을 최소화하고 물리치료를 실시하여, 신체기능을 회복시키고 사회생활이 가능하도록 도와주는 치료와 재활의 단계이다.[4]

2) 한의학에서의 심장(心臟)과 정서적 병리 현상

중국의학에서 마음의 병과 몸의 관계는 그 원인과 현상이 둘로 나누어지지 않는다. 조선 중기에 완성된 『동의보감』은 중국 의서들의 내용을 종

---

4   金光湖·南喆鉉·李起男·李仙童·蘇敬順·康圻林·黃貴緒[著], 『豫防醫學과 保健學』, 癸丑文化社, 1996, 10-11쪽.

합하고, 금원의학(金元醫學), 조선 의약서를 활용한 대표적인 의서로서, 선조 대왕의 명(命)에 따라 국가에서 주도하여 허준과 조력자 5인에 의해 장기적으로 집필되었고, 광해군 때 왕실에 헌상되었다. 『동의보감』에는 중국 의서를 다양하게 인용하고 집약하여 기(氣)의 상태에 따른 심리적 증세의 원인으로 다음과 같은 것들을 제시했다. 인간의 심리적 질환을 심장에만 국한시켜 내장과 마음의 관계를 생각해 보면 하나의 예가 될 수 있다. 내경편 「심장(心臟)」에서는 심상증(心傷證)이라고 하여 심장의 기(氣)가 손상되었다는 증거들을 논하였고, 심장에 사기(邪氣)가 들어 있는 것, 심혈(心血)이 적은 것, 심기(心氣)가 너무 많거나 부족함에 따라 생겨나는 증세들을 기술해 놓았다. 정상적인 상태와 병의 상태를 분류한다는 것은 진단하는 자의 인식과 판단에 의한 것이지만, 병이라고 굳이 명칭을 부여하기보다는 인체 내외의 원인에 의한 일시적인 증세라고 할 수 있을 것이다.

> 너무 근심하고 걱정하거나 생각하고 염려하면 심(心)이 상한다. 사기(邪氣)가 침범하여 혼백을 불안하게 하는 것은 혈기(血氣)가 적기 때문이다. 혈기(血氣)가 적은 것은 심에 속하는데, 심기(心氣)가 허한 사람은 두려워하는 것이 많아 눈을 감고 자려고만 하고 (잠들면) 멀리 가는 꿈을 꾸고 정신이 산만하며 혼백이 제멋대로 나다닌다. 음기가 쇠약해지면 전증이 생기고, 양기가 쇠약해지면 광증이 생긴다. 심(心)을 상한 사람은 피로해지면 얼굴이 붉어지고 몸의 하단이 무거우며 가슴 속이 아프면서 답답하고 열이 나며, 배꼽 위가 두근거리고, 맥이 현(弦)하니, 이러한 것들은 심(心)이 상하여 생긴

증상이다.[5]

사기(邪氣)가 심(心)에 있으면 가슴이 아프고 기뻐하고 슬퍼하길 잘하는 정서가 나타나고, 때때로 어지러움을 느끼며 쓰러지기도 한다.[6]

잘 잊어버리고 기억하지 못하며, 놀라면서 가슴이 두근거리고 불안하며, 가슴 속이 몹시 답답하여 참을 수 없이 괴롭고 즐겁지 못한 것은 전부 심혈(心血)이 적기 때문이다.[7]

심기(心氣)가 허(虛)하면 곧잘 슬퍼하고, 실(實)하면 웃음을 그치지 못한다.

『황제내경』 이후에는 신(神)이 머무는 곳으로서의 심장[心]에 관한 의학 내용이 혈맥과 관련하여 단순히 기(氣)와 정신 기능만이 아니라, 혈액을 중심으로 하여 비장[脾], 신장[腎]과의 작용으로 설명된다. 또한 심(心)의 원리에 따른 병리적 현상도 다른 기관과의 관계 속에서 생겨나는 것으로 논의된다.[8] 심(心)에 관련된 증세들을 병리학적으로 분류하면 마음의 번

5 『東醫寶鑑』內景篇「心臟」"憂愁思慮則傷心.《難經》邪客使魂魄不安者, 血氣少也. 血氣少者, 屬於心. 心氣虛者, 其人多畏, 合目欲眠, 夢遠行而精神離散, 魂魄妄行. 陰氣衰者爲癲, 陽氣衰者爲狂. 心傷者, 其人勞倦, 則頭面赤而下重, 心中痛而自煩, 發熱臍上跳, 其脉弦. 此爲心藏傷所致也.《仲景》"
6 『東醫寶鑑』內景篇「心臟」"邪在心則病心痛, 喜悲, 時眩仆.《靈樞》"
7 『東醫寶鑑』內景篇「心臟」"健忘失記, 驚悸不安, 心內懊憹不樂, 皆心血少也.《入門》"
8 『素問』痿論 "心主身之血脈." 『素問』五臟生成篇 "諸血者皆屬於心." (金完熙, 『한의학원론』, 成輔社, 2003, 161쪽에서 재인용.)

잡함[心煩], 놀라고 두려워하는 증세[驚悸], 적은 수면량[少寐], 수면 중에 꿈을 많이 꾸는 것[多夢]과 같은 것들이 제시될 수 있다. 심(心)의 생리적 기능이 정상적으로 활동하고 기혈(氣血)이 충만하면 정신이 맑아져서 외부 사물에 대해 잘 반응하고 사고 능력도 민첩한데, 병이 생기면 혼수상태, 혼미함, 급작스러운 혼란[譫妄], 광적으로 조급함[狂躁]과 같은 증세로 심화된다.[9] 혈액을 중심으로 심장과 비장은 각각 혈(血)을 주관하는 기관, 혈(血)을 통어(統御)하는 기관으로 정의되기도 하는데, 비장이 혈(血)을 잘 다스리지 못하여 실혈(失血)하게 되면 심혈(心血)의 부족으로 심(心)과 비(脾) 둘 다 허(虛)하게 되어 어지럼증[眩暈], 심적 두려움[心悸], 곧잘 잊어버림[健忘], 수면 부족[失眠], 얼굴색이 좋지 않음[面色不華], 음식량이 적고 지나치게 생각함[飲食少思]의 증세가 나타난다.[10] 또한 심장은 신장과도 관계되어 심(心)과 신(腎)의 교류에 문제가 생기면 수면량 결핍[失眠], 꿈을 많이 꿈[多夢], 허리뼈 통증[腰痠], 수면 중 몽설[夢遺]과 같은 증세가 생겨난다고 한다.[11]

이러한 심병(心病)의 원인으로는 근심과 두려움, 지나치게 염려함[思慮]과 같은 심리적 요인과, 음기와 양기의 쇠약 등이 있다. 즉 정신적 피로가 심장의 약화나 병증으로 심해지는 원인이 되고, 반대로 심장의 혈기(血氣) 부족, 기허(氣虛)와 음양 쇠약이 정신적 쇠약 증상으로 나타나기도 한다는 것이다.

---

9   같은 책, 162쪽.
10   같은 책, 163쪽.
11   같은 책, 164쪽.

『동의보감』은 내경편에서 꿈[夢]에 관한 기술을 정(精)·기(氣)·신(神)에 이어 소단락의 문(門)으로 마련했는데, 꿈을 인체의 내부 상태 진단에 필요한 요소로서 다루었다. 내경편 「몽(夢)」에서는 오장의 허실에 따른 꿈의 양상이라든가, 수면 과다, 불편한 수면, 불면과 같은 현상의 원인을 분석하고 약 처방과 침구법을 기재하였다. 이렇게 중국의학과 그 내용을 계승한 『동의보감』에서는 인간의 정서와 정신적 질환을 육체로서의 몸의 상태와 불가분의 것으로 논하고 있다는 것을 알 수 있다. 본 단락에서는 몸의 전체 가운데 심장에 관한 부분만을 다루었지만, 다음으로 이어지는 내용에서는 중국의학이 신체의 문제와 심리 현상의 관련 속에서 어떻게 병증을 분석하고 치료법을 제시했는지 살펴보고, 현대 의학 이론과 의료에서의 진단 및 치료법과 비교하여 논의를 진행하고자 한다.

3. 동서의학에서 심리치료의 다양한 방법

1) 현대 한의학의 신경정신의학과 치료법

대한한방신경정신과학회에서 편찬된 단행본에 따르면, 한의학으로 신경정신의학 치료를 할 때에는 몇 가지 기본 원칙에 따른다.[12] 첫째, 정서의 문제를 직접적으로 다룬다. 한의학에서는 내장과 정서가 관련되어 있기 때문에, 정서적으로 지나치거나 조화로움이 무너지면 장기에 손상을 받게 된다는 원리를 바탕으로 한다. 따라서 기(氣)의 안정을 기본으로 하

---

12   대한한방신경정신과학회 편, 『한방신경정신의학』, 집문당, 2005, 709-710쪽.

는 치료법을 활용한다. 대표적인 약물로는 안신약(安神藥)이 제시된다. 둘째, 질병의 원인을 기본적으로 체액이 엉겨 있는 담(痰), 흐름이 막히고 뭉치는 어혈(瘀血), 결핍에 의한 허증(虛症)으로 본다. 셋째, 질병 고유의 특징을 밝혀내어 그 성질에 따라 치료에 응용하는 변증법적 방법이다. 이를테면 화(火), 분노의 감정이 간(肝)의 기운을 울결(鬱結)하게 하기 때문에, 이러한 특성에 따라 변증론치를 적용한다면 간(肝)과 울결(鬱結)에 관련된 약물과 치료술을 택하여 치료한다. 넷째, 한의학에서는 체질에 따라 질병의 원인과 양상이 다르기 때문에 체질 치료를 먼저 한다.

(1) 중국의학 전통의 정신의학 특징

한의학에서는 사람의 몸과 정신이 분리될 수 없는 영향 관계에 있다는 생각에 기반하여, 정서와 감정이 육체로서의 몸과 기(氣)에 의한 흐름으로 작용한다는 원리를 설명한다. 기(氣)의 음과 양[陰陽], 표면과 속[表裏], 차가운 것과 덥고 뜨거움[寒熱], 부족함과 충분함[虛實]이 기본 특성으로 제시된다. 특히 사람의 체질에 따라 각자 다른 약물과 침법, 생활에서의 마음 수양과 같은 내용을 적용하여 의사의 진단과 처방이 내려지게 된다.

『동의보감』 내경편에서는 정(精)·기(氣)·신(神)의 순서로 인체에 가장 중요한 필수 요소를 언급했고, 그다음으로 정신적 성질 또는 물질적 기본을 이루는 세 요소 정(精)·기(氣)·신(神)이 체내에서 자리 잡거나 순환하며, 체액이나 감각 기능, 동작 기능으로 전환될 수 있도록 돕는 혈(血)을 언급했다. 이어서 그러한 요소들이 머물거나 작용하는 오장육부에 관해 주요 내용으로 다루었다. 내경편에는 인체 내부를 존속해 나가는 것들을 설명하기 때문에 그것들이 결핍되거나 다양한 감정 변화, 외부 자극과 스트레스에 의한 문제들과 병증이 수록되어 있다. 수면을 통한 꿈[夢]의 내용[夢], 수면 중 생겨나는 몸의 현상과 병적 활동, 불면증과 같은 것도 의학적 단서로 제시되었다. 외형편에서는 정서적 원인으로 팔, 다리, 신체 표면의 기관들에 이르는 통증과 다양한 병증들이 기술되었다. 정신적 병증이 정신적 고통으로 그치는 것이 아니라 인체 내부와 외부에 여러 질환들로 나아갈 수 있다는 것을 나타낸다. 잡병편의 내용을 살펴보면, 정신적 병증이 나타나는 것은 인체 내부의 원인뿐만 아니라 기후, 환경, 생활에서의 피로, 지나친 음식 섭취와 음주, 여러 중독과 같은 외부 원인에 의해 생겨나는 현상이라는 것을 알 수 있다. 『동의보감』에 수록되어 있는 신경정신과에 관련된 병증들을 집약하여 다음 표에 제시하였다.

〈표 1〉『동의보감』에서 다루고 있는 신경정신과 분야[13]

내경편(內景篇)	
신형문(身形門)	정(精)·기(氣)·신(神)을 보양(保養), 도(道)로써 병을 치료함, 마음을 비워서 도(道)에 합함. 반운복식(搬運服食)·안마도인(按摩導引)·섭취양요결(攝取養要訣)·환단내련법(還丹內煉法)과 같은 각종 양생법을 제시함.
정문(精門)	정(精)이 몸의 근본이라고 함. 유설(遺泄)과 몽설(夢泄)을 심(心)과 울(鬱)로 인한 병증으로 설명.
기문(氣門)	기(氣)가 정신의 근본이 됨을 설명. 기(氣)가 병의 주요 원인임을 설명. 기일(氣逸)·칠기(七氣)·구기(九氣)·중기(中氣)·상기(上氣)·하기(下氣)·단기(短氣)·소기(少氣)·기통(氣痛)·기역(氣逆)·기울(氣鬱)·기부족(氣不足)·기절후(氣絕候) 등 기(氣)와 관련된 병증들을 제시함.

---

13 같은 책, 9쪽.

신문(神門)	신(神)이 인체에서 군주의 역할을 하면서 정신을 담당하고 있음을 설명. 심장신(心臟神)을 언급. 심(心)과 신(神)의 관계를 설명. 오장(五臟)의 각 장(臟)에 신(神)을 간직하고 있음을 설명. 희(喜)·노(怒)·우(憂)·사(思)·비(悲)·경(驚)·공(恐)의 칠정(七情)에 의한 손상(損傷)을 기술. 경계(驚悸)·정충(怔忡)·건망(健忘)·전간(癲癎)·전광(癲狂)·실정(失精)·다양한 정서를 통한 정신 치료법 제시.
혈문(血門)	각종 정서들이 혈(血)에 영향을 주는 것을 설명.
몽문(夢門)	혼백(魂魄)이 몽(夢)이 되는 것, 수면법·불면·악몽에 대한 설명 제시.
어언문(語言門)	언어섬망(言語譫妄)·음부득어(瘖不得語)·정성(鄭聲)·소(笑)·가(歌)·대경불어(大驚不語)와 같은 언어 기능과 관련된 문제.
진액문(津液門)	심한(心汗): 생각을 너무 많이 하면 심공(心孔)으로 땀이 난다.
담음문(痰飮門)	열담(熱痰)·기열(氣熱)·경열(驚熱)에 대한 언급.
오장육부문 (五臟六腑門)	각 장(臟)의 특징과 함께 수양법(修養法)과 도인법(導引法)을 기술.

외형편(外形篇)	
두문(頭門)	두부(頭部)가 정신을 담당하며, 신(神)이 머무는 곳이라는 설명. 혼백(魂魄)과 관련된 니환(泥丸)이 있고, 두부(頭部)를 구궁(九宮)으로 나누어 설명. 뇌를 수(髓)의 바다[海]로 설명. 두(頭)의 병증에 대한 각종 설명.
안문(眼門)	안위장부지정(眼爲臟腑之精): 정신 기능을 눈으로 읽어 낼 수 있음을 설명.
비문(鼻門)	신기(神氣)가 호흡을 통해 출입함을 설명.
구설문(口舌門)	정신과 정서가 혀의 기능을 담당함을 설명.
인후문(咽喉門)	매핵기(梅核氣): 정서와 관련된 증세로 설명.
흉문(胸門)	심통(心痛)에 대해 정신적 요인과 관련하여 설명.
요문(腰門)	기요통(氣腰痛): 정서적인 문제로 생겨나는 요통을 기술.
협문(脇門)	기울협통(氣鬱脇痛): 분노, 생각이 많아서 생겨나는 협통을 기술.
전음문(前陰門)	기산(氣疝): 정서적 원인으로 생겨나는 경우를 설명. 목신(木腎): 음경(陰莖)이 단단하게 굳어져서 저리고 아프며, 이에 심(心)의 화(火)가 내려가지 않아서 신수(腎水)가 따뜻하지 못하게 되는 것으로 설명.
후음문(後陰門)	기치(氣痔): 우(憂)·공(恐)·에(恚)·노(怒)와 같은 정서적 문제로 붓고 기(氣)가 흩어지는 증상 설명.
잡병편(雜病篇)	
풍문(風門)	열생풍(熱生風): 풍(風)이 생겨나는 원인을 오지(五志)가 지나친 것으로 설명.

한문(寒門)	상한(傷寒)으로 인한 신경정신과 증세 설명.
화문(火門)	화(火)가 오지(五志)의 원인으로 생겨나고 오장(五臟)과 관련된다는 설명. 적열(積熱)·골증열(骨蒸熱)·오심열(五心熱)·허번(虛煩)·음주발열(飲酒發熱)·음허화동(陰虛火動): 화(火)에 의한 각종 병증.
내상문(內傷門)	화(火)를 제어하는 방법으로 마음을 다스리는 법 제시. 내상(內傷)의 두 가지 원인으로 음식으로 상하는 것과 피곤, 고달픔으로 상하는 것을 제시하고, 노권(勞倦)으로 인한 상(傷) 가운데 심적 피로[勞心]의 상(傷)을 설명. 주상(酒傷): 술을 오래 마시는 자는 장부(藏府)에 독이 쌓이는데, 심해지면 근육이 빠져나가고, 신(神)을 상하며, 수명이 손상된다.
허로문(虛勞門)	오로(五勞)·육극(六極)·칠상(七傷)에 대해 기술.
해수문(咳嗽門)	기수(氣嗽)·기천(氣喘)에 대해 기술.
적취문(積聚門)	기울(氣鬱)·습울(濕鬱)·열울(熱鬱)·담울(淡鬱)·혈울(血鬱)·식울(食鬱)의 육울(六鬱)을 기술. 적(積)을 없애는 법 설명.
장만문(腸滿門)	기창(氣脹), 혈창(血脹)
해독문(解毒門)	각종 중독에 의한 증상과 치료법 설명.

내경편, 외형편, 잡병편 각 문(門)마다 특기할 만한 내용들을 언급하면 다음과 같다. 내경편 「신형(身形)」에서는 도가적 우주론을 바탕으로 인간이 정신을 다스리는 법은 도(道)에 따르는 것이라는 철학적 정신요법을 논한 것이라고 할 수 있다. 정(精)에 있어서는 몸에서 나가지 않는 것이 중요하므로 정(精)이 불필요하게 또는 비정상적인 유설(遺泄), 몽설(夢泄)로 누설되면 정서적으로도 울(鬱)한 증세가 나타난다는 것이다. 외형편에서는 오장과 감각기관의 관계를 알 수 있기 때문에 안(眼)·비(鼻)·이(耳)·구설(口舌)이 각각 시각·후각·청각·미각과 관계된다는 원리 속에서 감각 능력의 상실이 정서적으로도 영향을 끼치며, 그러한 감정이 분노라든가 생각이 많은 피로와 관련될 경우 뼈와 내장의 통증이 된다는 것을 알 수 있다. 잡병편에서는 몸 밖의 춥고 덥고 습하고 건조한 기후가 병의 원인이 되어 풍(風), 상한(傷寒), 온병(溫病), 화(火), 열(熱), 기력 부족과 오

장의 과로에 따른 체내 요소들의 손상(虛勞), 축적되고 막혀 울체됨[積鬱]과 같은 증세가 나타난다는 것을 알 수 있다. 이러한 원인으로 정신이 흐리고 어지럽거나 불안한 증세, 광기, 나른함, 헛것이 아른거리는 것과 같은 여러 의식 기능의 문제가 생기는 것이기 때문에 한의학에서도 정신과 치료의 대상으로 인정되는 사례들을 분류한 것이라고 할 수 있다.

(2) 동양적 의약론과 대체의학의 수용

한의학 의료에서는 정신 질환을 낫게 하기 위해 전통적 약재요법을 사용하는데, 한방 신경정신과에서 자주 활용되는 처방으로는 다음과 같은 탕약들이 있다. 불면증과 건망증에는 귀비탕(歸脾湯), 혈(血) 부족을 동반하는 스트레스와 신경증을 치료하는 보혈안신탕(補血安神湯), 담석증과 담낭 치료에 효과가 있는 가미계궁탕(加味桂芎湯), 담기(膽氣)가 울체되어 가슴 속이 번잡하거나, 담화(痰火)의 침입에 의한 위기(胃氣)의 역상(逆上)으로 공포·불안·불면·구토 증세가 나타날 때 치료하는 온담탕(溫膽湯)과 같은 것들이다. 그 밖에 여러 대안적 치료법이 사용되기도 한다. 한방 정신요법으로는 정서상승요법, 자기암시법, 긴장요법, 격정요법, 수면요법, 대화요법, 음악요법, 회화요법, 독서요법, 환경적응요법, 호흡법, 기공요법과 같은 것들이 활용된다.[14]

현대사회에서는 옛 시대와 다르게 상황의 변화에 따른 다양한 스트레스를 받고 있기 때문에, 인간 심리에 접근하는 데 중국의학 전통의 인체관에 입각하되, 서양의학으로부터 뇌에 대한 내용을 받아들여 인체와 정

---

14 같은 책, 744-790쪽.

신에 대한 이해를 깊고 광범위하게 구체화하게 되었다.[15] 한의학에서 뇌는 심장에서 생겨난다고 한 신명(神明)의 기능이 외부로 발휘되는 시스템의 물체로 인식될 수 있으며, 신장과의 관계에 대비한다면 뇌는 외심(外心)과 같다고 표현되기도 한다.[16] 신명(神明)이라는 기능의 물적 토대는 심장에 있는데, 신(神)이 머리 위에 올라가서 머무는 것이라고 설명한다면 한의학의 전통적 인체론과 크게 다른 것이 없다. 다만 중국 고대의 심장 중심의 정신 기능 이해를 넘어 뇌를 통해 논하게 되면 심화(心火)·심혈(心血)·신정(腎精)과의 관계를 해석하기가 쉽고, 정신 기능의 인체 내 구조에 대한 새로운 내용을 제시할 수도 있다는 것이다. 다만 여기까지는 의학 이론의 범주에 속하는 내용이며, 실제 정신 질환 치료에서 한의학 외에 어떤 방법을 받아들이는가를 확인해야 할 것이다.

　　한방 신경정신의학 이론 내에서 한의학을 대체하는 치료법으로 '보완대체의학'을 제시하기도 한다. 보완대체의학이란 인체를 종합적 방법으로 살펴 질병을 예방하고 치료하고자 하는 한의학도 서양의학도 아닌 전통 의학이나 민간치료법 중 치료 효과가 인정되는 것을 통칭하는 용어라고 할 수 있다.[17] 서양에서는 '대체의학(alternative medicine)'이라고 부르기도 하는데, 여기에 기존 의학을 보완한다는 의미를 더하여 '보완대체의학(complementary alternative medicine)'으로 칭하는 것이다. 다양한 치료 방법이 적용된 보완대체요법의 특징은 다음과 같이 제시된다.[18] 첫째, 자연의

15　같은 책, 6쪽.
16　같은 책, 47쪽.
17　같은 책, 169쪽.
18　같은 책, 170쪽.

치유력을 이용한다. 약물 복용, 수술을 하지 않고 인간의 자연적 회복 능력을 강화하도록 하는 것이다. 둘째, 증상보다는 원인을 중요시하여, 증상이 나타나는 것을 억압하기보다 가라앉고 회복되는 데 시간이 소요되더라도 근본 기능 강화에 힘쓴다. 셋째, 인체에 해가 없는 자연 재료로 만든 치료제를 사용하여 부작용을 줄인다. 넷째, 의사가 환자에게 상담자로서 교육하고 조력하는 역할을 담당하여 스스로 건강에 관심을 갖도록 한다. 보완대체의학으로 분류한 것들 중에서 유용하게 여겨지는 치료법으로는 아유르베다 의학, 식이요법, 동종요법, 향기요법, 운동치료, 물리치료, 명상요법, 요가, 해독요법, 단식요법, 산소요법, 신경치료, 세포이식술과 같은 것들이 있다. 그 밖에도 한국대체의학회의 발표 내용을 부가하면 기(氣) 치료, 생체전자기 진단 및 치료법, 현미경 생혈진단치료법, 봉독요법, 약용식물요법, 카이로프랙틱 치료법, 음성분석치료법, 자석치료법이 있다.[19]

보완대체의학은 다음과 같은 특징이 있다.[20] 첫째, 병이 생겨난 부위만이 아니라 몸과 마음의 전체적 조화를 중시한다. 둘째, 수술과 같이 인체에 스트레스를 가하는 것을 줄이고 공격적인 방법이나 기술을 사용하지 않는다. 셋째, 체내 독성 물질이나 노폐물을 제거하고 배출시켜 정화된 상태를 유지하게 한다. 넷째, 인공 합성 약물을 멀리하고 자연 활성 물질로 부작용을 줄인다. 다섯째, 환자의 모든 측면, 즉 성격·환경·유전·

---

19   오홍근, 『보완대체의학-현대의학과 더불어 21세기 통합의학으로』, 아카데미아, 2008, 30쪽.
20   같은 책, 17쪽.

가정·직장·감정 상태를 관찰하여 내적 원인을 치료하는 데 힘쓴다.

보완대체의학의 안전성과 과학적 근거에 대해 의문도 제기될 수 있다. 의학에서 미국 식약청(FDA)의 승인을 받은 치료법만을 안전의 범주에 포함시키는 것이 일반적이기 때문에, 영양요법이나 행동요법은 효용면에서 제도적 인정을 받기 어렵다는 문제가 있다. 그러나 최근에는 보완대체의학에 관해서 과학적 실험과 검증이 활발하게 진행되고 있으며, 조심스럽게 접근해야 하는 부분에서는 의사의 조언을 받고 환자 자신의 결정과 책임에 따를 것을 강조하고 있다.[21]

2) 현대 신경정신과 의료의 방법들

동양의학과 같이 서양의학에서도 내과 질환과 정서적 문제가 관련된 병증을 다수 언급하고 있다. 심혈관계·호흡계 기관·소화계 기관·근골격계·내분비계의 질환에 의해서도 기능 약화에 의한 우울·불안·불면·식욕부진·충동·의식불능과 같은 현상들이 나타날 수 있다고 제시된다. 거꾸로 심리적 스트레스에 의해 내장 질환, 면역력 감퇴와 감염, 각종 피부 질환으로 이어지는 질병도 나타나는 것으로 밝혀져 있다. 다만 이렇게 신체적 병증과 관련된 심리적 증세에 어떻게 대응하는가의 방법에 주목해야 한다.

신경정신과 임상 의료에서는 병으로 진단되는 환자의 심리적 고통에 대응하여 다양한 방법으로 치료를 행하고 있다. 예를 들면 비약물적 치료

---

21 같은 책, 20-21쪽.

법으로는 인지행동치료(cognitive behavior therapy), 최면요법(hypnosis), 음악치료(music therapy), 컬러테라피(color therapy)와 같은 것들이 있는데, 약물요법의 대안으로 행해지는 치료법들이다. 정신 질환의 정도에 따라 치료 기간이 장기와 단기로 나뉠 수 있다. 단기 정신 치료로 충분하다고 분류되는 범주 내에서 진료자가 환자의 증세를 심각하지 않다고 판단하며, 환자 스스로도 치료를 위해 노력하고 의사와 신뢰 관계가 형성되어 있는 경우에는 단기 정신 치료 적합 환자로 분류되기도 한다.[22]

(1) 신경정신과 의료와 약물요법

앞에서 언급한 대로 약물치료법을 멀리하는 가벼운 대안의 방법들이 있지만, 신경정신과 의료에서는 여전히 약물치료와 물리적 치료법이 일반적으로 시행되고 있다. 현대 신경정신의학 분과에는 정신 질환의 분류에 따른 약물의 종류와 용량, 용법, 효능, 적응과 부작용, 환자의 대응 태도에 따른 문제와 같은 것들이 이론과 경험 지식으로 축적되어 있다. 인간의 정서적 심리적 문제를 치료하는 데 약물요법을 실행하는 경우를 가리켜 '정신약물학'이라고 칭하며, 다음과 같이 용어의 뜻을 정의한다. "정신약물학은 약물이 사고 · 기분 · 감각 등의 정신 기능 및 행동에 미치는 효과를 과학적으로 탐구하는 학문으로서, 정신 질환의 치료제 개발과 동시에 정신 질환의 생물학적 원인을 규명하는 데에도 중요한 역할을 한다."[23]

---

22   대한신경정신의학회 편, 『신경정신의학』, IMIS company, 2017, 767-769쪽.
23   같은 책, 789쪽.

임상의학 현황에 대한 기록에 따르면, 정신 질환을 약물치료에만 의존하지 않기 위해 신경정신과에서는 다양한 정신사회학적 치료법이 병행되고 있다. 집단정신치료, 가족치료, 작업치료, 사회기술재활, 환경치료와 같은 것들이 사회학적 정신 치료법에 해당된다.[24] 반면 약물치료는 생물학적 방법으로 접근하는 정신 치료로 분류된다. 약물치료를 위해서는 병에 대한 정확한 진단이 필요하고, 약물에 대한 인체의 생물학적 심리적 반응, 효과와 부작용, 환자의 순응하는 태도를 확인하면서 약물치료를 적용해야 한다고 덧붙인다.

(2) 정신약물학의 역사와 약물 분류

정신 치료에 약물학이 체계적으로 자리 잡기 이전에도 사람들은 알코올·아편·대마·약초와 같은 물질을 기분의 향락·진정 작용·수면을 목적으로 사용했고, 전기요법, 인슐린요법, 정신외과술과 같은 물리적 방법도 실행된 것으로 기록되어 있다.[25] 대략 19세기경 현대 정신약물학이 시작된 것으로 어림잡는데, 이때부터 정신 및 행동의 문제를 완화할 목적으로 특정 약물이 만들어지기 시작한 것으로 전해진다. 진정 수면제 계통으로서 대표적으로 모르핀(morphine), 파라알데히드(paraldehyde), 클로랄하이드레이트(chloral hydrate)가 있다. 정신 질환의 증세를 조절하기 위한 특별한 방법이 완성되지 못했던 20세기 초까지는 충격요법, 혼수요법, 정신외과술과 같은 물리적 치료 방법이 시도되었다고 한다. 1950년대에

---

24 같은 책, 777-785쪽.
25 같은 책, 790쪽.

는 신경이완제(neuroleptics), 신경안정제(tranquilizer), 항조증 효과의 리튬 (lithium), 항우울 효과의 약물로서 레세르핀(reserpine)과 같은 것들이 시도 되었다고 한다.[26] 1960년대에는 신경 시냅스 연구와 생화학적 뇌 연구를 통해 정신과 약물의 개발과 정신 질환 이해가 촉진되어 약물의 효과 외에 독성에 대한 관심도 증가했던 것으로 보고된다. 1970년대는 정신 질환에 대한 생물학적 이해와 약물의 작용기전에 대한 이해가 심화되고, 정신 질환 진단과 분류 체계도 세분화된 시기였던 것으로 언급된다. 그 후로 획 기적인 약물은 더 나오지 않은 것으로 평가되며, 정신기능증강제, 지능향 상제와 같은 약물의 일부는 의사의 처방 없이도 제약 회사를 통해서 구매 할 수 있게 되었다는 것으로 마무리된다.[27]

(3) 신경정신과 약물요법에 대한 회의적 의문 제기는 가능한가?

정신을 치료한다는 목적에서 약물치료에 따른 피해를 줄여야 할 필요 가 있는 것은 사실이지만, 법적으로 권한을 부여받은 의사들에게 정신 질 환 치료에 약물요법을 줄이거나 금지하라고 할 수는 없다. 다만 의료의 소비자가 될 수도 있는 각자에게 가능한 것은 의사가 약물요법을 권할 경 우에 그 약을 받아들이거나, 받아들이지 않고 다른 치료법을 찾거나, 용 량을 조절하는 방법은 가능하다. 현대 의료에서 의사의 진단법과 치료법 은 강제적인 것이 아니기 때문이다. 자기와 가족의 누군가가 환자가 될 것을 대비하여 평소에 의학과 약, 치료법, 각 병원과 의사의 특징을 알고,

---

26 같은 책, 790쪽.
27 같은 책, 791쪽.

적절하게 판단하는 것이 바람직하다. 물론 신경정신과 환자 가운데는 정신적 쇠약으로 인해 그러한 분별이나 판단을 내릴 능력과 여유를 갖추는 것이 불가능할 수 있다는 것도 감안할 부분이다.

약물 부작용 사례에 관해서는 다음과 같이 제시되어 있다. 신경안정제로서 리튬을 사용할 경우에는 불규칙한 약물 복용, 과도한 복용, 용량의 적정량 조절 실패로 인해 혈중 농도에 영향을 끼치게 된다. 리튬 복용으로 인해 중독 현상, 신장과 심장 기능의 문제를 일으킬 수도 있다.[28] 항우울제는 과다한 진정제 효과로 식욕 증진과 체중 증가, 변비, 배뇨 곤란, 시력 감퇴와 같은 부작용을 유발하는 것으로 나타나 있다.[29] 약물을 장기적으로 복용하거나 갑자기 끊는 경우에도 신체적으로나 심리적으로 심각한 금단 증상들이 나타나는데, 예를 들면 혈압 상승, 근육 경련, 불안, 불면, 발작, 우울, 기억력과 집중력 저하, 환각과 같은 것들이다.[30]

의사들은 약의 부작용을 우려하여 약물의 용량에 대해 적절히 가벼운 정도로 권하는 경우도 있지만, 의사에 따라서는 환자의 상황에 대해 섬세하지 않게 기존에 해 오던 방법대로 환자를 대하고 약물을 처방하는 경우도 많다. 이러한 문제로 의료 제도를 수리하는 데까지 나아갈 것은 없지만, 약물 부작용의 폐해를 의식하여, 의사도 환자 스스로도 약물의 사용에 대해 재고가 요구된다.

---

28 같은 책, 813쪽.
29 같은 책, 823쪽.
30 같은 책, 832쪽.

(4) 이론과 실제: 동서의학을 초월한 정신 치료에서의 태도

앞에서 다룬 동양의학의 예방의학적 양생론과 서양의학의 신경정신과에서의 치료법, 그 밖에 제시된 대안요법들은 전부 체계화된 이론 내용이라고 할 수 있다. 어떠한 이론을 익히고 있든 실제 의료 현장에서는 의사들마다 각기 다른 방법으로 환자의 치료에 응할 수밖에 없다. 진료자는 정확한 진단과 치료를 위해 다각적인 방법으로 노력하고, 환자에게 성실과 책임을 다해야 할 윤리가 주어져 있을 따름이다. 여기에는 같은 인간으로서 나를 찾아온 타인의 정신을 조절한다는 직업적 임무를 수행함에 있어서 타자에 대한 접근이 지닌 한계를 인정할 필요가 있을 것이다.

한의학에서든 서양 신경정신과에서든 환자와 상담을 하면서 심리치료를 할 경우에 의사로서 갖추어야 할 태도로 다음과 같은 것들이 제시된다.[31] 첫째, 환자가 말하는 내용에 대해 일단 무조건적으로 긍정적인 존중(unconditional positive regard)이 필요하다. 환자의 생각과 느낌, 행동에 대해 수용적이며, 가치판단을 비판하지 않고 배려하며 존중해야 한다는 것이다. 둘째, 환자가 말로 표현하는 내용에 정확하게 공감할 줄 아는 이해력(accurate empathic understanding)이다. 환자의 경험과 느낌을 경청자로서 예민하게 지각하고 하나하나의 장면마다 맥락을 이해하는 능력이 필요하다는 것이다.

다음으로는 임상에서의 심리치료에서 의사와 환자의 올바른 관계, 유의해야 할 것들이 제시된다.[32] 첫째, 의사는 환자에 대해 동정심과 우애

---

31   같은 책, 724-725쪽.
32   같은 책, 744-745쪽.

정신이 있어야 하고, 치료를 필요로 하는 대상을 감화시킬 수 있는 정신력과 품위를 갖추어야 한다. 이것은 의사의 심리적 소양과 행동이 치료자에게 무의식적으로 영향을 줄 수 있기 때문이다. 둘째, 의사는 환자와 대화를 통해서 환자의 불안을 줄이고, 치료될 수 있다는 신뢰감을 높이며, 정서적 긴장을 완화하도록 관계를 만들어야 한다. 셋째, 의사는 환자의 정서적 특징에 따른 취미, 사교 활동, 대인 관계, 경제적 상황, 환경 적응력과 같은 구체적인 것들을 잘 알고 있어야 한다. 넷째, 의사는 환자의 사적인 내용, 사생활 침해 우려와 같은 부분에 유의하고 비밀을 지켜야 한다. 다섯째, 의사는 폭넓은 지식을 갖추어 사회 각 계층의 다양한 환자들과 대화하는 것에 어려움이 없어야 한다.

4. 결론

중국 전통 의학에서는 평소 마음을 수양하고 체력을 길러서 병이 난 후에 다스리기보다는 병이 나기 전에 몸을 다스리는 예방의학적 양생이 중요하다고 언급되어 왔다. 아직 가시적인 병으로 진단할 수 없다는 것은 정신적 문제가 육체로서의 체내와 체표면에 영향을 끼치지 않은 단계라고 할 수 있다. 중국의학에서는 병이 시간적 순서에 따라 진행되는 것이라 하였고, 의사는 표면에 나타나지 않고 내재되어 있는 병의 향후 가능성을 예측하여, 신체가 손상되거나 증상이 악화되는 것을 사전에 다스릴 줄 알아야 한다고 하였다. 의사의 실력은 병이 깊어지기 전에 빨리 바로잡는 능력에 따라 평가된다.

중국의학에서는 정(精) · 기(氣) · 신(神)에 의한 마음과 정서의 문제를 몸의 병적 현상과 둘로 나누어지지 않는 불가분의 관계로 논하였는데, 그러한 예를 『황제내경』과 『동의보감』에서 찾아 제시하였다. 인체의 정신적 측면과 육체적 측면은 기(氣)의 성질과 흐름에 따라 음과 양, 표면과 속, 차가움과 덥고 뜨거움, 부족함과 충분함과 같은 양태로 작용한다. 한방신경정신의학 이론서에 따르면, 현대 한의학 의료에서는 동양적 의약론에 대체의학을 수용하여, 환자의 정신적 증세를 낫게 하기 위해서 전통적 약재요법과 침구요법을 사용하기도 하고, 그 밖에 기공요법, 수면, 명상, 호흡수련과 같은 여러 대안적 치료법들이 활용되는 사례도 있는 것으로 확인된다.

서양의 신경정신과 의학에서도 내과 질환과 정서적 문제가 관련된 질병의 예를 다수 언급했는데, 심혈관계, 호흡계 기관, 소화계 기관, 근골격계, 내분비계 질환과 기능 약화에 의한 우울, 불안, 불면, 식욕부진, 충동, 의식불능과 같은 현상을 가리킨다. 거꾸로 심리적 스트레스에 의한 내장 질환, 면역력 감퇴, 세균 감염, 피부 질환의 육체적 질병 현상도 제시되었다.

그러나 현대 신경정신과 의료에서는 여전히 약물 복용에 의한 치료가 일반적이며, 그에 따라 약물의 종류·용량·용법·효능과 부작용에 대한 경험 내용도 다양하게 축적되어 있다. 인간의 정서적 심리적 문제를 치료하는 약물요법의 이론을 '정신약물학'이라고 칭하기도 한다. 이것은 약물이 인간의 사고, 기분, 감각과 같은 정신적 기능과 행동에 미치는 영향과 효과를 과학적으로 탐구하는 것을 가리킨다.

여기서 인체의 정신을 다루는 약물을 적용할 때 동양의학과 서양의학의 약재 성분을 고려하지 않을 수 없다. 인체가 화학약품을 장기적으로 복용할 경우, 여러 약물 부작용의 폐해가 나타나는 것을 확인할 수 있다. 의료에서 약물의 효과와 증세 완화가 '빛'이라면, 일시적인 효과에 그치거나 부작용이 되는 것은 '그늘'이라고 할 수 있다. 이러한 문제에서 한의학에서는 약물 복용이나 수술을 하지 않고 인간이 지닌 자연적 회복 능력을 강화하도록 이끄는 자연 치유력으로 치료법을 찾는다. 증상 자체보다는 그 원인을 중요시하여, 병이 증상으로 나타나는 것을 억압하기보다는 회복되는 데 시간이 소요되더라도 근본 기능 강화에 힘쓰는 것이 중국 전통의학의 특징으로, 현대 서양 의료에서도 받아들이고 있는 보완대체의학 치료법이다. 약재의 면에서는 인체에 해가 없는 자연 재료로 만든 약물을 사용하여 부작용을 줄이는 데 힘쓴다. 동서의학 의료에서 공통적으로 의사와 환자가 약물치료에 대해 조심스러운 태도가 필요하며, 가능하면 부작용과 위험이 적은 대안을 찾고, 생활 속에서 몸과 마음을 바로잡고 병을 치료하도록 노력하는 것이 바람직할 것이다.

1970년대 실내로 들어온 '공해' 그리고 위생 가전의 등장*

정세권
경희대학교 인문학연구원 HK+통합의료인문학연구단 HK연구교수

* 이 글은 「'실내로 들어온 공해를 막아라' - 1970년대 실내공해 담론과 위생 가전 광고」(『인문학연구』 61, 2024.11)를 바탕으로 수정, 보완한 것임을 밝힌다.

1. 서론

코로나19 대유행의 심각한 위기는 일견 지나간 듯하지만, 질병을 예방하기 위해 실내 위생을 철저하게 관리하려는 관심은 여전하고 이를 반영하듯 새로운 연구와 제품들이 소개되고 있다. 일례로 2024년 봄에는 인체에 무해한 원자외선(far-UVC) 램프로 실내 공기 중의 바이러스 99%를 제거할 수 있다는 미국 연구진의 연구 결과가 보도되었다. 이 기사에 따르면, 기존 살균 자외선보다 파장이 더 짧은 원자외선으로 실내 공기의 병원체를 빠르고 효율적으로 제거할 수 있다는 것이다. 원자외선은 사람의 피부나 눈에 영향을 주지 않기 때문에, 병실이나 사무실 혹은 집 안에 사람이 있어도 사용할 수 있기에 더욱 실용적일 것이라고 평가받았다.[1]

그렇지만 이런 새로운 기술이 예전만큼 환영을 받는 것처럼 보이지는 않는다. 아무리 획기적이라 하더라도 이미 우리 주변에는 비슷한 역할을 하는 수많은 제품이 있기 때문이다. 공기 청정, 습도 조절, 살균 등 수많은 기능을 하나의 제품에 장착한 가전부터 나노 물질과 음이온을 함유한

---

1 「원자외선, 실내 공기 중 바이러스 99% 제거. 인체엔 무해」,《연합뉴스》, 2024.04.03.

각종 화학제품이 집 안 곳곳을 닦고 쓸고 있으며, 항균 마스크는 미세먼지와 황사를 막는 데 필수적이다. 코로나19 대유행 동안 현관문을 나서는 순간부터 하루 종일 손소독제를 뿌리고 바르고 비비고 말리던 모습은 이미 오래전부터 있어 온 일상의 연장이다. 원자외선이 기존 살균 자외선보다 아무리 우수하다고 하더라도, 이미 차고 넘치는 것들에 그저 추가되는 과학기술일 뿐일 수도 있다.

우리가 새로운 원자외선 램프에 크게 환호하지 않는 또 다른 이유는, 그런 과학기술이 가져온 참사의 경험 때문이기도 하다. 아직 끝나지 않은 '가습기 살균제 참사'가 대표적이다. 한국환경산업기술원 가습기살균제 피해지원포털에 따르면, 2024년 9월 30일 기준 7,969명의 피해자가 확인되었고, 그중 1,875명이 사망했다.[2] 지난 4월 6일 사망한 또 한 명의 피해자는 오랜 시간 동안 가습기 살균제 제품을 사용하다가 천식과 만성폐쇄성폐질환(COPD)을 앓았다고 한다.[3] 2011년 가습기 살균제의 위험이 공식적으로 알려지고 2013년부터 피해 신고가 시작된 이래 10여 년의 시간이 훌쩍 지났지만, 여전히 수많은 피해자와 사망자가 나왔고, 앞으로 얼마나 더 나올지는 예측할 수도 없다. 가정과 사무실을 쾌적하게 만들어 주는 가습기와 그 내부를 살균해 주는 화학제품은, 원래의 기대와 달리 우리의 건강과 삶을 위협했다.[4] 우리가 새로운 원자외선 램프를 마냥 반길 수만

---

2   "한국환경산업기술원 가습기살균제 피해지원포털": https://www.healthrelief.or.kr/home/content/stats01/view.do (2024.10.03. 접속).

3   「1,853번째 가습기살균제 참사 피해자의 죽음」, 『환경보건시민센터 보도자료』, 2024.04.17.

4   최성민, 「소리 없이 끔찍한, 느린 재난 - 가습기살균제 참사」, 『어떤죽음4 - 재난편』,

은 없는 이유이다.

환경사회학자 박진영은 '느린 재난(slow disaster)'이라는 개념으로 가습기 살균제 참사를 분석한 바 있다. 느린 재난이라는 개념은, '재난을 단 하나의 사건, 쪼개진 사건으로 보는 대신 사건 발생 전 켜켜이 쌓인 과거부터 사건의 여파가 미칠 먼 미래까지 장기적인 과정으로 인식하기를 요청'한다. 그리고 "기존 관점이 재난을 사건이 발생한 찰나의 폭발적인 이미지로 인지한다면, 느린 재난이라는 관점은 그러한 순간 앞뒤로 시간을 늘리고 사건의 영향을 받는 공간을 넓혀 재난의 인식과 상상 범위를 조정하는 것이다."[5] 이런 맥락에서 가습기 살균제 참사는 1,875명의 사망자가 나온 2024년 9월보다 더 과거로, 그리고 훨씬 미래로 시간을 늘려 살펴봐야 한다.

가습기 살균제 참사를 다룬 많은 논문과 보고서에서 참사의 출발점

모시는사람들, 2025.

5   박진영, 『재난에 맞서는 과학』, 민음사, 2023, 30쪽. '느린 재난'에 대한 알기 쉬운 정의는 "재난을 원자화된 사건(atomized events)이 아니라 시간을 초월하여 연결되는 장기적인 과정으로 생각하는 것이다. [중략] 느린 재난은 시간을 거슬러 올라가고 세대를 거쳐 불확실한 지점까지 이어지며, 우리가 전통적으로 '재난'이라고 개념화하는 순간으로 구분되지만, 실제로는 일반적으로 생각하는 것보다 시간이 지남에 따라 훨씬 더 많은 생명, 건강, 부를 앗아간다"는 한국과학기술원 과학기술정책대학원(KAIST STP)의 '느린재난연구실'의 설명도 참고할 만하다. '느린 재난' 개념과 사례에 관한 학술적 연구로는, Scott Gabriel Knowles, "Slow Disaster in the Anthropocene: A Historian Witnesses Climate Change on the Korean Peninsula," *Daedalus* 149-4, 2020, pp. 192-206; 이슬기, 김희원, 스캇 게이브리얼 놀스, 「Beyond the Accident Republic: Making Life and Safety with Disaster Memorials in Korea」, 『한국과학사학회지』 45-2, 2023, 365-395쪽을 참고.

은 살균제 첫 제품이 출시된 1994년으로 설정된다.[6] 그해 11월 유공이 세계 최초의 가습기 살균제 '가습기메이트'를 출시했고, 곧이어 옥시 · 애경 · LG생활건강 등이 신제품을 시장에 내놓았다. 뒤이어 여러 대형 마트에서 자사 상표(PB) 제품을 선보이면서 가습기 살균제 시장은 폭발적으로 성장했다. 그리고 2006년과 2011년 원인을 알 수 없는 폐렴 증상을 보인 어린아이와 산모들이 서울아산병원과 서울대병원에 입원했고, 2011년 질병관리본부의 역학조사와 결과 발표, 가습기 살균제 사용 중단 권고가 내려지면서 이 참사는 세상에 알려졌다. 이후 참사의 원인을 찾고 책임을 규명하기 위해, 그리고 피해 현황을 파악하고 피해자를 구제하기 위해 10여 년의 시간이 흘렀다. 그사이 수많은 피해자가 확인되었고 수많은 죽음이 있었다. 그렇지만 앞으로 얼마나 더 많은 피해와 죽음이 더해질지 가늠할 수 없다. 느린 재난이라는 렌즈가 '사건이 벌어진 이후 길게 뻗어 다시 보도록[7] 한다면, 가습기 살균제 참사는 현재 진행 중이면서도 동시에 미래의 우리 일상을 바꿀 수 있는 재난으로 인식되어야 한다.

그렇지만 본 논문은 재난의 시간을 먼 미래까지 확장하는 '느린 재난'의 문제의식을 과거로 더욱 거슬러 올라가 연장하고자 한다. 다시 말해 1994년 처음 살균제 제품이 출시되기 이전에, '가습기'라는 제품은 언제부터

---

6 가습기 살균제 참사를 다양한 시각에 다룬 연구들이 많지만, 대부분 그 출발점을 1994년으로 언급하고 있다. 홍성욱, 「가습기 살균제 참사와 관료적 조직문화」, 『과학기술학연구』 18-1, 2018, 63-127쪽; 최예용, 「가습기살균제 참사와 과학 그리고 과학자」, 『한국과학기술학회 학술대회 자료집』, 2019, 288-299; 이경무, 「가습기살균제 피해의 특성과 피해규모」, 『한국독성학회 심포지움 및 학술발표회 자료집』, 2017, 57-89쪽.
7 박진영, 앞의 책, 32쪽.

그리고 왜 사용하게 되었을까? 본 논문은 이 질문에서 출발하여, 1960년대 이후 가정에서 공기의 온도와 습도를 비롯한 실내 환경을 개선하려 한 시도를 추적한다. 그리고 그런 시도가 당시 사회적으로 심각하게 고민되던 '공해' 담론과 연결될 수 있음을 살펴본다. 산업화와 도시화로 인해 대기·수질·토양의 오염에 대한 관심이 급증하고 이를 공해라고 불렀을 때, 가정 내부의 유해한 환경 역시 '실내의 공해'라는 식으로 호명되었다. 협소한 공간에 국한되지 않고 불특정 다수에게 위해를 가하는 '공해(公害)'에 대한 담론이 특정한 공간에 머무는 소수에게 영향을 미치는 '실내'로 투영된 것이다. 그리고 이에 대한 대응은 법적·제도적 장치의 마련이 아니라, 당시 한국 사회의 소비문화와 연결되어 실내 공해를 없앨 위생 가전의 등장으로 이어졌다. 본 논문은 이처럼 1960년대 이후 '실내 공해' 담론이 등장하는 과정을 언론 보도와 광고를 통해 분석함으로써,[8] 공해 담론이 실내로 확장되고 소비문화와 연결되는 과정을 고찰함과 동시에, 실내 환경에 대한 관심이 더욱 커진 1980년대 이후의 상황을 이해할 수 있는 역사적 배경을 제공할 것이다.

---

8   일반적인 공해 문제가 아니라 가정이나 작업장 등 실내의 유해환경 및 그로 인한 피해에 대한 정부 및 관련 전문가의 조사보고서가 없는 것은 아니다. 그렇지만 본 논문에서는 우선 1960년대 실내공해에 대한 담론이 등장하고 관련된 가전제품이 홍보, 소비되는 경향을 살펴보는 것을 주된 목적으로 하기에, 분석 자료를 언론보도와 광고에 한정함을 밝혀둔다. 이 논문에서 다루지 않는 실내공해에 대한 정부 자료 및 연구보고서 등은 추후 연구에서 상세히 분석할 것이다.

2. 공해사 그리고 실내의 문제

일반적으로 '공해(公害)'는 '인간 활동에 따라 발생하는 유해 물질 또는 에너지가 공기, 물, 토양 등을 매개로 지속적으로 발생하는 상태에서 공중의 건강 또는 자연환경에 끼치는 피해' 정도를 가리키는 용어이다.[9] 메이지 시기 일본에서 '공익(公益)' 혹은 '공리(公利)'와 대비되는 개념으로 사용되기 시작한 공해라는 개념은, 도시화와 공업화가 진행되면서 '공중위생의 해악'이라는 의미로 전환되었다.[10]

1963년 제정된 우리나라의 「공해방지법」에서 규정하고 있는 공해의 의미 역시 크게 다르지 않다. 법 제2조에서 정의하고 있는 공해란 '대기를 오염하는 매연, 분진, 악취 및 가스와 화학적, 물리학적, 생물학적 요인에 의하여 하천을 오염하는 공장폐수, 사업장폐수 및 일반하수와 소음 또는 진동으로 인하여 발생하는 보건위생상에 미치는 위해'를 의미했다. 비단 제2조뿐 아니라 제1조에 명시된 법률 제정의 목적에도 공해의 의미가 드러나는데, '공장, 사업장 또는 기계, 기구의 조업으로 인해 야기되는 대기오염, 하천오염, 소음 또는 진동 등으로 인한 보건위생상의 위해를 방지하여 국민보건의 향상을 기함'을 제시했다.[11] 1971년 한 차례 개정된 「공해

---

9   고태우, 「1970년대 한국의 공해(公害) 상황과 재난인식」, 『개념과 소통』 28, 2021,
     9-10쪽; 신재준, 「1970년 전후 공해(公害)의 일상화와 환경권 인식의 씨앗」, 『역사문
     제연구』 25-1, 2021, 528-529쪽.
10   미야모토 겐이치, 『공해의 역사를 말한다 - 전후일본공해사론』, 김해창 역, 미세움,
     2016, 8-11쪽.
11   《관보》 제3581호, 1963.11.05.

방지법」이 1977년 「환경보전법」으로, 그리고 1991년에 지금의 「환경정책기본법」으로 바뀌면서 공해 대신 '환경오염'이라는 용어가 사용되고 있지만, 그 의미 자체는 크게 변하지 않았다. 「환경정책기본법」 제3조 제4항에서 환경오염은 '사업활동 및 그 밖의 사람의 활동에 의하여 발생하는 대기오염, 수질오염, 토양오염, 해양오염, 방사능 오염, 소음, 진동, 악취, 일조 방

〈그림 1〉 「공해방지법」 공포
(출처:《관보》제3581호, 1963.11.05.)

해, 인공조명에 의한 빛 공해 등으로서 사람의 건강이나 환경에 피해를 주는 상황'으로 명시되어 있다.[12] 용어가 바뀌고 방사능오염, 빛 공해 등이 새롭게 추가되었지만, 공해의 전통적 의미는 계속 유지되는 셈이다.

이처럼 일반적으로 통용되거나 법률상 정의되는 공해는 대기·수질·토양 오염 등 '실외' 공간에서 인간의 건강과 환경에 나쁜 영향을 미치는 것을 뜻한다. 그래서 공해에 대한 학술 연구 대부분도 한국 사회에서 여러 공해 문제가 주목받기 시작한 1960년대 시기를 연구의 출발점으로 삼았다. 제1, 2차 경제개발 5개년 계획을 시작으로 급격한 산업화, 도시화가

---

12   〈국가법령정보센터〉. https://www.law.go.kr/lsInfoP.do?lsiSeq=247513&efYd=20240101#0000 (2024.10.3. 접속)

진행되면서 대기오염, 수질오염, 토양오염을 우려하는 각종 정부 보고서, 전문가 조사 연구, 언론 보도가 폭증했고, 이에 대응하기 위한 정부 방책 중 하나가 다음의 신문 기사에서 볼 수 있듯이 1963년의 「공해방지법」이었다는 것이다.[13]

> 학교 담 옆이나 주택가의 한복판에 버젓이 자리 잡고 밤낮으로 유해 가스를 풍기거나 시끄러운 소리를 내어 우리 건강을 해치던 공장들이 「공해방지법」의 시행과 함께 모두 된서리를 맞게 되었다. [중략]
> 소음 및 진동, 오염으로부터 국민 건강을 지켜 주기 위한 이 법은 「공해방지법」을 적용치 않으면 시민 건강에 큰 해를 끼치게 되는 서울시, 부산시를 비롯한 각 시에 적용, 실시되는데 이 지역 안의 공장이나 하수도시설이 법이 정한 공해안전기준에 미달할 때는 조업의 정지 명령 등의 법 처단키로 되어 있다.
> - 〈소음, 유독가스 등에 된서리〉,《조선일보》, 1964.10.27.

그렇지만 공해의 역사에 대한 초창기 연구는 1960~1970년대를 1980년대 환경 운동의 전사(前史) 혹은 '환경 운동의 태동기'로 인식하면서, 그 시기의 공해에 대한 인식이나 대응을 그다지 적극적으로 주목하지 않았다.[14] 이들 연구에 따르면 1960~1970년대는 경제개발에 관심이 폭발한 시

---

13 1960~70년대 대기오염, 수질오염, 토양오염에 대한 통계자료 개괄은 신재준, 앞의 논문, 529-535쪽을 참고.
14 김광임, 『한국의 환경50년사』, 한국환경기술개발원, 1996; 노진철, 「환경문제의 역사 - 산업공해, 환경훼손 그리고 환경위험」, 『한국사회학회 심포지엄 논문집』, 한국

기로서 그 부작용으로 발생하는 공해 혹은 그로 인한 피해는 주요 관심 대상이 아니었고, 그나마 제정된 「공해방지법」은 형식적이고 급조되어 제대로 실행되지 못한 법으로 평가했다. 특히 1980년대에 본격적으로 시작되어 1990년대에 확산된 한국 환경 운동의 흐름을 개괄하는 연구에서 그 이전 시기는 그다지 유의미하게 평가받지 못했다.[15]

하지만 최근 10여 년 동안 국내 환경사 분야에서 공해의 역사를 새롭게 조망하며 1960~1970년대를 적극적으로 해석하는 연구들이 등장했다. 이들 연구는 1980년대 이전부터 극심한 공해 문제가 사회 전반에 중대한 위협으로 인식되었고, 그에 대한 대책을 요구하는 여론과 지역 주민들의 항의도 많아졌으며, 정부나 전문가들 역시 이를 심각하게 인식했다는 것이다. 일상화된 공해를 특정한 지역 및 그곳의 주민들에게 국한된 문제가 아니라 인간 생존의 기본적인 조건, '환경권'이라는 문제로 바라보았다거나,[16] 1970년대 한국 사회의 공해를 일본의 '공해수출' 및 중화학공업화로 인해 발생한 일종의 '재난'으로 인식할 수도 있다는 것이었다.[17] 또한 광업을 중심으로 일제강점기부터 현재까지 한국의 공해 문제를 '느린 폭력'이라는 시각에서 고찰하고,[18] 대기오염을 어떻게 이해하고 규제할 것인가를 둘러싼 과학적 연구 및 정책적 변화가 1960~1970년대에 중요하게 등장했

사회학회, 2008.

15 구도완, 『한국 환경 운동의 사회학』, 문학과지성사, 1997.

16 신재준, 앞의 논문.

17 고태우, 앞의 논문.

18 양지혜, 「근현대 한국의 광업 개발과 '공해'(公害)라는 느린 폭력」, 『역사비평』 134, 2021, 383-412쪽.

음을 주장하기도 했다.[19] 나아가 공해 문제에 대해 정부나 관련 전문가의 연구나 활동이 아니라 지역 주민의 이해관계와 반(反)공해 활동을 주목한 연구도 나왔다.[20] 이처럼 최근 연구는 공해에 대한 이해와 대응을 1980년 대 이전 시기로 거슬러 올라가 분석하고 있고, 하나의 사건을 발굴하거나 분석하는 데 그치지 않으며, 1960년대부터 현재까지 묶어서 이해한다는 측면에서 '느린 재난'의 문제의식과 일맥상통한다고 볼 수 있다.[21]

그럼에도 기존 연구들은 한 가지 공백을 보여주는데, 공해를 여전히 대 기오염 · 수질오염 · 토양오염 등 실외 공간에서 인간의 건강과 환경에 피 해를 주는 것으로 간주하고 있기에, '실내' 환경의 오염 혹은 '실내 공해'를 적극적으로 다루지 않는다는 것이다. 물론 가정과 같은 실내에서 개인의 건강을 지키고 질병을 예방하는 노력을 다룬 연구들이 없지는 않았다. 일 례로 1918년 전 세계적으로 유행한 인플루엔자의 영향으로 식민지 조선에 서도 전염병을 예방하기 위한 하나의 도구로서 마스크가 제안되고, 환절 기와 겨울철 가정에서 위생을 위한 도구로 마스크가 일상화되었다거나[22] 1960년대 연탄가스 중독 사건이 빈번해지면서 이를 둘러싼 다양한 주체 들의 인식과 대응을 분석한 연구도 있다.[23] 이들 연구는 마스크라는 의학

19　원주영, 「한국의 대기오염 규제와 기준의 정치, 1960-2020」, 서울대학교 박사학위논 문, 2022.

20　고태우, 「공해의 민중사: 1970년대 한국의 공해재난과 반(反)공해운동」, 『학림』 53, 2024, 191-223쪽.

21　20세기 한국의 환경사 혹은 환경오염사에 대한 개괄로는 고태우, 「20세기 한국 환경 오염사 서설」, 『생태환경과 역사』 10, 2023, 167-194쪽을 참고.

22　현재환, 「일제강점기 위생 마스크의 등장과 정착」, 『의사학』 31-1, 2022, 181-220쪽.

23　김옥주, 박세홍, 「1960년대 한국의 연탄가스중독의 사회사: 부주의로 인한 사고에서

적 인공물을 '사물의 사회적 삶(the social life of things)'이라는 관점에서 조망하거나 사회사적인 관점에서 연탄가스 중독 사고를 다룬다는 점에서 의미 있지만, 여기서 한발 더 나아가 공공에게 위협을 주는 공해에 대한 인식이 실내 공간으로 연장되는 과정 즉 실내 공해가 등장하고 이에 대해 대응하는 것까지 살펴볼 필요도 있다.

실내 공해 담론의 등장과 이에 대한 대응을 주목하는 것은, 사적인 실내 공간에서 발생하는 위해를 공적인 문제와 연관지어 고찰할 수 있다는 점에서 유의미하다. 가정이나 작업장 등 소수의 인원이 머무르는 공간에서 발생하는 위해는 보통 해당 구성원에게 국한된 문제로 축소되고 그 해결조차 개인의 몫 혹은 책임으로 돌려지곤 한다. 그렇지만 그런 사적인 공간(실내)의 문제를 당시 사회에서 주목받던 공적인 문제에 대한 담론과 함께 고찰한다면, 그 문제의 원인이나 대응 역시 개인적 수준이 아닌 사회 전체적인 맥락에서 이해할 가능성을 열어 주는 것이다. 이를 통해 공해라는 것 자체를 실내외 모두를 아우르는 당대 사회 전반의 문제로 파악할 수 있으며, 그에 대한 다양한 대응 방식을 더욱 풍부하게 고찰할 수 있을 것이다.

3. 실내 공해와 위생 가전의 등장

'실내 공해'라는 용어가 등장한 것은 1970년대 초반이었다. 외국에서 수입한 일명 '급습기'가 소개된 지 얼마 뒤인 1971년 영성기업사에서는 〈실

사회적 질병으로」, 『의사학』 21-2, 2012, 279-344쪽.

내 공해(室內公害)를 추방(追放)합시다〉라는 제목으로《조선일보》에 광고를 실었다. '인체에 절대적으로 필요한 습도를 유지하여' '감기 예방, 피부 보호, 호흡기 기관의 보호와 유아 및 임산부의 건강 유지에 효과적'인 '영스타(Young Star) 급습기'를 6,500원에 출시했다는 것이다.[24] '영스타 급습기' 이후 '삼경급습기', '코스모스습도조절기' 등 여러 종의 가습기가 연이어 출시되었는데, 이들은 모두 플라스틱 용기에 찬물을 붓고 전원을 연결해 증기를 발생시켜 뿜어 나오게 하는 방식이었다.[25]

이후 급습기 혹은 가습기라는 명칭의 기계는 다양한 방식으로 진화했다. 자체에 발열 장치를 장착하지 않고 난로나 라디에이터에 부착하여 그 열로 증기를 발생시키는 장치[26]에 이어 1976년에는 대한전선(주)이 초음파를 이용한 가습기를 출시했다. 한국 최초의 전선 회사인 '조선전선'이 1955년 이름을 바꾼 대한전선(주)은 1960년대 후반부터 주력 사업인 전력케이블 외에 가전제품을 생산하기 시작했다. 일본 도시바와 제휴하여 텔레비전(1969), 탁상용 전자계산기(1970) 등을 제작, 판매하던 대한전선은 1970년대 들어 가습기, 공기청정기처럼 가정 실내 환경을 깨끗하게 만들어 주는 제품까지 생산했다. 그리고 1976년《동아일보》에 실린 광고에서, 〈실내(室內)의 공해(公害)를 말끔하게 제거합니다〉라는 제목으로 초음파 가습기와 진공소제기(청소기)를 홍보했다. 환절기나 겨울철에 문을 닫고 난방을 하다 보면, 실내 습도가 낮아지면서 건조해지며 이로 인해 미세한

---

24 「室內公害를 追放합시다」,《조선일보》, 1971.11.06.
25 「급습기」,《매일경제》, 1972.12.12.
26 「실내습도조절」,《경향신문》, 1975.11.05.

먼지('먼지 공해')가 어린아이나 환자의 건강에 위협이 될 수 있다는 내용이었다. 이런 먼지를 제거하기 위해 진공소제기를 사용하거나, 아예 먼지가 발생하지 않도록 습도를 조절해주는 가습기가 필요하다는 것이었다.[27] 기존 가습기와 달리 초음파 가습기는 초미립자의 차가운 습기를 균일하게 분무하는 방식인데, 결로 현상이 없고 소음이 적다는 점에서 더욱 진화된 모델로 주목받았다. 대한전선(주)에 이어 삼성전자가 이듬해 같은 방식의 가습기를 출시했다.[28]

가습기가 출시되고 새로운 모델들이 하나둘씩 등장하던 시기에, 가정 실내 환경 특히 공기를 깨끗하게 해 주는 또 다른 가전으로 주목받은 것이 공기청정기였다. 1970년에 소개된 '전자식 공기청정기'는 서울대 재학 중 도미하여, '가이던스 테크놀로지'에 근무하다가 귀국한 김기태가 개발한 것이었다. 이 공기청정기의 원리는, 미세한 니크롬선과 전극판으로 구성된 '이오나이저'라는 장치를 이용하여 높은 전압으로 공기 중의 일산화탄소나 먼지 등을 원자 단위로 분리하고 대전(帶電)시켜 없애는 것이었다.[29]

공기청정기가 대량으로 생산, 판매되기 시작한 것은 몇 년이 지난 다음이었는데, 1975년 말 삼성전자가 사무실이나 병원, 공장뿐 아니라 가정에서도 사용할 수 있는 작은 크기의 공기청정기를 출시했다. 이 공기청정기는 공기의 부유물을 흡수하는 필터 장치와 이온화부, 유해가스를 제거하

---

27 「室內의 公害를 말끔히 제거합니다」, 《동아일보》, 1976.11.30.
28 「초음파 가습기 개발, 월동기 앞두고 시판, 삼성전자」, 《매일경제》, 1977.11.02.
29 「전자식 공기청정기 미국에서 특허 출원」, 《조선일보》, 1970.9.27; 「特選 '電子式 空氣淨化器'」, 《조선일보》, 1970.10.20.

는 탈취 필터, 음이온을 발생하는 장치로 구성되었는데, 10만 분의 1밀리미터 크기의 미세먼지와 세균까지 흡수할 수 있다고 알려졌다.[30] 곧이어 나온 신문광고에서는 '실내 공해'라는 용어를 명시적으로 사용하지는 않지만, 오염된 실내의 공기를 깨끗한 자연의 공기처럼 정화해 줄 수 있다고 홍보하였다. '실내로 침투한 차량의 배기가스, 공장에서 나오는 매연, 먼지와 담배 연기로 자욱한 실내의 오염된 공기'는 건강을 해칠 수 있기에, 에어 클리너로 '실내의 오염된 공기를 신선하게 바꾸어' 건강 환경을 만들자는 것이었다.[31]

1970년대 초반부터 등장하기 시작한 가습기나 공기청정기는 모두 가정을 비롯한 실내의 공기를 깨끗하게 만드는 제품이었는데, 그렇다면 이들이 제거하고자 한 소위 '실내 공해'라는 것은 정확히 무엇을 의미하는가? 가습기의 경우 '난방으로 인해' '실내가 지나치게 건조해지면서' 사람의 건강을 해치는 것을 막기 위한 용도로 사용되었다. 이때 '실내 공해'는 외부에서 특정한 공해 물질이 유입된다기보다는, 밀폐된 실내 공간에서 난방을 오래 하거나 제대로 환기를 하지 못해 실내 공간이 건조해지면서 건강을 해칠 수 있는 상황을 의미했다.

사람이 생활하기에 가장 알맞은 상태는 습도 60~70%와 온도 섭씨 15~20도일 때이지만, 난방장치가 된 실내의 온도를 20도 이상으로 유지하다 보면 상대적으로 습도가 떨어지게 된다. 특히 아파트가 많이 생겨 전열 기구에

---

30   「삼성전자, 먼지, 세균 등 제거 공기청정기 생산」, 《매일경제》, 1976.01.14.
31   「絶讚! 드디어 삼성에어크리너(空氣淸淨機) 판매개시」, 《매일경제》, 1976.02.26.

의한 난방이 늘어나면서 건조한 실내에서 생활하는 경우가 허다하다. 건조한 공기 속에서 생활하다 보면 목이 답답하여 감기나 편도선염을 유발시키는 원인이 되고 있다.

- 〈급습기〉, 《매일경제》, 1972.12.12.

특히 가습기는 날씨가 추워지는 10월부터 이듬해 봄철 사이에 집중적으로 홍보되고 판매되었다. 겨울철이 되면 난방을 하는 동시에 창문을 잘 열지 않아 실내가 건조해질 가능성이 훨씬 커지는데, '방 안 공기가 건조하면 공기 중에 떠다니는 먼지나 불순물이 몸 안으로 들어와' 감기, 후두염, 인후염 등 상기도감염증, 모세기관지염, 폐렴 등의 하기도감염증' 등을 일으킬 수 있다는 것이었다.[32] 대한전선이 초음파 가습기를 출시한 1976년 겨울에는 가습기 수요가 급증하여 각 제조사가 목표한 판매량을 훌쩍 뛰어 넘는 판매량을 기록했다는 기사가 나오기도 했고,[33] 1979년에는 겨울을 대비하여 총 22만여 대의 가습기가 출하될 것이라는 전망도 나왔다.[34] 그리고 '2~3년 전까지만 해도 중산층 이상에만 필요한 사치품으로 인정되던 이 제품이[가습기] 이제는 하나의 겨울철 위생용품으로서 대중화되기에' 이르렀다.[35]

가습기가 겨울철 난방으로 인해 실내가 건조해지고 건강을 해치는 '실

32 「방안 습도를 알맞게 유지하려면」, 《조선일보》, 1977.11.11.
33 「업계, 가습기 수요 급증」, 《매일경제》, 1976.11.22.
34 「겨울 성수품 품목별 가격, 수급동향을 알아본다 - 가습기」, 《매일경제》 1979.11.01.
35 「월동용품 가격과 수급전망 - 가습기」, 《매일경제》, 1980.11.24.

내 공해'를 막아 준다면, 공기청정기는 여러 종류의 유해 물질로 인해 오염된 실내 공기를 깨끗하게 해 주는 제품이었다. 실내를 오염시키는 물질에는 창문 밖 수많은 차량의 배기가스나 공장의 매연 등 외부에서 들어오는 것뿐 아니라, 실내의 담배 연기나 먼지 등이 있었다. 따라서 공기청정기는 '실내 오염 공기를 정화시키고 먼지와 세균, 악취를 제거할 수'[36] 있을 뿐만 아니라 심지어 '공기 비타민인 음이온을 대량 공급하여 맑고 신선한 생활환경을 만들'[37] 수도 있었다. 이렇게 공기청정기가 정화한 공기는 도시의 오염된 공기(공해)가 없는 '깊은 산속의 계곡[深山溪谷]'의 깨끗한 공기와 비유되곤 했다. 공해에 대한 관심과 우려가 커지면서 '오염된 공기는 건강과 생명을 해치는 요인'이기에, 공기청정기는 '공해에서 해방되고' '오염된 공기 속에서도 신선하게 살 수 있는' 탈출구이자 일종의 '탈공해 상품'이었던 것이다.

> 환경 공해에 대한 인식이 높아지면서 탈공해 상품이 각광을 받고 있다.
> 농약, 비료를 첨가하지 않은 무공해 쌀, 채소와 정수기, 공기청정기 등이 시장 개척에 성공을 거두고 있으며 무공해 세제와 내공해성의 건자재들이 선을 보이거나 개발 중에 있다.
> - 〈무공해 농공산품 잘 팔려〉,《매일경제》, 1983.01.31.

> 탁한 실내 공기를 울창한 숲속의 공기로 바꿔 드립니다.

---

36 「삼성전자, 먼지, 세균 등 제거 공기청정기 생산」,《매일경제》, 1976.01.14.
37 「절찬! 드디어 삼성 에어크리너(공기청정기) 판매 개시」,《매일경제》, 1976.02.23.

우트론 탈취정화기 공기청정기

이제 공기도 공짜가 아닙니다. 먼지, 유해가스, 매연, 세균, 담배 연기, 악취
로 뭉쳐진 공기를 그냥 마시면 호흡기 질환, 눈병, 폐렴, 두통, 인후통, 폐수
종, 감기, 무기력 등을 일으킵니다.

- 〈신선한 공기를 마시자〉, 《동아일보》, 1985.11.25.

　겨울철 난방으로 인해서든 외부의 오염된 공기가 들어오는 것이든
1970년대 초반부터 실내 공기가 오염되고 건강에 나쁜 영향을 줄 수 있다
는 인식은 이를 해결하기 위한 가전제품의 등장으로 이어졌다. 비록 공기
청정기는 처음 출시될 때부터 상당한 고가였기 때문에 대량으로 판매되
지는 않았지만, 저렴한 가습기와 함께 실내의 공해를 없애 줄 하나의 방
편이 되었다. 그리고 1980년대 들어 기술적으로 더욱 개선된 가습기와 공
기청정기가 계속 출시되면서, 이들 제품은 실내 환경을 개선하기 위해 꼭
필요한 가전 중 하나로 자리 잡기 시작했다.

4. 공공의 위해[公害]에 대한 개인적인[私的] 대응
　　―위생 가전의 소비

　1960년대 이후 사회적으로 문제가 된 공해에 대한 일반적인 대응은 크
게 세 가지로 나눌 수 있다. 첫 번째는 공해 피해를 입은 지역 주민들을 중
심으로 한 생존권을 보장받기 위한 다양한 활동이었다. 오염 원인을 제공
한 당사자나 업체를 찾아가 항의하고 협상하거나, 행정기관에 피해를 호
소하고 해결을 요청하는 것, 아니면 법적인 해결(조정 절차, 행정소송, 민사

소송 등)을 시도하거나 점거 농성처럼 물리력을 행사하는 것이었다. 두 번째는 공해 문제를 심각하게 인식하는 전문가(의사, 과학자 등)를 중심으로 모임을 조직하여 공해 실태를 조사하고 논문을 발표하면서 정부 기관에 압력을 행사하거나 계몽 활동을 펼치는 방식이었다. 마지막으로 정부의 대응인데, 「공해방지법」과 같은 법률을 제정하거나 실태 조사를 하고, 관이 주도하는 환경보호 운동을 전개하는 것이었다.[38]

그렇지만 유해 물질로 인해 일차적으로는 근접한 지역 주민이, 이차적으로는 불특정 다수가 피해를 보는 공해에 대한 대응과 달리, 실내의 습도를 낮추고 먼지나 세균을 없애는 것은 개인의 문제였다. 이 문제에 대한 법적, 정책적 장치는 전무하다시피 했으며, 정부 관계자나 전문가들역시 일반적인 공해만큼 관심을 두지 않았다. 앞서 언급한 것처럼 「공해방지법」은 대기오염·수질오염·토양오염·악취·소음 등 외부의 공해만 규정하고 있었으며, 실내의 환경과 건강의 관계를 연구하겠다고 공식적으로 표방한 '실내 환경과 건강 연구회'가 발족한 것은 1990년이었다.[39]1970년대에 실내 공해에 대한 체계적인 연구 조사 혹은 이에 대응하기 위한 조직적인 움직임이 만들어지기는 어려웠던 것이다.

이런 상황에서 가습기나 공기청정기, 진공청소기처럼 실내를 깨끗하게 해 주는 가전제품의 소비가 실내 공해에 대응하는 하나의 방편으로 자리잡았다. 위생 가전이 익숙하게 받아들여진 데에는, 집 안을 깨끗하게 하

---

38   고태우, 「1970년대 한국의 공해 상황과 재난인식」, 『공해의 민중사』, 2024.

39   「김윤신 한양의대 교수, '실내환경연구회' 초대 회장」, 《경향신문》 1990.02.07; 「실내환경연 발족, 공기오염 등 집중 분석」, 《매일경제》, 1990.03.24.

려는 다양한 위생 제품이 이미 판매, 소비되고 있었던 배경도 있다. 1970년대는 이미 가정 위생에 대한 관심이 제법 높은 시기였던 것이다. 과일이나 채소에 묻어 있을 기생충이나 식기의 기름 찌꺼기를 씻어 낼 수 있는 주방용 합성세제 '트리오', 그리고 옷감을 상하지 않고도 묵은 때를 말끔히 없애 주는 세탁 세제 '크린엎'과 '써니'가 사용된 지도 이미 10여 년이 지난 때였다. 화학섬유로 만든 의류가 피부와 건강 전체에 나쁜 영향을 줄 수 있다는 '의료공해(衣料公害)' 및 식수로 사용되는 수돗물의 오염에 대한 우려도 1970년대 초부터 등장했다. 특히 1970년에는 외국에서 생산된 정수기가 홍보되기 시작했고 국내의 여러 발명가가 자체적으로 정수기를 개발해 특허를 출원했다는 보도가 이어졌다. 불량한 정수기를 초등학교에 공급한 업자와 이를 묵인한 공무원이 구속되었다거나, 가정에서 쓸 수 있을 정도의 소형 정수기가 생산, 판매되기 시작했다는 기사들도 등장했다. 가습기나 공기청정기, 진공청소기가 본격적으로 출시되었던 1976년에는 유한양행이 가정의 식품과 의류, 주방용품뿐 아니라 집 안 곳곳을 청소하는 데 사용할 수 있는 '코락스'와 '베이비락스'라는 살균소독제를 내놓았다.[40] 이처럼 1970년대는 실내 가정의 구석구석을 깨끗하게 만드는 다양한 상품이 소비되고 있었고, 가습기와 공기청정기는 이런 맥락에서 등장한 또 다른 상품이었다.

　가정 위생을 위한 다양한 상품의 등장과 판매는 1970년대 한국 사회의

40　「미처 몰랐던 의료공해」,《매일경제》, 1970.06.06;「불량 정수기 납품 사건, 6명 구속, 6명 입건」,《동아일보》, 1972.06.16;「물은 우리의 생명! 우수한 상품도 물에 달렸다」,《매일경제》, 1973.08.14.

소비문화 중 일부였다. 흔히 한국 사회에서 상품을 대량으로 생산, 소비한 시기를 1980년대 이후라고 평가하지만, 최근에는 그 이전 시기에도 '소비사회'의 모습을 확인할 수 있다는 연구들이 등장했다. 현실에서는 지체되기는 했지만 사회적 목표로서 소비가 장려되었다는 것이다. 가령 1966년 연두교서에서 대통령 박정희는 "1970년대 후반이 되면 근대화가 달성될 것이며, 대량생산과 대량소비를 통해 '풍요한 사회'를 맞이할 것"이라면서, 경제개발이 이루어진 이후의 소비를 긍정적인 것으로 제시했다. 비록 1970년대 중반 석유파동 이후 소비를 억제하는 정책을 추진하기도 했지만, 꾸준하게 경제가 성장하고 소득이 증대하면서 소위 '중산층'이라는 계층이 등장했고, 이들을 중심으로 소비문화가 활성화되었다는 것이다. 그렇게 소비되기 시작한 상품 중 하나가 가전제품이었다.[41]

특히 가정주부인 여성이 가족 구성원을 위해 가정을 깨끗하게 관리하고 가사 노동을 쉽게 하기 위해 필요할 법한 가전들이 광고되었다. 가스레인지 · 냄비 · 프라이팬 같은 주방 물품 뿐 아니라, 믹서기 · 전기밥솥 · 진공청소기 · 세탁기 등이 그런 가전이었고, 여기에 가습기도 포함되었다.

---

41 이상록, 「1970년대 소비억제정책과 소비문화의 일상정치학」, 『역사문제연구』 17-1, 2013, 137-182쪽; 김덕호, 「가전제품, 소비혁명, 그리고 한국의 대량소비사회 형성」, 『역사비평』 137, 2021, 269-300쪽; 왕웅원, 「1980년대를 전후로 한 도시 중산층의 형성과 한국 소비사회의 발견 - 도시 중산층의 소비 양상을 중심으로」, 『도시연구: 역사.사회.문화』 27, 2021, 41-83쪽.

연도	지역	가구수	텔레비전[흑백/칼라](%)	냉장고(%)	세탁기(%)
1970	전국	5,576,277	6.7	2.3	-
	시부	2,377,179	14.6	4.8	-
	군부	3,199,098	0.8	0.4	-
1975	전국	6,647,778	30.2	6.5	1.0
	시부	3,331,248	44.4	11.7	1.9
	군부	3,316,530	15.7	1.3	0.1
1980	전국	7,969,201	86.7	37.8	10.4
	시부	4,669,976	90.9	51.5	16.1
	군부	3,299,225	80.7	18.5	2.4
1985	전국	9,571,361	40.8/58.3	71.1	26.0
	시부	6,330,798	29.6/69.8	78.1	33.7
	군부	3,240,563	62.5/35.8	56.1	11.0

〈그림 2〉 1970년대 이후 가전 보급률

(출처: 김덕호, 「가전제품, 소비혁명, 그리고 한국의 대량소비 사회 형성」, 290쪽에서 재인용.)

더군다나 가습기의 경우, 실내를 건조하게 만드는 주범인 난방 기구와 함께 광고되는 것은 당시 가전제품을 소비하는 문화의 역설을 보여준다. 추운 겨울에 집 안을 따뜻하게 해 줄 전열기와 함께, 그 전열기로 인해 건조해지는 것을 대비하는 또 다른 가전이 하나의 묶음으로 광고된 것이다. 1960년대 초반부터 아파트라는 새로운 주거 양식이 등장하고 난방을 할 수 있는 더 좋은 가전들이 속속 개발됨과 동시에, 그런 상황이 촉발할 수 있는 또 다른 위험에 대한 우려가 가습기라는 새로운 상품을 낳은 셈이다.

5. 결론

미국의 역사학자 낸시 톰스(Nancy Tomes)는 『세균의 복음』에서 20세기 초 세균을 피하고 없애기 위한 미국 사회의 모습을 생생하게 그려 낸 바 있다. 19세기 말 세균학의 발달로 질병의 원인인 세균에 대한 관심이 커지고, 기존의 생활 방식을 완전히 바꾸면서 세균과의 전쟁을 치른 미국의 모습은 지금까지 그 흔적이 남아 있다. 화장실의 백자 변기와 살균제, 호텔의 일회용품, 매트리스와 베개의 하얀 커버, 세균이 득실대는 남성의 긴 수염을 말끔히 깎기 위한 질레트 면도기, 진공청소기와 항균 비누 등이 바로 그러하다. 톰스는 "세균이 질병을 낳기에 일상 속의 다양한 예방 행위들로 이 세균을 피할 수 있다."는 일종의 종교적 '복음'이 당시 미국을 휩쓸었고, 그러한 가운데 수많은 위생 상품이 판매, 소비되었다고 지적했다. 그리고 20세기 중후반 최신의 공중보건 조치, 백신, 항균제, 각종 상품으로 세균을 더 이상 두려워하지 않아도 될 것 같았던 즈음에, 에이즈가 유행하여 세균 혹은 병원체에 대한 또 다른 공포를 낳았다. 그리고 "새로운 '세균의 복음'이라는 현대 십자군"이 다시 영향력을 발휘하게 되었다고 강조했다.[42]

20세기 초 미국의 상황을 1970년대 한국 사회에 그대로 연결하거나 투영할 수는 없다. 그렇지만 1960년대 이후 공장 굴뚝의 연기와 자동차 매연으로 인한 공해를 심각하게 우려하던 인식은 가정환경에 대해서도 '실내 공해'라는 측면에서 바라보기 시작했다. 따라서 집 안을 청결하고 쾌적하게 만들기 위한 노력이 강조되고 이를 위해 수많은 가전제품과 화학제품이 등장했는데, 그중에 가습기와 1994년의 가습기 살균제가 포함된 것이다. 그렇다면 가습기 살균제 참사는 1994년에 시작된, 그리고 2011

---

42   낸시 톰즈, 『세균의 복음 - 1870~1930년 미국 공중보건의 역사』, 이춘입 역, 푸른역사, 2019.

년 세상에 드러난 '단 하나의, 쪼개진 사건'으로 보기는 어렵다. 가습기 살균제 참사는 세균학이 발달하고 '세균의 복음'이 퍼진 백여 년 전부터 시작된, 그리고 가정을 위생적 공간으로 만들고 싶었던 한국뿐 아니라 세계 곳곳에서 일어날 수 있는 '느린 재난'이기도 하다. 그렇다면 우리는 더 많은 피해자를 찾고 구제하는, 너무도 기본적이지만 너무도 쉽지 않은 노력과 함께, 여전히 진행 중인 '느린 재난'을 어떻게 멈출지 새롭게 고민할 필요가 있다.

나아가 1970년대 이후 가습기와 공기청정기 같은 위생 가전, 그리고 그 가전을 깨끗하게 사용하기 위한 살균제의 생산과 소비가 활발해졌다고 해서, 참사의 책임을 소비자 개인에게로 돌릴 수는 없다. 오히려 실내 환경오염, 실내 공해에 대한 우려가 커지고 있음에도 이에 대한 아무런 법적, 정책적 준비를 하지 않은 정부, 그리고 무분별하게 위생 가전과 살균제를 판매하는 데에만 관심을 가진 기업의 무책임이 더 크다. '느린 재난'이 진행되는 동안 소비자는 안전하게 제품을 구매하고 소비할 권리를 보장받지 못한 것이다.

정보 기술의 발달과
노인의 헬스 리터러시

조민하
경희대학교 인문학연구원 HK+통합의료인문학연구단 HK연구교수

1. 서론

1) 과학기술의 발전과 의료 격차

21세기 들어 과학기술의 급속한 발전은 의료 분야에 많은 혁신을 가져왔다. 특히 IT 기술이 발달한 한국은 전자 처방전, 원격진료, 모바일 헬스케어 애플리케이션 등 다양한 디지털 의료 서비스가 빠르게 확산되고 있다. 이러한 변화는 의료의 접근성과 효율성을 높여 환자들이 더 나은 의료 서비스를 이용할 수 있도록 해 준다. 그러나 이러한 디지털 전환이 모든 계층에 동일한 혜택은 주는 것은 아니다. 특히 디지털 리터러시(digital literacy)가 부족한 노인층은 이러한 변화에서 소외될 가능성이 크다.

한국은 급속한 고령화가 진행 중이다. 2025년경 65세 이상이 전 인구의 20%를 초과하는 초고령사회에 진입하고, 2060년경에는 노인층이 43%까지 증가할 전망이다.[1] 고령자 가구 비율은 2030년에 30%를 초과할 예정이

---

1 「제5차 국민건강증진종합계획(Health Plan 2030, 2021-2030)」, 보건복지부, 한국건강증진개발원, 2022.

며, 특히 1인 가구의 비중이 가장 높아(34.8%) 사회의 돌봄 부담이 가중될 것으로 예측된다. 2050년에는 독거노인 비율이 39.6%를 차지하게 되어 고령층의 건강관리를 위한 대책 마련이 시급한 형편이다. 또한, 2021년 기준 고령자의 빈곤율은 40.4%로, 노인 계층 안에서도 건강관리의 자원이 되는 경제적 상태에 따라 의료 격차는 커질 수밖에 없다. 2020년 디지털 정보격차 실태조사 결과 한국인은 "인터넷 및 모바일 기술이 삶의 큰 부분을 차지한다."[2]고 응답하고 있어 개인의 건강관리에서도 디지털 리터러시는 매우 중요하다.

WHO는 2021년 대상자 중심(person centeredness) 강화를 위한 이용자, 보건 의료 전문가, 의료 산업을 위한 디지털 의료 기술 시스템 전략을 제안한 바 있다.[3] 여기에서는 "디지털 건강에 대한 지식 확산을 촉진하고, 국가 디지털 건강 전략을 구현하며, 디지털 건강을 지원하는 사람 중심의 건강 시스템을 옹호한다."는 목표를 두고 있다. 이는 디지털 전환(Digital Transformation) 사회로 나아가는 필연적 현상 중 하나라 할 수 있다. 우리 정부에서도 '제5차 국민건강증진종합계획(HP2030)'의 주요 전략으로 '건강 정보 문해력 제고'를 두고 있다. 이에 따르면 우리나라 "정보 취약 계층은 디지털 정보 역량 및 활용 수준에서 다른 계층과 큰 격차를 보인다."고 보고하였다. 따라서 정보 취약 계층의 디지털 역량 및 활용 수준을 높이기 위한 사회적 노력이 필요하다. 정보 취약 계층 가운데에서도 노인 집

---

2   「2020 디지털 정보격차 실태조사」, 과학기술정보통신부 · 한국지능정보사회진흥원, 2021.

3   WHO, Global Strategy on Digital Health 2020-2025. 2021.

단은 디지털 정보화 역량 수준이 가장 낮다. 초고령사회로 진입하고 있는 시점에서 노인 대상 헬스 리터러시와 함께 디지털 리터러시의 증진을 통해 길어진 노년의 삶을 건강하고 활기차게 보낼 수 있는 토대를 마련하는 일은 현재 우리 사회의 주요 과제로 떠오르고 있다. 이는 노인뿐 아니라 다른 세대의 부담을 줄이고, 모든 세대가 상호 협력할 수 있는 사회를 만들어 가는 방법이기도 하다.

이 글은 고령층의 디지털 헬스 리터러시 증진 방안을 제안하는 것을 목적으로 한다. 이를 위해 먼저 우리 사회의 '노인'에 대한 개념과 인식을 살펴본다. 이후 헬스리터시와 디지털 헬스 리터러시의 개념을 정립한다. 이후 고령층의 디지털 리터러시 현황을 파악하고, 우리 사회 고령층에 대한 사용자 맞춤 디지털 헬스 리터러시 증진 방안을 위한 개인과 사회의 역할을 논의한다.

2) 노인의 개념과 인식

고령층의 디지털 헬스 리터러시를 증진하기 위한 논의에 앞서 현재 우리 사회의 '노인' 개념과 인식을 살펴볼 필요가 있다. 이를 위해 썸트렌드에서 최근 1년간(2023.10.09.-2024.10.8.) 인터넷 자료에서 사용된 '노인'이라는 단어의 관련어를 분석하여 보았다. 관련어는 주로 대상 단어를 꾸미거나 직접 결합되어 해당 단어를 서술한 표현이다. 단어는 맥락에 의해 규정되는 속성이 있으므로 '노인'의 관련어를 분석하여 '노인'의 의미와 '노인'에 대한 인식을 추정할 수 있을 것으로 여겨진다.

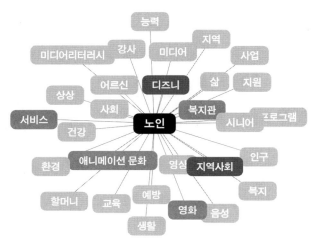

〈그림 1〉 '노인'의 관련어(썸트렌드, 최근 1년간)

노인의 관련어에는 '복지'·'인구'·'할머니'·'복지관'·'지원'과 같은 기존의 인식을 반영하는 단어들도 있지만, '미디어 리터러시(181건)'·'미디어(179건)'·'프로그램(92건)'·'교육'과 같은 최신 기술에 대한 필요성도 고빈도로 언급된다. 또한 '능력'·'삶'·'문화'·'영화'와 같은 질 높은 삶을 위한 개인의 조건 및 예술 활동에 대해서도 언급되고 있다는 것을 알 수 있다. '노인' 관련어의 전체 순위에서 1위가 '교육(208건)', 3위가 '미디어 리터러시(181건)', 5위가 '미디어(179건)'였다. 발달하는 IT 기술과 변화하는 디지털 환경 속에서 노인들의 질 높은 삶을 위한 미디어 리터러시 교육의 중요성을 주장하는 뉴스, 블로그, SNS의 의견들이 많다는 것을 알 수 있다. 그러나 현재 사전에서는 '노인'과 '늙다'라는 단어를 다음과 같이 기술하고 있다.

- 노인: 나이가 많아 늙은 사람.[4]
- 늙다: ① 사람이나 동물, 식물 따위가 나이를 많이 먹다. 사람의 경우에는 흔히 중년이 지난 상태가 됨을 이른다.

  ② 한창때를 지나 쇠퇴하다.[5]

　우리나라는 65세 이상을 노인으로 규정하고 있다. 그러나 현재 65세 이상의 사람이 모두 쇠퇴하였다고 보기는 힘들다. 위의 '쇠퇴하다'의 뜻은 육체적 상태뿐 아니라 사회적, 인지적 개념을 모두 포함한다. 썸트렌드의 분석 결과와 비교하여 현재 사전의 기술은 '노인'을 전통적 시각에서 지나치게 단순화하고 있다는 것을 알 수 있다.

　이와 함께 '노인' 관련어의 긍정어와 부정어 양상을 살펴보았다. 전체에서 긍정어가 차지하는 비율은 68%, 부정어는 30.8%로 긍정어 비율이 매우 높다. '건강하다'·'적극적'·'높은 관심'·'건강한 삶'·'효과적'·'원하다'와 같은 주도적인 표현과 '경제적'·'행복'·'긍정적'·'보람'과 같은 삶의 질과 관련된 긍정어들도 다수 보인다. 부정어는 '위험'·'외로움'·'소외'·'부담' 등이 높은 빈도를 보인다. 노인의 긍정적 요구를 높이기 위해서는 외로움이나 소외, 이를 통한 위험이나 부담 등을 완화하는 방안을 모색할 필요가 있다는 것을 알 수 있다.

　노인들의 가치와 욕구, 노인에 대한 사회적 인식은 시대의 흐름에 따라 변화하고 있다. 대상자 중심 디지털 의료를 지향하기 위해서는 노인 집단

4　〈다음사전(고려대학교 한국어대사전)〉. https://dic.daum.net/index.do?dic=all
5　〈표준국어대사전〉. https://stdict.korean.go.kr/main/main.do

의 다양한 특성을 파악하여 그에 알맞은 방안을 구체적으로 모색해 볼 필요가 있다.

2. 헬스 리터러시와 디지털 헬스 리터러시

세계보건기구(WHO: World Health Organization)는 헬스 리터러시(Health Literacy)를 '개인이 좋은 건강 상태를 유지하고 증진하기 위하여 정보를 얻고, 이해하고, 사용할 수 있는 동기와 능력을 결정하는 인지적, 사회적 기술'로 정의한다. 또한, 건강 정보에 접근하여 '필요한 정보를 획득하고, 정보를 이해하고, 적합한 정보인지 판단해 건강관리와 질병 예방, 의료 서비스 이용에 활용하는 복합적인 능력[6]을 의미하며, '건강 정보 문해력'이라는 용어로도 쓰인다.

국내에서도 국민건강증진종합계획의 일환으로 2021년도 2기 한국의료패널 2차 조사에서 헬스 리터러시에 관한 부가 조사를 실시했다. 이는 2008년 이후 우리나라 국민의 의료 이용 실태와 의료 이용에 영향을 주는 요인들을 조사한 것이다. 배재용, 김혜윤(2023)[7]에서는 2023년도 상반기에 공개된 2021년도 2기 한국의료패널 2차 조사의 헬스 리터러시 부가 조사를 소개하고 주요 결과와 정책적 시사점을 제시한 바 있다.

---

6 Sorensen, K., Van den Broucke, S., Fullam. J., Doyle, G., Pelikan, J., Sloska, Z, & Brand, H, "Health literacy and public health: a systematic review and integration of definitions and models," BMC public health 12-1, 2012, pp. 1-13.

7 배재용·김혜윤,「한국의료패널로 본 헬스 리터러시 실태와 정책적 시사점」, 보건복지포럼, 2023.02, 84쪽.

이 연구에서 소개한 헬스 리터러시 조사 내용은 아래 〈표 1〉과 같다. 헬스 리터러시 수준을 건강관리(7문항), 질병 예방(5문항), 건강 증진(4문항)의 3가지 영역으로 나누고 이를 세분화하여 총 16개의 설문 항목으로 구성하였다.

〈표 1〉 2기 한국의료패널 헬스 리터러시 부가 조사의 조사 내용

구분	설문 영역	설문 항목
헬스 리터러시 수준	건강관리	• 걱정되는 질병에 대한 치료 정보를 찾는 것. • 아플 때 전문적인 도움을 어디서 받을 수 있는지를 알아내는 것. • 의사가 말한 것을 이해하는 것. • 처방된 약의 복용 방법에 대한 의사나 약사의 설명을 이해하는 것. • 의사에게 진료를 받은 후 추가로 다른 의사의 진료를 받을 필요가 있는지 판단하는 것. • 내 질병 치료에 관한 의사 결정을 할 때 의사로부터 얻은 정보를 활용하는 것. • 의사나 약사가 말한 지시를 따르는 것.
	질병 예방	•스트레스나 우울과 같은 정신 건강 문제를 관리하는 방법에 관한 정보를 찾는 것. •흡연, 운동 부족, 과음과 같은 행동에 대한 건강 위험 경고를 이해하는 것. •건강검진이 왜 필요한지를 이해하는 것. •미디어에서 얻은 건강 위험에 대한 정보가 믿을 만한지 판단하는 것. •미디어에서 얻은 정보에 따라 질병으로부터 나를 보호하는 방법을 결정하는 것.
	건강 증진	•나의 정신 건강에 도움이 되는 활동을 알아내는 것. •건강에 대한 가족이나 친구의 조언을 이해하는 것. •어떻게 하면 더 건강할 수 있는지 미디어가 제공하는 정보를 이해하는 것. •나의 일상적 행동이 내 건강과 어떤 관련이 있는지 판단하는 것.

건강관리는 현재의 건강 상태에 대한 정보를 얻고, 적절한 의료기관을 찾아 의료인과 올바른 의사소통을 할 수 있는 능력이다. 의사로부터 얻은 정보를 활용하고 의사나 약사의 지시를 이해하고 따르는 것도 이에 해당한다. 질병 예방은 정신건강 문제나 위험 행동을 이해하고 관리할 수 있는 정보를 찾는 것이다. 미디어의 정보가 올바른지 판단하여 질병으로부

터 자신을 보호하는 적절한 방법을 알아내는 것도 중요하다. 건강 증진은 본인의 정신과 육체적 건강에 도움이 되는 활동을 이해하고 알아내는 활동이다. 이에는 현재보다 더 건강할 수 있는 일상적 행동이 무엇이며, 관련된 미디어의 정보를 이해하는 것을 포함한다.

위의 기준에 따라 만 19세 이상의 성인 가구원 11,057명을 대상으로 한 조사 결과 연령이 낮을수록, 교육 수준이 높을수록, 가구 소득이 높을수록 헬스 리터러시 수준이 높았다. 특히 노인층의 헬스 리터러시 수준은 총점 16점 만점에 '60~69세가 10.78점, 70세 이상이 7.45점'으로 여타 인구사회학적 요인에 의한 결과들의 최하 수준보다 낮다.[8] 추가적으로 조사한 건강 정보 탐색 경험 및 탐색 경로에 대한 결과에서도 70세 이상은 수동적 노출(41.2%)과 상호적 소통(39.6%)이 가장 높은 비율을 차지하며, 19~39세는 능동적 탐색 비율(78.9%)이 가장 높았다. '수동적 노출'은 일상생활에서 텔레비전·라디오·신문/잡지/서적 등을 통해 정보를 접하는 것, '능동적 탐색'은 정부/공공 기관·병/의원/보건소·인터넷 포털 사이트를 방문하여 탐색하는 것이다. '상호적 소통'은 보건 의료인이나 가족/친구/동료/지인으로부터 정보를 수집하거나 소셜 네트워크 서비스를 활용하는 것을 이른다. 노인 가운데에서도 70대 이상은 '수동적 노출'과 주변인들의 의견을 참고하는 '상호적 소통'을 통해 자신의 건강을 관리하는 경향을 보인다.

헬스 리터러시는 자가 건강관리, 의료 이용에 대한 접근성, 의료 서비

---

8   이 조사에서의 인구사회학적 요인은 성, 연령대, 혼인 상태, 교육 수준, 가구 월소득, 경제활동여부, 거주지역 등이다.

스 제공자와 환자 간 상호작용 등에 영향을 미친다. 건강 행동, 의료 이용 행태, 건강 결과의 주요 영향 요인으로 작용하므로[9] 생애 전 주기에 걸쳐 자신의 건강을 관리하고 의료 서비스 관련 올바른 의사 결정을 내리는 데 가장 중요한 능력이라 할 수 있다. 노인층의 헬스 리터러시 향상을 위해 건강 정보에 대한 능동적 탐색을 가능하게 하고, 보건 의료인과의 상호적 의사소통 능력을 증진할 수 있는 방법을 고민해 보아야 할 것이다.

헬스 리터러시는 건강 정보에 접근하고 이해하는 역량에 주안점을 두었으나, 점차 인지적 기술과 사회적인 소통의 개념을 포괄하여 발전하였다.[10] 최근 디지털 트랜스포메이션[11]의 흐름에 따라 의료계에서도 디지털 헬스가 주목받고 있다. 특히 코로나19를 겪으면서 비대면(Non contact) 기술의 수요가 증가하고, 디지털 헬스의 발전이 가속화되었다.

디지털 헬스는 인터넷 활용 중심에서 디지털 모바일 건강(mHealth), 건강정보기술(IT), 웨어러블 기기, 원격건강 및 원격의료, 개인 맞춤형 의료

---

9   Paasche-Orlow, M. K., & Wolf, M. S., "The causal pathways linking health literacy to health outcomes." *American journal of health behavior* 31-1, 2007, pp. 19-26; Nancy D. Berkman, Stacey L. Sherida, Katria E, Donahue, David J, Halpem, Karen Crotty, "Low Health Literacy and Health Outcomes: An Updated Systematic Review." *Annals of Internal Medicine*, 2011, pp. 155-2.

10   Tones, K., & Green. J., *Health Promotion: Planing and strategies*, London: Sage Publication Ltd., 2004.

11   인터넷 혁명 시대라고 불리는 1990년대 처음 등장한 개념으로 디지털 기술을 사회 전반에 적용해 전통적인 사회 구조를 혁신한다는 뜻. 전산화(computerization)와 디지털화(digitization) 과정을 통해 새로운 산업 생태계가 구축되고 있다. 박연환, 「노인의 디지털 헬스 리터러시」, 『대한의료커뮤니케이션학회 추계학술대회 발표논문집』, 대한의료커뮤니케이션학회, 2023.10, 14-46쪽.

등을 포괄하는 개념으로[12] e-Health, mHealth 등을 모두 아우른다.[13] 디지털 헬스는 "의료에 대한 환자의 접근성을 높이고 참여를 촉진하여 충분한 의료 서비스를 제공받지 못했던 사람들에게도 안전하고 비용 효율적인 치료를 제공함으로써 진화하는 디지털 기술과 함께 그 영역을 확장해 나가고 있다".[14]

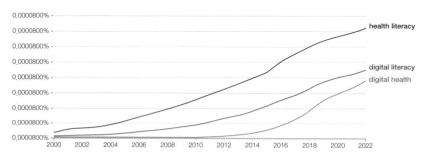

〈그림 2〉'헬스 리터러시(health literacy)' · '디지털 리터러시(digital literacy)' ·
'디지털 헬스(digital health)'의 구글 N-gram

위 그림은 '헬스 리터러시(health literacy)'와 '디지털 리터러시(digital literacy)', 그리고 '디지털 헬스(digital health)'에 대해 2000년 이후의 구글

12   U. S. FDA,
      https://www.fda.gov/medical-divices/digital-health-center-excellence/what-digital-health(2024. 10.30. 접속).
13   황민화 · 박연환, 「디지털 헬스 리터러시 개념분석」, 『근관절건강학회지』 28-3, 2021, 252-262쪽.
14   U.S. Food and Drug Administration, *What is digital health?*, Retrieved March 15, 2021.

엔그램(N-gram)[15]을 보인 것이다. '헬스 리터러시'와 '디지털 리터러시'는 2016년을 전후해서 그 빈도가 급격히 높아지고, 코로나19가 발생한 2020년 이후 지속적인 상승 추세를 보인다. '디지털 헬스'는 2016년 상승세가 시작되고 2019년 급격한 빈도 변화를 보인다. 2022년에는 '디지털 헬스'가 '디지털 리터러시'의 빈도에 근접해 가고 있다.

　고령화 추세를 대비하고 질 높은 삶을 추구하려는 욕구는 헬스 리터러시에 대한 관심을 높인다. 그 방법으로서의 디지털 리터러시에 대한 관심 역시 꾸준히 증가하고 있다는 것을 알 수 있다. 헬스 리터러시가 디지털 기술의 맥락으로 이행된 디지털 헬스 리터러시는 최근 디지털 리터러시와 함께 주요 화두가 되고 있다. 디지털 헬스 리터러시는 '개인이 자신과 타인을 위해 건강과 관련된 결정이나 행동을 알아내기 위해 정보 및 서비스를 찾고, 이해하고, 사용할 수 있는 능력'이다. 최근에는 '건강 문제를 해결하기 위해 건강 정보를 추구(seek)하고, 온라인 건강 정보 및 건강관리 관련 디지털 애플리케이션을 탐색(find)하고, 이해(understand)하여 이를 평가(appraise)하고, 활용(apply)하는 능력'을 의미하며[16] '인터넷 건강 정보 이해 능력(eHealth literacy)'이란 용어로도 쓰인다. 즉, 헬스 리터러시 증진을 위해서는 디지털 리터러시 역량이 필수적으로 요구된다는 것을 알 수

15　구글 북스(Google books)의 코퍼스를 기반으로 어떤 단어나 표현이 특정 시간 동안 '책' 안에 얼마나 자주 등장하는지 보여주는 자료.

16　P. Dunn and E. Hazzard, "Technology approaches to digital health literacy". International Journal of Cardiology, 2019, p. 293.
https://www.internationaljournalofcardiology.com/article/S0167-5273(19)32651-8/abstract

있다. 디지털 헬스 리터러시는 최근 소셜 미디어와 모바일 앱이 발달하면서 디지털 매체를 활용한 의사소통 및 상호작용 능력까지 포함하는 개념으로 발전하고 있다. 따라서 디지털 매체를 활용한 건강 관련 정보의 활용뿐 아니라 이를 이용한 타인과의 상호작용 능력을 증진하는 노력도 필요하다.

최근 헬스 리터러시에 대한 대중 일반의 인식을 살펴보기 위해 썸트렌드에서 '건강 정보 문해력'을 동의어로 입력하여 '헬스 리터러시'에 대한 최근 1년간(2023.10.09.-2024.10.8.)의 사용 빈도를 살펴보았다.[17] 뉴스 및 인스타그램, X(트위터)와 같은 소셜 미디어 네트워크 및 블로그를 포함한 결과를 보이면 다음과 같다.

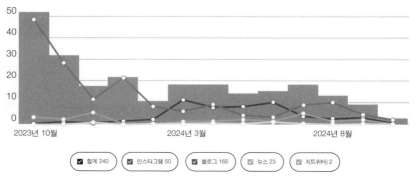

〈그림 3〉 '헬스 리터러시'에 대한 최근 1년간(2023.10.09.-2024.10.8.)의 사용 빈도

---

17 빅데이터 기반 소셜미디어, 평판, 이슈, 트렌드 분석 사이트.
  "썸트렌드", https://some.co.kr/analysis/social/mention(2024. 10. 08. 접속).

위 〈그림 3〉을 통해 헬스 리터러시는 최근 1년간 인터넷에 꾸준히 노출되고 있다는 것을 알 수 있다. 그 내용으로는 주로 '보건 의료 시스템의 변화', '보건 산업 진흥원 설명회', '의과대학의 학술 발표' 등 정부 및 의료계의 역할과 노력이 언급된다. 이와 함께 '공중 이해에서 건강 정보의 중요성', '정보격차 우려', '취약 계층 아동 건강 정보격차', '노년층의 관심 필요', '키즈 피트니스', 등으로 건강 정보에 취약한 아동 및 노년층에 대한 정보격차의 해법에 대한 고민이 이슈로 떠오르고 있다.

다음은 '디지털 문해력', '디지털 정보 문해력'을 동의어로 하여 '디지털 리터러시'에 대해 언급한 자료의 결과이다.

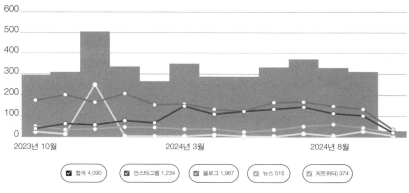

〈그림 4〉 '디지털 리터러시'에 대한 최근 1년간(2023.10.09.-2024.10.8.)의 사용 빈도

디지털 리터러시 역시 다양한 채널에서 노출되고 있다. 특히 '디지털 리터러시'는 최근의 이슈에 대한 견해를 다루는 블로그에서 고빈도로 사용되고 있다는 것을 알 수 있다. 그 내용은 '디지털 리터러시에 대한 개념', '지식 기술에서의 필요성', '의사 결정에서 디지털 리터러시의 중요성', '디

지털 리터러시 공동 캠페인' 등 아직은 대중에게 생소한 디지털 리터러시에 대한 이해를 위한 내용과 그 필요성을 언급하는 경우가 많았다. 또한 '초등학생들의 디지털 역량 교육'·'디지털 리터러시 경진 대회'·'인공지능의 자기 주도적 활용을 위한 청소년들의 디지털 리터러시 교육'·'디지털 리터러시와 스마트폰을 활용한 AI 아트 창작'·'아동기 부모 교실'·'중학생과 학부모를 대상으로 한 디지털 리터러시 연수' 등 디지털 리터러시에 대한 이해의 필요성, 아동 및 청소년과 학부모에 대한 교육의 필요성 등이 주요 내용이다. 디지털 리터러시는 헬스 리터러시와 밀접하게 관련되지만, 정작 디지털 정보화 수준이 가장 낮은 노인 관련 디지털 리터러시에 대한 언급은 찾아볼 수 없었다.

디지털 매체를 활용하여 개인의 건강을 관리하는 '디지털 헬스 리터러시' 혹은 '디지털 건강 문해력'은 디지털화된 현대의 보건 의료 상황에서 개인이 스스로 건강을 관리하여 건강 불평등을 해소하고 삶의 질을 높일 수 있도록 하는 역량이다. 고령화 시대, 노인층의 디지털 리터러시에도 관심을 기울여 고령층의 의료 소외가 발생하지 않도록 하는 사회적 노력이 필요한 시점이다.

3. 고령층의 디지털 리터러시 현황

과학기술정보통신부에서 발행한 2022 디지털정보격차 보고서에서는 디지털 정보화 수준을 접근, 역량, 활용 부문으로 분석하여 발표하였다. '접근'에 해당하는 항목은 인터넷 상시 접속 가능 여부, 유무선 정보기기 보유 여부이다. '역량'은 PC 이용 능력, 모바일 기기 이용 능력이며, '활용'

은 유선 및 모바일 인터넷 이용 여부, 인터넷 서비스 이용 다양성, 인터넷 심화 활용 정도이다.

이 보고서에 제시된 취약 계층의 디지털 정보화 수준을 아래 〈표 2〉에 요약하였다.[18]

〈표 2〉 정보 취약 계층의 디지털 정보화 수준(일반 국민의 수준을 100으로 한 대비 수준)

조사 대상	종합	접근 수준	역량 수준	활용 수준
장애인	82.2	96.7	75.2	82.0
고령층	69.9	95.1	54.5	72.6
저소득층	95.6	99.5	92.9	96.4
농어민	78.9	95.7	70.6	78.8
북한 이탈 주민	91.8	97.2	84.1	96.8
결혼 이민자	90.2	98.8	86.3	89.7

정보 취약 계층의 디지털 정보화 수준은 평균(종합) 76.2%이다. 이 가운데 고령층이 접근, 역량, 활용 측면 모두에서 정보화 수준이 가장 낮았다. 위 〈표 2〉를 통해 특히 '역량'과 '활용' 수준에서 다른 비교 대상군에 비해 큰 차이를 드러낸다는 것을 알 수 있다. PC 이용 능력[19]과 모바일 기기 이용 능력[20] 전반에서 역시 고령층의 점수가 가장 낮다. 고령층의 PC 보유율

---

18 「2022 디지털정보격차 보고서」, 과학기술정보통신부・한국지능정보사회진흥원, 26-27쪽 재구성.

19 "소프트웨어 설치 및 삭제, 인터넷 연결 및 사용, 웹 브라우저 환경 설정, 다양한 외장기기 연결 및 이용, 인터넷을 통한 파일 전송, 악성코드 검사 및 치료, 문서 및 자료 작성" 등 7개 항목.

20 "기본적인 환경설정이나 무선 네트워크 설정, 파일을 컴퓨터에 이동하거나 다른 사람에게 파일 전송, 필요한 앱 설치 및 이용, 악성코드 검사 및 치료, 문서 및 자료 작

은 58%로, 인터넷 이용 시 PC(22.3%)보다는 스마트폰(83.4%)을 사용하는 비율이 높았다. 그러나 스마트폰 보유율 역시 고령층이 84.2%로 정보 취약 계층 가운데 가장 낮다.

〈표 3〉 검색 및 이메일, 콘텐츠 서비스 이용률(%)

구분		정보 및 뉴스 검색	이메일	미디어 콘텐츠	교육 콘텐츠
일반 국민		83.4	48.9	69.8	36.8
취약 계층	장애인	81.5	33.2	56.8	25.3
	고령층	72.9	23.4	47.0	16.7
	저소득층	82.8	46.0	62.6	43.3
	농어민	73.5	29.6	56.3	26.9
	평균	75.6	28.6	51.5	22.8

인터넷 서비스 이용 다양성 비율도 고령층이 가장 낮다.[21] 위 〈표 3〉을 통해 고령층은 특히 정보 및 뉴스 검색, 이메일 사용, 미디어 콘텐츠 및 교육 콘텐츠 활용에서 다른 계층에 비해 매우 낮은 이용률을 보인다는 것을 알 수 있다.

사회적 관계 서비스 이용률은 〈표 4〉와 같이 고령층에서는 SNS, 개인 블로그, 커뮤니티 이용률이 다른 집단에 비해 특히 낮았다. 고령층은 디지털 앱을 사용하여 타인과 소통하거나 블로그 및 커뮤니티를 활용하여 자신의 의견을 적극적으로 드러내는 활동에 어려움을 겪고 있다는 것을

성" 등 7개 항목을 의미한다.

21 「2022 디지털정보격차 보고서」, 과학기술정보통신부 · 한국지능정보사회진흥원, 50쪽 재구성.

알 수 있다.

〈표 4〉 사회적 관계 서비스 이용률(%)

구분		SNS	메신저	개인 블로그	커뮤니티	클라우드 서비스
일반 국민		56.5	84.0	38.5	36.2	34.0
취약 계층	장애인	42.8	82.9	29.2	29.2	20.8
	고령층	28.3	79.1	18.7	18.1	14.7
	저소득층	56.8	85.6	43.0	41.2	36.7
	농어민	40.0	83.9	28.6	28.9	24.6
	평균	35.6	81.0	24.7	24.0	19.7

김세진 외(2020)[22]에서는 "노인을 전후기 집단으로 구분하여 정보기기
의 이용 형태를 유형화해야 한다."고 주장한 바 있다. 노인 집단 내 연령
대별 신체, 심리, 사회적 차이가 발생하므로 65세 이상 전체를 동일한 노
년기 집단으로 구분할 경우 70세 이상에 대한 접근이 왜곡될 수 있기 때
문이다. 이 논의에서 전기 노인은 65세 이상 74세 이하에 해당하며, 후기
노인은 75세 이상을 이른다. 유형 분류 결과 전기 노인은 '다기능 적극 활
용형'·'소통 중심 활용형'·'제한적 문자 활용형'·'미이용형'으로, 후기
노인은 '다기능 활용형'·'제한적 문자 활용형'·'미이용형'으로 분류하였
다. 즉, 전기 노인의 76.0%(문자 받기)·51.1%(문자 보내기)는 문자 주고받
기가 가능하며, 30% 이상은 정보 검색과 SNS 이용 등이 가능하다. 이에
비해 후기 노인은 40%(문자 받기)·17.8%(문자 보내기)만이 문자 주고받기

---

22   김세진·곽윤희·남석인, 「노인의 정보기기 이용유형에 대한 연구: 전후기 노인의
      비교를 중심으로」, 『노인복지연구』 75-2, 2020, 217-254쪽.

가 가능하며, 사진 동영상 촬영(15.5%) 외의 기능은 10% 이하로만 사용한다. 또한 후기 노인은 '미이용형'이 81.3%로 나타나 디지털 매체를 전혀 이용하지 않는 경우가 많았다. 성별 특성으로는 여성 노인이 남성 노인보다 가족 및 지인과의 사회적 네트워크 수준이 높았다.

즉, 65세 이상 74세 이하의 고령층과 여성 노인의 경우 문자 주고받기와 사회적 네트워크를 활용할 수 있는 수준이 높다. 그러나 정보검색과 SNS 이용 능력은 제한적이다. 후기 노인은 '미이용형'이 80%를 초과하므로 우선 디지털 기기의 접근성을 높이고, 문자 주고받기와 같은 기본적인 기능을 습득하는 것이 중요하다. 여성들은 SNS를 활용하거나, 인터넷에서 소모임 활동 방법을 터득함으로써 사회적 네트워크를 더욱 강화할 수 있다.

그러나 위의 논의에서 노인을 전후기 집단으로 단순 분류한 방식은 재고의 여지가 있다. 전기 노인 가운데 베이비 붐 세대는 이전 세대와는 달리 주체성이 강하다. 베이비 붐 세대는 주로 1955~1963년 사이에 태어난 거대 인구 집단이다. 이들은 산업화 시대에 정치, 경제를 주도했고 부모 세대의 돌봄과 자녀 세대의 양육을 도맡아 오고 있다. 이전 노인 세대에 비해 교육 수준이 높고 학구열도 강하다. 새로운 기술 발전에 큰 관심을 기울이며 디지털화를 적극 수용한다. 또한 정보 통신 기술을 통해 필요한 정보를 획득하는 데도 큰 어려움을 겪지 않는다.[23] 따라서 65세 이상의 노인을 집합적으로 동질화하기보다는 노인 집단 내 특성을 고려하여 헬스 디지털 리터러시 증진 방안을 마련해야 할 것으로 보인다.

---

23   김현수 외, 「베이비 붐 세대의 특징과 소통」, 『나이듦과 함께하는 의료인문학』, 모시는사람들, 2024, 133-167쪽.

75세 이상의 후기 노인 역시 동질적인 집단으로 분류하는 데에는 무리가 있다. 이들 가운데에서도 건강한 신체 활동과 활발한 사회 활동이 가능한 경우가 반면, 신체적, 인지적 기능 저하로 인해 일반적인 디지털 매체를 활용하는 데 한계가 있는 고령층도 있다. 청력이나 시력의 기능 저하, 이동에 불편함을 겪는 등의 신체적 어려움이 있는 경우는 사용자 맞춤 기기의 개발 및 도움 서비스가 필요하다.

헬스 리터러시와 사회적 지지는 노인의 우울 수준과도 관련된다.[24] 즉, 노인의 디지털 리터러시와 헬스 리터러시 역량을 강화하고, 노인에 대한 사회적 지지가 높을 때 이들의 우울증이 완화되고 삶의 질이 높아질 수 있다. 우울은 노년기의 심리적 건강을 확인할 수 있는 주요 지표로서 인구사회학적 특성 외에도 사회적 연결망, 주변인과의 관계 등의 영향을 받는다.[25] 고령층의 사회문화적 특성을 파악하여 사용자 맞춤 디지털 헬스 리터러시 수준을 평준화함으로써 노년기의 육체적, 심리적 건강을 증진할 수 있을 것이다.

4. 디지털 헬스 리터러시 증진 방안

빠른 고령화가 진행되고 독거노인의 비율이 증가하고 있는 우리 사회는 노인의 의료 접근성을 높이는 일이 중요한 과제로 떠오르고 있다. 디

---

24 최은영 외, 앞의 논문; 김한솔 외, 「노인의 디지털 활용이 생활 만족에 미치는 영향: 우울과 사회참여의 조절된 매개효과를 중심으로」, 『노인복지연구』 78-1, 2023.
25 김세진 외, 「노인의 정보기기 이용유형에 대한 연구: 전후기 노인의 비교를 중심으로」, 『노인복지연구』 75-2, 2020.

지털 기술 중심 보건 의료의 상황에서 의료 격차를 줄이기 위한 노인 대상 디지털 리터러시의 필요성이 커지고 있으나, 이에 대한 사회적 노력은 미미한 편이다. 디지털 리터러시 교육은 현재 아동이나 청소년, 젊은 세대에 초점이 맞추어져 있으므로 노인층을 위한 디지털 리터러시 교육에도 관심이 요구된다. 노인 집단을 기존의 인식으로 획일화하기보다는 노인들의 요구와 수준을 파악하여 사용자 맞춤 서비스를 지원할 필요가 있다. 고령층의 디지털 정보화 수준을 향상시키기 위해 접근, 역량, 활용 차원에서의 의료 접근성을 강화할 필요가 있다.

1) 디지털 기기의 접근성

디지털 기기의 접근성은 동기, 경제적 장벽, 이동 장벽의 차원에서 다룰 수 있다. 고령자는 디지털 기기에 대한 막연한 두려움으로 디지털 기기를 사용하는 데 동기부여가 어려운 경우가 많다. 노인들에게 휴대폰을 사용하여 시간과 비용을 줄일 수 있고, 병중의 관리를 용이하게 할 수 있다는 인식을 심어 줄 필요가 있다. 복지관이나 보건소, 혹은 병원 등에서 디지털 기기 활용 역량을 강화할 수 있는 프로그램을 제공하는 현실적인 방안이 모색되어야 한다.

디지털 기기의 구입이 어려운 경우는 정부 지원을 통해 보급하도록 한다. 신체적 기능이 저하되어 있고, 디지털 기기의 접근성이 낮은 고령층은 단순 조작이 가능한 디지털 기기를 활용하도록 한다. 노화로 인해 시력과 청력 기능이 저하되어 물리적 어려움을 겪는 경우가 많으므로 물리적 장벽 및 학습 장벽을 낮추는 방법도 마련하여야 한다. 쉬운 인터페이스, 음성 기반, 큰 글자 크기 등 고령자 특화형 모빌리티 서비스를 구축할 필요가 있다. 애플리케이션의 설치, 가입과 같은 1회성 조작은 의료기관이나 봉사 인력 등의 도움을 받을 수 있도록 하여 진입 장벽을 낮출 필요가 있다. 디지털 리터러시 교육 프로그램에 참여하고 싶어도 이동에 어려움을 겪는 경우는 이동을 보조할 수 있는 인력을 배치하는 방법도 고민해 보아야 할 것이다.

휴대폰 보유율이 높은 전기 노인의 경우는 PC 보급률을 높이고 이에 대한 교육 프로그램도 마련하도록 한다. 고령층에 대한 공공 기관의 PC 접근성을 높이고, 인터넷을 상시 접속할 수 있도록 네트워크를 구축하는 방법도 모색해 보아야 한다.

2) 디지털 기기의 사용 역량

고령층은 디지털 기기의 사용 역량 수준이 취약 계층 가운데 가장 낮았다. 디지털 기기의 사용 역량은 디지털 기기를 이용하고 의료 관련 정보를 이해하며 정보의 질을 판단하는 능력이다. 디지털 매체를 활용해 본 경험이 없는 미이용자들에게는 디지털 기기의 필요성과 기능을 먼저 이해하도록 한다. 사회적 소통에서 중요한 문자 보내기와 받기 등 기초 기능을 습득하게 하여 낯선 기기에 대한 두려움을 없애고 타인과의 상호작용에 흥미를 느끼도록 한다.

초보적이고 제한적으로만 사용하는 고령층에게는 SNS 활용법을 알려주고, 사진 및 동영상을 촬영하여 전송하기 등을 연습하도록 한다. 의료시설의 홈페이지에 접근하여 의료 용어를 검색하고, 병증의 예방 및 관리 방법 등 의료 정보를 스스로 얻고 활용할 수 있도록 돕는다. 다양한 교육 콘텐츠에 접근하여 스스로 의료 지식을 쌓아 갈 수 있도록 한다. 사회적 소통 의지와 학습 욕구가 강한 베이비 붐 세대에게는 인터넷에서 소모임을 만들어 참여할 수 있도록 한다. 의료 정보를 교환하고 타인과 관심사를 공유하면서 사회적 네트워크에서 자신의 역할과 보람을 찾을 수 있도록 한다.

3) 디지털 기기의 활용 역량

디지털 기기의 활용 역량은 유선 및 모바일 인터넷 이용 여부, 인터넷 서비스 이용 다양성, 인터넷 심화 활용 정도 등으로 파악할 수 있다. 정부와 지자체는 노인에게 기기 사용료를 지원하거나 맞춤형 디지털 교육 프로그램을 개발하여 제공할 필요가 있다. 디지털 기기의 사용법뿐 아니라 이를 활용하여 의료 서비스를 이용하는 방법을 교육함으로써 디지털 헬스 리터러시 역량을 강화할 수 있다.

건강 정보 탐색 경험이 적고 탐색 경로에 대한 정보가 부족한 고령층에게는 개인별 접근이 필요하다. 이에는 방문 교육이나 비대면 교육을 제공하는 방식을 고려할 수 있다. 원격진료 예약 방법, 전자 처방전 사용법, 건강 정보 검색 방법 등을 반복하여 연습하도록 한다. 기본적인 디지털 기기의 기능에 익숙한 사용자들에게는 심화 역량을 높일 수 있도록 한다. 특히 사회적 소통에 소극적인 남성들에게는 SNS를 활용하는 방법을 교육하고 흥미로운 콘텐츠를 간단하게 제작할 수 있는 방법을 습득하도록 한다.

사회적 네트워크 수준이 높은 여성과 베이비 붐 세대에게는 환자 혹은 보호자로서 좀 더 적극적인 활동을 할 수 있도록 돕는다. 개인 블로그를 만들거나, 병원 일지를 작성하여 인터넷에 공유함으로써 공통 관심사를 가진 사람들과 연대하여 병증의 예방과 관리를 돕는 역할을 할 수 있도록 한다. 이와 함께 다양한 수준과 요구를 지닌 고령층과 교류함으로써 서로의 고립을 예방하고 우울감을 완화할 수 있는 방법을 찾아가도록 한다.

5. 결론

이 글에서는 과학의 발전과 더불어 의료적 소외가 발생할 수 있는 고령층의 디지털 헬스 리터러시 증진 방안을 제안하였다. 디지털 헬스 리터러시는 고령층의 의료 접근성을 높이고, 건강 불평등을 해소할 수 있는 역량이다. 따라서 고령층이 디지털 기술을 좀 더 쉽게 습득하고 이를 의료에 적절하게 이용할 수 있도록 맞춤 서비스를 제공하여야 한다. 이는 길어진 노년을 생산적이고 긍정적으로 살 수 있도록 하는 선결 조건이기도 하다.

이를 위해 고령층에 대한 전통적인 개념을 비판적으로 검토하고 그 안에 속한 개인들의 다양한 속성을 파악하여 디지털 리터러시 증진을 위한 사회적 노력의 필요성을 논의하였다. 개인이 스스로 건강을 지키고 질병을 극복하려는 의지는 이 모든 논의의 전제 조건이다. 그러나 개인의 노력뿐 아니라 가족 및 지인의 적극적인 지지와 도움 또한 낯선 의료 상황에 적응해야 하는 고령층에게는 큰 힘이 된다. 사용자 친화적인 기술의 개발과 이를 활용할 수 있는 인프라를 조성하는 사회와 정부의 노력이 절실한 시점이다.

2부
인간이라는 프리즘,
의료를 굴절시키다

광고를 통해 굴절된 근대 의료*

—《매일신보》의 감사장 매약 광고를 중심으로

박성호

경희대학교 인문학연구원 HK+통합의료인문학연구단 HK연구교수

* 이 글은 「감사장을 중심으로 한 1910년대 매약 광고와 의료의 이중성 -《매일신보》 소재 화류병 매약 광고를 중심으로」(『인문학연구』 61, 2024.11)를 바탕으로 수정, 보 완한 것임을 밝힌다.

1. 서론

　매약(賣藥)이란 의사의 진단과 처방이 없어도 소비자가 자유롭게 구매할 수 있는 상품화된 의약품을 가리킨다. 매약은 오늘날에도 약국이나 편의점 등을 통해서 활발하게 유통되고 있지만, 근대 의료의 여명기였던 20세기 초에는 더 큰 비중을 차지하고 있었다. 병원이나 의사가 충분히 보급되지 못한 상황에서 매약은 환자가 비교적 손쉽게 접근할 수 있는 의료의 형태 중 하나였고, 우편 등을 통해서 구입할 수 있다는 점에서 편의성역시 뛰어났다. 이 때문에 매약은 1900~1910년대 의료에서 중요한 역할을 수행했다. 특히 환자의 관점에서는 더욱 그러했다.

　이러한 경향은 당대 신문의 광고를 통해서 더욱 강화되는 양상을 보였다. 최초의 민간 신문으로 손꼽히는 《독립신문》은 물론이려니와, 《황성신문》이나 《대한매일신보》와 같은 1900년대의 대표적인 신문들은 빠짐없이 매약 광고를 게재했다. 매약 광고는 단순히 약의 성분이나 효능, 가격 등의 객관적인 정보를 전달하는 데에만 그치지 않았다. 환자에게 구매력을 확보하기 위해서라도 매약 광고는 다양한 전략을 채택했으며, 이는 한일합병 이후 등장한 《매일신보》에 접어들어서는 더욱 활발한 양상을 띠게 되었다.

식민지 시기 의약품류, 특히 매약에 대한 광고는 다양한 관점에서 연구된 바 있다. 구매력 확보를 위한 광고 전략의 다변화에서부터 광고를 통한 의료 담론 형성에 이르기까지 기존 연구 성과는 폭넓은 영역을 포괄하고 있다.[1] 심지어 의료사뿐만 아니라 문학사 연구의 관점에서도 매약 광고가 택한 서사 모티프에 대한 연구와 더불어 이것이 당대의 문학작품과 연계되는 양상에 대해서도 고찰한 성과들이 나타나고 있을 정도다.

특히 화류병은 문학작품에서도 다양하게 등장하는데, 관련 매약 광고 역시 연구자들의 주목을 받은 바 있다. 김은정[2]은 화류병 치료제 광고에 주목하여 당대의 위생 담론을 추적하여, 잡지와 신문의 광고 및 이와 연관된 문학작품까지 망라하여 광고와 담론 형성의 관계를 살펴보았다. 허연실[3]은 부인병과 화류병 관련 매약의 광고에 나타나는 고전 서사의 모티프를 추적하여 그 변용 양상을 다루었다. 이와 같은 연구는 광고와 서사

---

1 고병철, 「일제시대 건강 담론과 약의 구원론 -《매일신보》약 광고 분석을 중심으로」, 『종교연구』 30, 한국종교학회, 2003.3, 285-310쪽; 이병주 · 마정미, 「초기 근대 의약품 광고 담론분석」, 『한국언론정보학보』 32, 한국언론정보학회, 2006.3, 247-294쪽; 정지훈 · 김도훈, 「일제강점기 한의학술잡지에 실린 한약업자 광고 분석」, 『한국의사학회지』 26-2, 한국의사학회, 2013.11, 111-122쪽; 김영수, 「20세기 초 일본 매약의 수입과 근대 한국의 의약광고의 형성」, 『인문논총』 75-4, 서울대학교 인문학연구원, 2018.11, 163-193쪽; 최규진, 「1910년대 의약품 광고의 '과학'과 주술」, 『한국사학보』 80, 고려사학회, 2020.8, 181-214쪽.
2 김은정, 「일제강점기 위생담론과 화류병 - 화류병 치료제 광고를 중심으로」, 『민족문학사연구』 49, 민족문학사학회, 2012.7, 291-316쪽.
3 허연실, 「근대 신문 광고의 서사 모티프 연구」, 『한국민족문화』 79, 부산대학교 한국민족문화연구소, 2021.7, 85-105쪽.

사이의 연결 고리를 통해 제도나 기술의 발달과는 다른 문화적인 양상을 살펴보았다는 측면에서 당대의 매약 소비 풍토와 더불어 이와 연계된 질병-건강 담론을 추적하는 데 좋은 시사점을 제공했다고 하겠다.

다만 연구 대상을 1920년대 이후의 광고로 상정하는 과정에서 몇 가지 문제점이 엿보인다. 먼저 광범한 시기를 대상으로 하다 보니 의약 기술의 발전과 이에 대응하는 매약 사이의 기본적인 정보에서 오류를 범하는 경우들이 눈에 띈다는 점이다.[4] 더불어서 화류병 매약 광고를 통해 드러나는 담론들이 해당 시기, 즉 1920년대 혹은 그 이후부터 형성되었다는 식으로 분석함으로써 이전 시대와의 연결 고리를 제대로 보여주지 못했다는 점도 살펴보아야 하겠다. 분석 대상이 되는 매약들 가운데 상당수는 이미 1900~1910년대부터 다양한 형태의 광고를 집행하고 있었으며, 이들 연구가 도출해 내고 있는 매약 광고와 관련된 변화상 또한 이전 시기부터 꾸준히 진행되어 왔다는 점에서 이는 재고의 여지가 크다.[5]

---

4   김은정은 1930년대 중후반에 게재된 화류병 관련 매약들이 페니실린에 기초하여 발매된 것이라고 분석하고 있으나, 실제 페니실린이 본격적으로 보급되기 시작한 것은 제2차 세계대전 당시 연합국에서부터였다. 따라서 식민지기의 화류병 매약을 '페니실린의 시대'라고 규정했던 김은정의 시각은 사실 관계의 측면에서 재검토가 필요한 부분이다. 김은정, 앞의 논문, 305쪽.

5   예컨대 허연실의 경우에는 자양강장제나 폐병, 부인병 대응 매약 등과는 달리 화류병 관련 매약에 대해서는 "증언형 광고"가 거의 없었다고 분석한다. 그러나 정작 1910년대 매약 광고 중 이러한 증언형 광고, 즉 본 논문에서 '감사장 광고'라고 지칭하는 형태 가운데 적잖은 비중을 차지하는 것이 화류병 관련 매약이다. 1920년대에 왜 화류병에 한해서는 퇴조 현상을 겪었는지에 대해서는 별도의 분석을 요하는 사안이겠지만, 1910년대의 양상에 대한 고찰이 부재한 상태에서 1920년대부터 이와 같은 광고들이 본격화된 것으로 이해하는 데에는 적잖은 무리가 있다고 본다. 허연실, 앞의 논문, 97쪽.

상술했듯이 매약 광고는 이미 1900년대부터 활발하게 이루어지고 있었으며, 1910년대에 이르면 광고 전략의 다변화와 더불어 당대의 근대 의료와는 미묘하게 엇갈리는 형태의 담론을 형성하는 양상까지도 드러내 보이게 된다. 이런 점에서 1910년대 중반《매일신보》매약 광고의 한 축을 담당한 '감사장(感謝狀) 광고'를 눈여겨볼 필요가 있다. 상기 연구 성과에서 거론되는 1920년대 이후의 매약 소비와 이를 둘러싼 소비자, 혹은 '환자'들의 인식은 1910년대부터 이미 형성되고 있었고, 당대의 감사장 광고는 이러한 양상을 들여다보는 데 중요한 참고점이 될 수 있기 때문이다.

따라서 이 글에서는 먼저 감사장 광고의 양상과 특성을 살핀 뒤, 화류병 관련 매약을 중심으로 하여 이와 같은 감사장 광고가 어떤 형태로 당대 소비자들의 인식과 연결되었는지를 살펴보고자 한다. 특히 이 광고들이 적극적으로 채택한 근대 의학의 담론과 어떤 방식으로 충돌 혹은 접합하면서 당대의 질병과 치유에 대한 서사를 구성하는지에 주목하였다.

2. 감사장 광고의 등장과 확산

1) 감사장 광고의 효시, '위렴사대의생홍색보환'

식민지 시기 신문을 비롯한 대중매체에 실린 광고 중 가장 큰 비중을 차지한 것은 의약품이었다. 특히 화류병 대응약이나 자양강장제와 같은 매약류의 광고가 빈번하게 등장하곤 했다.[6] 광고의 형태 역시 약의 효능과

---

6   서범석 · 원용진 · 강태완 · 마정미, 「근대인쇄광고를 통해 본 근대적 주체형성에 관

가격을 거론하는 간단한 정보 전달 수준의 광고에서부터 당대 소비자들의 감각에 호소하기 위한 이미지를 내세우거나 전문가의 기고문 형태를 빌려서 제품의 우수성을 홍보하는 방식 등 매우 다양한 형태를 보였다.

그중에서도 눈에 띄는 것은 '오랫동안 병을 앓다가 ○○○를 복용하여 단번에 병을 고쳤다'는 내용을 핵심으로 하는 소비자 투고 형태의 광고였다. 흔히 예장(禮狀)이라고 지칭되고는 했는데, 쉽게 말하자면 특정 매약을 복용하여 병을 고친 환자가 해당 매약상에 사례의 편지를 보내는 것이었다. 이를 광고의 형태로 내는 것이 바로 감사장 광고[7]인데, 이는 그만큼 자사의 제품이 뛰어나다는 것을 불특정 다수의 입을 빌려 홍보하고자 하는 목적에서였다.

이런 광고가 등장한 배경은 이른바 선병자의(先病者醫), 즉 '(같은 병을) 먼저 앓은 사람이 곧 의사다'라는 당대의 관념에 뿌리를 두고 있었다. 의료의 핵심을 차지하는 것은 의사 혹은 의생과 같은 전문적인 교육과 수련을 거친 의료인이 아니라, 특정한 병을 앓다가 나은 누군가의 '경험'이었다. 그리고 이 경험은 소문이라는 형태를 통해 전파되었고, 소문의 반복을 통한 치유 서사의 중첩은 그 자체로 약효를 입증하는 근거로 간주되었다.

신문을 통해서 활자화된다는 것은 해당 내용의 사실 여부와는 별개로 이미 그 자체로서 일정한 영향력을 행사했던 것이 당대의 풍토였으며[8]

한 연구: 개화기~1930년대까지 몸을 구성하는 상품광고를 중심으로」, 『광고학연구』 15-1, 한국광고학회, 2004, 243쪽.

7 당대의 표현을 따른다면 예장(禮狀) 광고라고 하는 것이 적절하겠으나, 원활한 의미 전달을 위해서 이 글에서는 '감사장 광고'로 적는다.

8 "광무·융희연간의 신문에서 사실보도란 다른 말로 표현한다면 '들은 대로 전한다'라

1900년대까지만 하더라도 광고와 제보의 경계선이 뚜렷하지 않아서 홍보와 경고(警告) 또는 사고(私告)가 혼용되는 경우가 많았다.[9] 특히 가족 내 부랑아(浮浪兒)의 존재를 경계하면서 이들의 사기 행각에 주의하라고 촉구하는 형태의 광고는 1910년대까지도 종종 등장할 정도였다.

항간에 떠돌던 풍문이 구체적인 제보자와 더불어 신문지상에 활자화되는 것만으로도 일정한 효력을 발휘했던 것이 당대의 풍토였다. 1900년대의 신문사들은 그 규모가 크지 않았고 독자적인 취재보다는 신문사에 전달되는 편지를 바탕으로 하여 전재(轉載)하는 방식으로 기사를 작성하고는 했으므로, 기본적으로는 독자를 중심으로 한 풍문에 상당 부분 의존할 수밖에 없었다. 이런 상황은 1910년대에 접어들면 상당 부분 완화되기는 하지만, 신문을 통해서 활자화된다는 것만으로도 풍문이 일정한 영향력을 확보하게 된다는 풍토만큼은 여전히 효력을 발휘했다.

이런 만큼 복약 경험을 토대로 자신의 치유담을 편지로 적어서 매약상에게 보내는 행위는 비단 사례(私禮)의 관점에서 국한될 만한 것이 아니었다. 1900년대 신문의 독자들이 편지를 통해 제보한 내용이 기사화되었던 것처럼 1910년대 매약 소비자들의 감사장은 매약상들로 하여금 광고를

는 의미에 가까웠다. 대상의 정확성·적실성을 검증하여 기사화하는 방식은 당시의 관점에서는 오히려 낯선 것이었다. 다른 신문의 보도를 옮겨 싣는 과정에서도 보도 내용에 대한 검증은 논외의 대상이었다. 만일 보도 내용이 정확하지 않다면 그것은 원래의 기사를 게재한 쪽의 탓이지, 기사를 옮겨 적은 입장에서는 아무런 문제도 없다는 것이 당시의 통념이었다." 박성호, 「광무·융희연간 신문의 '사실' 개념과 소설 위상의 상관성 연구」, 고려대학교 박사학위논문, 2014, 39쪽.

9   「廣告中恐或有貽害於公衆者」,《황성신문》, 1901.8.22.;「友人間答」,《황성신문》, 1905.3.25.

바탕으로 한 담론을 형성하고 이를 통해 불특정 다수의 소비자에게 구매력을 확보하는 데 적잖이 유효한 수단이었다. 선병자의의 풍토에서 누군가의 치유담이란 전문 의료인의 진단과 치료 못지않은 호소력을 지녔으려니와, 이러한 치유담이 중첩될수록 그 효력은 더욱 커질 터였다.

실제로 당대의 감사장 광고에서는 이런 개념을 직접적으로 드러낸 경우가 적지 않다. '세계 동병자(同病者)를 돕기 위한 양심으로'[10] 감사장을 보냈다든가, '동포 중 화류병에 걸린 형제자매께서는 속히 구매하여 사용'[11] 하라며 구매를 권하는 경우는 흔했다. 심지어는 "선병자(先病者)가 곧 의(醫)라 그러므로 감히 널리 알리고자 하나이다."[12]라면서 직접 선병자의를 거론하며 감사장을 보낸 경우도 있었다. 감사장이 다루는 치유담이란 곧 그 자체로 같은 병을 앓는 환자에 대한 의료적 처방인 것처럼 여겨졌다.

원래 감사장 광고를 지속적으로 활용했던 것은 1910년대 초반 세창양행(世昌洋行)이 수입한 'Dr. William's Pink Pills'였다. 국내에서는 위렴사대의생홍색보환(韋廉士大醫生紅色補丸) 또는 위렴사홍색보환[13]이라는 이름으로 판매되었는데, '위렴사'라는 음역어에서도 엿볼 수 있듯이 이는 중국을 거쳐서 수입, 판매되었다. 원래는 여성용 보조제로 개발된 제품이었으나

---

10 「胃病을 韋廉士紅色補丸으로 治得홈」,《매일신보》, 1915.5.23.
11 「梅窓 去根 神藥 麝香消瘡丹」,《매일신보》, 1913.5.7.
12 「平南 德川郡 金雲菴은 謹上ᄒᆞᄂᆞ이다」,《매일신보》, 1913.5.15.
13 두 명칭은 혼용되는 경우가 잦았으며 보통은 저본의 표기를 따르는 것이 일반적이었다. 다만 1910년대 초반에는 위렴사대의생홍색보환(韋廉士大醫生紅色補丸) 쪽이 우세를 보였지만 1910년대 중반 이후에는 조금씩 '대의생'이 빠진 위렴사홍색보환(韋廉士紅色補丸)의 비중이 높아졌으며, 이후에는 후자 쪽이 지배적으로 사용되기에 이른다. 이 글에서는 핑크필스로 통칭한다.

1905년 미국 내에서 그 효과에 대해 의문과 비판이 제기됨에 따라 판로를 아시아로 돌리게 되었으며, 1908년부터 상해에 설립한 지사를 중심으로 판매를 개시했다. 핑크필스는 본래의 역할인 여성용 보조제로서뿐만 아니라 거의 모든 질병에 대응 가능한 만병통치약처럼 광고되면서 20세기 초 중국에서 가장 많이 팔리는 매약 가운데 하나가 되었다.[14]

핑크필스가 국내에서 판매되기 시작한 시점은 명확하지는 않으나, 최초의 광고가 1911년 12월 1일에 등장한 것을 보아서는 대략 1911년 전후를 기점으로 유입된 것으로 추정된다. 최초의 광고는 중국 상해에 거주하는 '앨버토 코스타'라는 사람의 폐로증(肺癆症) 치유담으로, 본인의 초상화와 더불어 그가 보내온 감사장의 내용을 전재(轉載)한 뒤에 핑크필스가 청혈(清血) 작용을 통해 신선한 피를 만들어 냄으로써 각종 병증을 치료해 주는 것이라는 설명[15]을 덧붙이는 방식으로 구성되었다.

핑크필스의 광고는 중국에서 사용하던 것을 그대로 번역해서 쓰는 경우가 많았다. 중국 각처는 물론이러니와 때로는 미얀마[緬甸][16], 스리랑카

---

14   Emily Baum, "Health by the Bottle: The Dr. Williams' Medicine Company and the Commodification of Well-Being in Liangyou", Paul G. Pickowicz, Kuiyi Shen and Yingjin Zhang Etd., *Liangyou: Kaleidoscopic Modernity and the Shanghai Global Metropolis*, 1926-1945, Boston: Leiden, 2013, pp.70-73.

15   "무릇 폐부와 기타 혈관이 맑은 피를 통해 양분을 얻나니, 선홍색의 피는 생기의 근본이라. 그러므로 이 위렴사대의생홍색보환은 피를 맑게 하고 보충하며 자양하는 유일무이한 영약이라. 세계에 코스타씨와 같은 병을 앓는 이들을 치료한 것이 수천에 달하며, 기타 다른 질병도 치료한 바를 아래 간략히 제시함". 「一獵作病床」, 《매일신보》, 1911.12.1.

16   「緬甸에 居ᄒᆞᄂᆞᆫ 一紳士 클네이氏가*」, 《매일신보》, 1911.12.23.

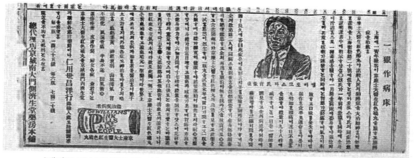

'앨버토 코스타' 씨의 핑크필스 감사장 광고 - 《매일신보》 1911년 12월 1일 자

[錫蘭島][17], 말레이[馬來][18] 지역에 거주하는 환자의 감사장이 그대로 번역되어 《매일신보》 지면에 게재되었다. 이런 형태는 1910년대 전반기까지 지속되다가 1914년에는 처음으로 조선인이 주인공인 치유담도 소개되었다.[19] 다만 앞서 언급된 중국 광고도 그러하려니와, 조선인이 보냈다는 이 감사장의 경우에도 작성자가 실제로 존재하는 사람인지의 여부가 확인되지 않는다.

이러한 광고에서는 보통 감사장을 보낸 사람의 거주지와 성명 및 직업 등을 밝히는 것이 일반적이었지만, 적잖은 경우 해당 직장이나 직함이 실재하지 않거나, 혹은 실재하더라도 해당자가 재직했는지의 여부가 확인되지 않았다. 물론 당대의 관점에서는 이를 독자가 일일이 추적할 수도 없었을뿐더러, 그래야 할 이유도 없었다. 누군가 신문에 감사장을 보냈고

---

17 「韋廉士大醫生紅色補丸으로 一晚境致死된 風濕骨痛과*」, 《매일신보》, 1912.1.20.
18 「一婦勸朋其 韋廉士大醫生紅色補丸 眞婦科之良藥」, 《매일신보》, 1912.2.17.
19 「五年間을 患苦ㅎ던 風濕骨痛을 韋廉士紅色補丸으로 治得홈」, 《매일신보》, 1914.12.13.

이를 실어 주었다는 사실 자체가 중요했으며, 무엇보다도 이와 같은 감사장이 여러 사람으로부터 답지(遝至)한다는 점이 핵심이었다. 감사장 광고가 형성되는 맥락은 그러했다.

1912년 8월부터 1914년 6월까지의 잠시간의 휴지기를 제외한다면 핑크필스는 1910년대 내내 감사장 광고를 지속했다. 짧게는 3~4일, 길게는 7~10일 간격으로 게재되었으며, 동일한 치유담을 3~4회 반복한 뒤에는 다른 감사장의 치유담으로 옮겨 가는 방식이었다. 동시기에 다른 매약들이 여러 형태의 광고를 시도했던 것과 달리 핑크필스는 오로지 감사장 광고만을 고집했다. 이는 물론 중국에서 활용되던 광고를 번역만 해서 그대로 가져오는 과정에서 벌어진 현상이기는 했지만, 다른 한편으로는 그만큼 감사장 광고가 적잖은 효과가 있다는 사실을 방증하는 것이기도 했다. 강한인(姜漢仁)의 증언에 따르면 이른바 '복용담' 형식의 광고를 전면에 내세운 평화당의 '백보환'은 지방 사람들에게 상당한 양이 판매된 것으로 알려져 있다.[20] 1930년대까지도 이러한 감사장 광고는 적잖은 구매력을 확보했던 만큼, 1910년대 《매일신보》의 감사장 광고는 당대의 환자에게 소구하는 바가 뚜렷했다. 전문가의 보증이나 과학적인 실험을 통한 검증으로 약효가 입증되었음을 주장하는 것 이상으로, "이 약을 먹고 병을 고쳤다."는 환자발(發) 치유담의 중첩은 선병자의의 세계관에서는 적잖은 영향력을 확보할 수 있었다.

20   신인섭 · 서범석, 『한국광고사』, 도서출판 나남, 1998, 194쪽.

2) 감사장 광고의 확대-국내 매약상들의 광고 도입

핑크필스가 시작한 감사장 광고는 1913년 무렵을 기점으로 다른 매약 상들도 채택하기 시작했다. 1910년대 초반만 하더라도 감사장 광고를 지속적으로 게재한 것은 핑크필스가 거의 유일했다. 그러나 1914년 중반을 지나면서 다른 매약상들도 감사장 광고를 시도했으며, 나아가서는 핑크 필스의 그것보다도 더욱 정교한 형태의 감사장을 만들어 내기도 했다.

태양조경환(胎養調經丸)이나 자양환(滋陽丸)으로 알려진 화평당약방(和平堂藥房)이 이에 해당하는 대표적인 사례다. 이들 감사장 광고는 실감을 살리기 위해서 광고장을 보낸 주체에 따라 언어를 다르게 구사하거나[21] 환자가 보내온 감사장을 그대로 등사(謄寫)했다고 주장하면서 서장(書狀) 의 외형을 본떠 광고로 게재하는 방식도 택했다.[22]

게다가 초창기의 감사장 광고는 보통 편지의 문구를 옮겨 적으면서 발송인의 이름을 밝히는 데 그치거나 혹은 당사자의 삽화를 그려 넣는 정도 였지만, 1914~1915년 무렵에 이르면 유명 인사의 이름과 더불어 사진을 게재하면서 감사장의 유효성을 증명하는 데 힘을 쏟게 되었다. 자양환 광고에 등장한 천일여관(天日旅館) 사장 김병우(金炳禹)[23]나 핑크필스 광고

---

21   예컨대 여성이 보낸 감사장은 한글로, 남성이 보낸 감사장은 한문 혼용으로 재현하는 식이었다. 「평북 강계군 농임면 전상리 리쇼ㅅ*」,《매일신보》, 1913.5.8.

22   "우측 엽서는 순전히 등본한 것임을 여러분도 잘 아시려니와 이를 널리 퍼뜨리오니 혹 들어보지 못했거나 알지 못했던 분들은 다른 이들이 직접 경험하여 감사의 뜻을 칭했다는 점을 신용하시고 태양조경환을 복용해보시오." 「忠北 永同郡 內南丁里 李義然*」,《매일신보》, 1913.8.6.

23   「咸興郡 有志紳士가 靈藥 滋陽丸으로 見效흔 證書」,《매일신보》, 1915.6.19.

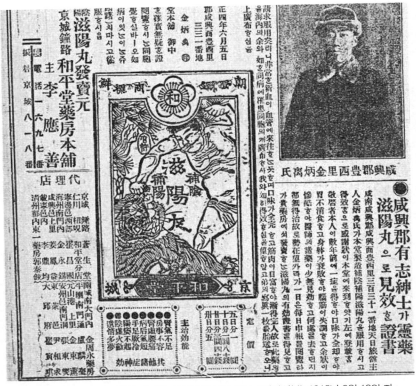

천일여관 김병우의 사진을 게재한 자양환 감사장 광고. 《매일신보》 1915년 6월 19일 자

에서의 사업가 방규환(方奎煥)[24], 태양조경환 광고에 등장한 이병무 자작의 부인 송춘자(宋春子)[25] 등이 대표적이었다. 이들의 복약 경험이 사실인지의 여부는 알 수 없겠으나, 적어도 신문지상에 이름이 오르내릴 만큼의 유명인들이 그 실명은 물론 사진까지 내건 상태로 자신의 치유담을 공유

24   「胃病을 韋廉士紅色補丸으로 治得홈」, 《매일신보》, 1915.5.23.
25   「病苦 呻吟 喜蘇成孕」, 《매일신보》, 1915.4.27.

했다는 점에서는 이만큼의 호소력을 지닌 '선병자'도 없었다.

이러한 감사장 광고는 보통 정체가 불분명한 증상이나 혹은 정체를 파악했더라도 대응책이 마땅치 않은 난치병에 대응하는 매약에 적용되는 것이 보통이었다. 인단(仁丹)이나 위활(胃活)과 같이 일상적인 증상에 대응하는 제품 또는 치약[齒磨]이나 안약, 금계랍(金鷄蠟, Quinine)처럼 적용되는 질병의 정체와 치료법이 비교적 뚜렷한 제품의 경우에는 감사장을 전면에 내세우는 경우가 드물었다. 오히려 이들은 전문 의료인의 견해를 앞장세우는 광고 전략을 채택하곤 했다. 예컨대 라이온치약(ライオン齒磨)의 경우에는 감사장보다는 치과 전문의들의 구강위생 관련 기고문을 전면에 내세우면서 이에 대응하는 가장 효과적인 매약으로서 자사의 제품을 거론하는 방식의 광고[26]를 냈다.

반면 자양강장제나 임신을 위한 부인용 매약처럼 기전이 불분명한 경우에는 감사장 광고가 흔히 동원되고는 했다. 상술한 핑크필스의 경우에도 최초의 광고에서 언급한 폐로증은 물론이려니와 원인 불명의 쇠약증[27], 나아가서는 기허(氣虛)에서 비롯되는 난임[28]까지도 단번에 고쳤다는

---

26 기고문 형태의 광고는 보통 제품명이나 CI 등을 노출시키지 않고 전문 의료인의 기고라는 형태를 유지하면서 마지막에 특정 제품을 가장 효과적인 대응책으로 제시하는 식이었다. 예컨대 《매일신보》1915년 10월 12일자 기사에서는 치과의사 스기모토 준(杉本潤)이 유치(乳齒) 관리의 중요성이라는 주제를 다루면서 기고문의 마지막에 "소아에게도 적절한 치약으로 … 요즘 각 상점에서 판매하는 치약은 많으나 품질로 보든 위생상으로 보든 라이온 치약보다 나은 것이 없다"라고 쓰는 방식이었다.

27 「七十二歲之祖母와 七歲之孫女가 同法으로 元氣를 回復홈」,《매일신보》, 1912.4.10.

28 「弄璋之慶」,《매일신보》, 1911.12.10.

치유담이 주를 이루곤 했다. 20세기 초만 하더라도 서양의학이 두각을 드러내는 지점은 외과 수술이나 천연두 등 몇몇 전염병에 국한되어 있었고, 그 외의 내과적 질환이나 신경계, 면역계 등의 치료에서는 여전히 한의학이 민중의 신뢰를 받는 형편이었다.[29] 매약 광고의 관점에서 보더라도 근대 의학의 관점에서 약의 효능을 설명하는 것만으로는 구매력을 획득하기 힘든 경우가 적지 않았고, 특히 근대 의학으로도 대응이 마땅치 않은 병일수록 그런 경향은 강했다. 의학적인 접근이 명료하지 않은 분야일수록 선병자의 감사장과 같은 전통적인 방식의 치유 서사가 주는 영향력은 더 클 터였다.

화류병은 그 대표적인 사례에 해당했다. 매독이나 임질은 그 위험성이나 유해함에 대해서는 익히 알려져 있었고, 특히 매독에 대해서는 망국병(亡國病)이라는 별칭까지 통용될 정도였다. 그러나 그 대응책은 명확하지 않았다. 후술하겠지만 당시 신약으로 소개된 606호 주사도 그 적용 대상이나 효과는 제한적이었던 데다가 약의 효과 자체와는 별개로 몇몇 외적 요인으로 인해 보급 또한 더딘 형편이었다. 이런 상황에서 특정 매약을 복용함으로써 '단번에' 병을 고쳤다는 치유담은 같은 병을 앓는 환자들에게 충분히 구매력을 발휘할 수 있는 광고 수단이었다.

말하자면 이러한 광고를 통해 형성되는 매약이란 곧 고전 서사 속 치유담에서의 명의(名醫)나 신약(神藥), 즉 '이인(異人) 모티프'와 같은 존재였

---

29   박지현, 「일제시기 의생의 양방 치료에 대한 식민권력의 인식과 대응」, 『진단학보』 139, 진단학회, 2022.12, 99-101쪽.

다.[30] 어떤 진단이나 처방으로도 다년간 고칠 수 없었던 병을 단번에 고치는 특정한 매약의 존재란 신령(神靈)이나 신물(神物)을 대체하는 존재였으며, 특정 매약에 대한 감사장이 많다는 것은 곧 이러한 이적에 가까운 치유담이 다수의 구전에 의해 견고해진다는 것을 뜻했다.

3. 1910년대 화류병 매약의 두 축, 도락구상회와 구세약관

1) 도락구상회와 구세약관의 등장

1910년대 중반 화류병과 관련된 매약은 여러 종류였지만, 그중에서도 《매일신보》 광고 지면에서 가장 빈번하게 노출되었던 것은 일본인이 경영한 도락구상회(ドラック商會)와 구세약관(救世藥館)의 상품들이었다. 도락구상회는 오사카에 본점을 둔 매약상으로 남대문 통에 만주·조선(滿鮮) 지역 본부를 두었다. 구세약관은 경성 남대문 통을 중심으로 매약을 제조하고 판매하였다.[31] 전자의 경우에는 임질이나 매독과 같은 성병에

---

30 허연실, 앞의 논문, 78-79쪽.

31 구세약관의 광고에서는 점주를 추론할 만한 정보가 거의 드러나지 않는다. 다만 쇼와8년(1933)에 발행된 『대일본실업상공록(大日本実業商工緣)』에 따르면 구세약관의 점주는 오오츠카 타츠사부로(大塚辰三郎)로 되어 있으며, 다이쇼15년(1926)의 『商工資産信用録』에도 오오츠카는 경성 남대문통에서 매약업에 종사하는 것으로 기록되어 있다. 그가 일본에서 별도의 상업활동에 종사한 기록이 나오지 않는 것으로 봐서는 조선에서 매약 제조 및 판매업에 종사한 일본인이었던 것으로 보인다. 商業興信所 編, 『商工資産信用録』, 大阪: 商業興信所, 1926, 607面.; 大日本実業商工会 編纂, 『大日本実業商工録 - 昭和8年 朝鮮満洲版』, 大阪: 大日本実業商工会, 1933, 62面.

특화된 매약상임을 강조한 반면[32] 후자 쪽은 성병은 물론이려니와 부인병 대응약인 '여신(如神)'이나 구충약인 '구충산(驅虫散)', 나아가서는 화장수(化粧水)의 일종인 '미안액(美顔液)' 등 다양한 상품을 광고, 판매했다.

이 두 회사의 매약 광고는 특정 상품을 내세우기보다는 자사의 우수성을 광고하는 과정에서 제품을 같이 거론하는 식이었다. 앞서 언급한 세창양행의 핑크필스나 화평당의 자양환 등이 자사의 제품명을 전면에 내세웠던 것과 달리 이들은 제품 자체보다는 자사의 존재를 홍보하는 데 집중했다. 도락구상회는 아예 별도의 제품명 없이 '매독 전문 치료약'이라는 술어만 채택했으며, 구세약관은 매독근치환(梅毒根治丸)이나 치림약(治痲藥)처럼 직설에 가까운 제품명을 채택하기는 했으나 여타의 매약 광고처럼 상표를 활용한 독자적인 도안을 제시하는 등의 아이덴티티를 부각시키는 일에는 소극적이었다.[33]

이들이 강조한 것은 근대 의학 체계 내에서 자사의 제품이 얼마나 확고

---

32 1913년《매일신보》의 광고성 기사에서는 화류병뿐만 아니라 장위병(腸胃病)이나 자궁병을 고치는 약도 특별히 제조하여 판매한다는 점을 홍보했지만, 광고에서는 화류병 전문 약방임을 강조했으며 다른 약에 대해서는 거의 광고를 하지 않았다. 해당 기사에서는 "조선인 병자를 많이 구제할 목적으로 조선인 남녀 병자에게는 값을 특별히 싸게" 한다고 하여 조선인 대상의 판촉 효과를 노리기도 했다. 「着手生春의 靈藥」,《매일신보》, 1913. 9. 17.

33 이는 1900년대 후반부터 조선 등지에서 판매를 시작했던 생약 성분의 매독약인 '도쿠메츠(毒滅)'의 광고와 비교해보아도 뚜렷하게 드러난다. 도쿠메츠 광고는 당시 유명했던 독일의 재상 비스마르크의 초상을 활용하여 상표로 썼으며, 이러한 광고 전략은 도쿠메츠의 발매인인 모리시타 히로시(森下博)를 '일본의 광고왕'으로 불리게 했을 만큼 효과적이었다. 최규진,『이 약 한번 잡숴봐 - 식민지 약 광고와 신체정치』, 서해문집, 2021, 212쪽.

감사장이 허위임을 발견하는 자에게는 천 엔을 주겠다는 구세약관의 광고.
《매일신보》1915년 2월 14일 자

한 검증을 획득했느냐의 문제였다. 구세약관은 독일의 의약학자나 제약
회사의 이름과 제품을 빌려서 자사 매약의 성분을 검증하고 홍보하려 했
고, 도락구상회는 일본 내의 여러 제국대학병원에서 자사의 제품을 채택
했다는 점이나 내무성 위생검사소의 시험을 통해 그 약효를 검증받았다
는 점을 적극적으로 내세웠다.[34] 약효가 없으면 약값을 반환하겠다든가,

---

34 "요즘 세계의 의학 및 약학상 제일 유효함이 확인되어 도쿄, 교토, 큐슈 제국의과대

약효에 대한 반론을 제기할 수 있다면 그 검사료 조로 100원을 주겠다는[35] 장담까지도 곁들였다.

두 매약상 광고의 가장 큰 차이는 '감사장'이었다. 초창기에는 두 매약상 모두 감사장에 대해서는 구체적인 언급을 하지 않았으나, 구세약관은 1915년 초부터 감사장 광고를 내면서 "이 감사장이 위조로 만들어졌음을 증명하는 사람에게는 천 엔을 주겠다."[36]는 문구를 표제로 내세우기 시작했다. 화류병 매약에 대해서는 '충남 서산군 시장 환자 모'라는 식으로 거주지만 밝혔으며, 화장품인 미안액(美顔液)의 경우에는 실명까지 드러내는 방식을 채택했다. 아무래도 화류병의 특성상 환자의 구체적인 신분을 밝히기 어려웠기 때문이었겠지만, 다른 한편으로는 실제 이러한 감사장이 존재하는지의 여부에 대한 의심을 불러일으키기에도 충분했다. 후술하겠지만 도락구상회 역시 이런 점을 근거로 구세약관의 감사장 광고를 비난하기도 했다.

구세약관의 감사장 광고는 다른 매약의 경우에 비하면 문자로만 구성된 데다가 사연 역시 비교적 소략한 편에 속했다. 상술한 핑크필스나 자양환 등의 감사장 광고가 투고자의 상세한 사연은 물론이려니와 그의 거주지·실명과 삽화 또는 사진까지 동원해 가면서 '실감'을 부여하려고 애썼던 점과 비교되는 지점이다. 그 대신 천편일률적인 치유담에 그치기보

학병원 등에서 탁월한 효력이 있다는 찬사를 들으며 처방하는 중인데 (…)". 「花柳病 梅毒 痲病 患者 諸君 見落치 마시오」, 《매일신보》, 1914.10.28.

35 「沃溝郡 羅浦面 外崑里 李珪澤」, 《매일신보》, 1915.2.17.

36 「下에 揭載흔 患者 禮狀이 僞物된 事를 發見흐는 者에 金 千円 進呈」, 《매일신보》, 1915.2.14.

152 ┃ 인문학으로 비추어보는 의료 발전의 이면

다는 추가 구매를 요청하거나, 병후의 허약증에 대응하기 위한 자양강장
제의 추천을 요구하는 등 다양한 목소리를 담아 내는 방식으로 차별화를
꾀했다. 짧은 감사장에서 편지 특유의 인사말을 노출시킨 점도 다른 감사
장 광고와는 차이를 보이는 부분이었다.

2) 두 매약상의 대립과 감사장 광고에 대한 비판

두 매약상은 화류병 전문 매약이라는 지점에서 필연적으로 대립할 수
밖에 없었다. 물론 화평당의 사향소창단이나 아라이약방이 수입하던 도
쿠메쓰와 같은 다른 매약들도 있기는 했으나, 1910년대 중반을 기점으로
《매일신보》에서 가장 눈에 띄는 활약을 보여준 것은 상술한 두 매약상이
다.

도락구상회는 구세약관의 광고를 겨냥한 듯한 비난성 광고를 자주 게
재했다. 상술했듯이 구세약관은 자사 제품의 효능을 강조하기 위해 독
일의 머크(Merck)나 바이엘(Bayer)사(社)가 개발한 신약을 주제(主劑)로
한다[37]는 식의 주장을 펼쳤는데, 이를 두고 도락구상회 측에서는 광고 지
면을 빌려 '비국민적 행위'라고 강렬하게 비난했다. 해당 광고는《매일신
보》의 1915년 신년 특대호 중 16면 전체를 차지했다. 주지하다시피 1915
년은 제1차 세계대전이 한창일 때였으며, 개전 초기 일본은 영일동맹에

---

37 《매일신보》1914년 10월 17일자 광고에서는 자사의 임질약인 치림약(治痳藥)에 대
해서는 "이 약은 독일 (메루구) 회사의 전매특허약인 (쓰메노-루)를 기초로 삼아 조
제한 것"이라고 하였으며, 부인용 좌약인 여신(如神)은 "독일 (메루구) 회사와 (바이
에루) 회사 전매특허의 두 영약으로 만든 최신식 좌약"이라고 홍보했다.

기초하여 독일에 선전포고를 하고 당시 독일의 조차지였던 칭따오를 공략하여 점령했다. 도락구상회의 광고는 최근 일본 의학계가 획득한 다양한 성과를 언급하면서 이제는 일본의 의학이 독일의 의학을 충분히 따라잡았다고 주장하는 동시에, 이런 상황임에도 불구하고 '적국'인 독일의 의학자나 의약품을 전면에 내세워서 판매하는 것을 지적했다.[38]

감사장 광고 역시 비난의 대상이 되었다. 도락구상회는 환자의 명예를 존중[39]한다는 이유로 감사장 광고를 하지 않을 것임을 여러 차례 선언했는데, 나중에는 다른 매약상의 광고 사례를 직접적으로 거론하면서 그 문제점을 적나라하게 지적하기도 했다.

> (…) 혹은 친척이나 약을 파는 영업 대리인 등과 상의하여 감사장을 작성 후 송부케 하여 그 감사장을 진짜인 것처럼 발표할 뿐만 아니라, 여러 수단과 방법을 생각해 세상을 속이려는 것이다. 이들 중에는 이미 당국에서 벌을 받은 자도 있다는 사실은 이전에 우리 상회의 기관신문 《경보(警報)》에서 그들의 이름을 게재하여 상세히 보도한 일도 있으니, 독자 제군은 잘 알 것

---

38 "이렇게까지 진보한 의학자를 가진 우리 일선(日鮮) 국민이 무엇 때문에 인류의 적국인 독일로부터 효력이 거의 없는 약품을 수입하고, 이를 바탕으로 불완전하고 효과가 거의 없는 값싼 불량약을 제조하여 판매하는 것이 아니면 약을 발매조차 하지 못하는 일부 약방, 즉 비국민적인 상인들의 마음가짐은 참으로 이해할 수 없음이라". 「花柳病(림질 미독) 患者 諸君에 警告 흠」,《매일신보》, 1915.1.1.

39 "(감사장을) 영리의 수단으로 사용하는 것은 환자 여러분의 명예를 존중하는 도리에 어긋나는 것이라 생각하고". 「림질 미독 患者 諸君은 漏見치 마시읍」,《매일신보》, 1915.2.4.

이다.[40]

감사장을 거짓으로 꾸며 내기 위해 존재하지 않는 사람을 만들어 내거나 혹은 실재하는 사람을 매수해서 그들의 명의로 가짜 감사장을 만들어 낸다는 것이 도락구상회 측의 주장이었다. 실제로 당시 감사장 중에서는 당사자의 정체를 명확하게 밝히기 힘든 경우도 많았고, 유명인을 동원하여 사진까지 게재하면서 감사장을 싣더라도 과연 그것이 실재하는 경험인지에 대해서는 의문의 여지가 적지 않았다. 21세기 현재의 관점에서도 연예인을 등장시킨 의약품 광고가 곧 해당 광고 모델의 치유 경험과 등치되는 것은 아니다. 물론 오늘날에는 이를 명확하게 구분해서 인식하고 있지만, 당시만 해도 이 차이를 명확하게 드러내는 광고는 없었다.

당시 감사장 광고를 실은 것이 구세약관 하나만은 아니었으며 구세약관 광고의 경우에는 환자의 거주 지역만 밝혔을 뿐 구체적인 신상을 드러내지는 않았으므로 여기서 언급된 처벌 사례가 구세약관을 겨냥한 것이라고 판단하기는 어렵다.[41] 그러나 같은 시기 감사장 광고를 가장 적극적으로 활용한 것이 구세약관임을 감안한다면 이러한 비난으로부터 자유롭지 않다는 점만큼은 분명하다. 설령 도락구상회가 언급한 처벌 사례가 일본에서의 일일지라도, 《매일신보》에도 그대로 소개된 이상 이를 접한 독자는 같은 시기 활발하게 감사장 광고를 게재하던 구세약관을 자연스럽

---

40   「無效 返金 百圓 進呈」, 《매일신보》, 1915.8.20.
41   자사의 광고에 따르면 도락구상회는 당시 오사카에서 모 매약상과 법정 다툼을 벌인 끝에 승소한 것으로 추정된다. 주지하다시피 구세약관은 조선에서 활동하던 일본인 매약상이었으므로 이 소송의 당사자는 아니었을 것이다.

게 떠올릴 터였다.

물론 이런 감사장 광고가 정말 허위였는지를 판단하기는 쉽지 않다. 이미 1912년 조선총독부에서는 「경찰범처벌규칙」을 통해 과대·허위 광고에 대한 처벌 내용을 규정하고 이에 대한 단속을 시도한 바 있지만[42] 같은 시기 《매일신보》에 게재된 약 광고 가운데 이러한 규정에 의해서 처벌된 사례에 대한 기록은 쉽게 발견되지 않는다. 게다가 상술한 것처럼 실재하는 유명 인사들이 등장한 경우도 있었던지라 구체적인 제보가 없는 한 이를 밝히기는 더욱 어려웠을 것으로 보인다. 과장·허위 광고에 속지 말라는 당부는 어느 매약상이든 클리셰처럼 사용하고 있었지만, 이 과정에서 감사장 광고를 직접 지목한 것은 도락구상회뿐이었다.

구세약관은 역시 이러한 비난에도 불구하고 감사장 광고를 멈추지 않았다. 도락구상회의 비난을 의식한 결과인지는 알 수 없으나 '아무것도 모르고 서투른 무법자가 (…) 각종 비방과 허황된 말로 당점(當店)이 흥왕하여 가는 것을 시기하여 협잡적 행위로 지저귀'[43]고 있음을 언급하면서 오히려 감사장 광고를 더욱 확대했다. 1915년 9월 14일 자 광고에서는 한 면 전체를 감사장으로 채우는 극단적인 방식을 채택하기조차 했다.

감사장 광고를 비난한 도락구상회마저도 감사장 광고의 유혹을 피하지는 못했던 듯하다. 여전히 환자들의 명예를 지키기 위함이라는 명분으로 감사장 자체를 직접 노출시키는 것은 피했지만, 상술했듯이 자신들에게도 감사장이 산처럼 쌓일 만큼 답지한다는 점을 반복해서 강조했다. 심지

---

42   고병철, 앞의 논문, 297쪽.
43   「注意」, 《매일신보》, 1915.9.2.

어는 1915년 10월 9일 자 광고에서는 '매일같이 산처럼 쌓이는 주문서와 감사장'이라는 제호하에 책상 위에 쌓인 편지 더미를 사진으로 찍어서 게재했을 정도였다. 환자의 명예를 존중하기 때문에 감사장 내용을 공개하거나 혹은 감사장을 거짓으로 꾸며내어 허위로 광고하지 않겠다고 하였지만, 감사장 자체가 지닌 호소력에 대해서는 도락구상회 역시 인식하고 있었다는 뜻이다.

이처럼 감사장 광고는 당대 매약 광고가 채택한 이중 구조를 지탱하는 하나의 축이었다. 근대 의과학의 발달을 바탕으로 실험을 통해 약효를 검증받았다는 이야기와 더불어 '만병의 영약'과 같은 전통적인 내레이션이 동시에 등장한 이중 서사의 구조[44] 속에서 감사장은 후자의 영역과 밀접하게 맞닿은 것이었다. '선병자'들의 치유담이란 보혈(補血)이나 기의 순환과 같은 전통적인 질병관을 담지하게 마련이었고, 매약 광고는 이러한 감사장의 담론에 호응하여 기존의 의료 체계에 대한 의존도가 높은 소비층에게 호소하는 전략을 채택했다. 이는 약효를 검증하는 과학의 술어를 만병통치나 운권청천(雲卷靑天)[45]와 같은 전통적인 술어로 덧씌움으로써 선병자의의 관념을 좇아 근대 의학의 산물로 병을 고친다는 기묘한 흐름을 만들어 냈다.

---

44   김경리 · 김선희 · 박삼헌 · 이영섭, 『한국인, 근대적 건강을 상상하다』, 소명출판, 2021, 160쪽.

45   직역하면 '구름이 걷히고 맑은 하늘이 드러나다'는 뜻이나, 실제로는 오래 앓던 질병이 즉시 낫게 되는 것을 표현하는 술어다. 이인직의 〈은세계〉에서 본평댁이 치유되는 순간을 가리켜 "첩첩한 구름 속에 묻혔던 맑은 달 나오듯이 본 정신이 돌아오는데 운권청천이라"고 서술한 바 있으며, 이는 당대 매약 광고의 감사장에서도 자주 등장하는 표현이었다. 이인직, 「은세계」, 『한국신소설대계』 1, 을유문화사, 1968, 465쪽.

하지만 이러한 감사장 광고는 동시에 당시 영역을 확대하고 있던 근대적인 의학 담론과 모순을 일으키는 지점도 내포하고 있었다. 의사와 같은 전문가의 진단과 치료에 의존하는 것이 아니라 환자 개개인의 치유 서사에 근거하는 방식이란 다분히 서사 주체의 주관에 의한 왜곡을 피하기 힘들었던 까닭이다. 감사장에서 언급되는 치유, 즉 '운권청천'의 맥락이란 철저하게 환자 자신의 경험에 의거한 것이었으므로 설령 감사장의 주체가 완인(完人)을 자처하더라도 그게 의학적인 관점에서의 완치(完治)와 등치된다는 보장은 없었다. 오히려 기전이 복잡하고 만성적으로 진행되는 질병일수록 환자 자신의 감각과 일치하지 않는 형태로 악화될 우려마저 있었다.

이를 명확하게 드러낸 것이 바로 화류병을 둘러싼 감사장 광고였다. 매독이나 임질의 기전은 환자가 느끼는 증상의 흐름과 완전히 일치하지 않았던 터에, 환자는 질병의 진행 과정에서 발생하는 일시적인 증상의 호전을 약효에 따른 완치로 오인할 우려가 충분했다.

4. 감사장을 바탕으로 한 선병자의 담론과 근대 의료의 굴절

1) 화류병에 대한 인식의 변주와 선병자의 담론 비판

1910년대에는 이미 매독이 두려움의 대상일지언정 미지의 존재는 아니었다. 감염 경로나 병의 진행 등에 대한 지식은 이미 보급된 상태였다. 1915년에 열린 총독부 시정 5주년 기념 공진회의 제2호관 위생부 전시에서는 질병을 일으키는 여러 병원체들의 현미경 사진과 더불어 그 기전을 설명하거나,[46] 도락구상회의 광고에서 매독의 병원체를 촬영한 현미경 사진을 게재한 것 등을 보더라도 매독에 대한 지식 자체는 비교적 널리 보급된 편이었다.

다만 이에 효과적으로 대응할 만한 방책이 부족했다. 페니실린과 같은 항생물질이 발견되기 전까지는 매독에 대한 근본적인 치료가 어려웠으며, 이는 독멸(毒滅)이나 독소환(毒消丸)과 같은 생약 성분의 매독약들이 꾸준한 인기를 누리게 된 이유이기도 했다.[47] 신약으로 광고되었던 606호 주사약은 말기 환자에 대해서는 효과가 신통치 않았던 데다가 숙달된 전문 의료인이 아니면 시술이 어렵다는 문제가 있었다. 이는 대응 가능한 의료기관이 한정적이라는 문제와 더불어, 환자가 직접 병원을 찾아와야만 한다는 점에서 한계가 뚜렷했다. 화류병 환자들이 자신의 병을 숨기고 싶어 한다는 지적은 곳곳에서 언급된 바려니와, 대중교통이 불비한 상황에서 정해진 진료 시간에 맞춰 병원을 찾는 일도 간단치는 않았다. 애초에 병원 보급률도 낮은 상황이었지만,[48] 자신의 병을 노출시키기를 원치 않는 화류병 환자의 입장에서는 병원을 방문하여 치료를 받는 일은 여러 모로 장해가 많았다.

반면 약의 경우에는 상황이 다소 달랐다. 약방은 이미 18세기 중후반에 약령시가 개설되고, 약계의 등장과 확산 등을 바탕으로 성장하였기에 환

---

46 「大共進會(二七) - 五, 第二號館, 第十一部 衛生(一)」,《매일신보》, 1915.10.14.

47 김영수, 앞의 논문, 181쪽.

48 1940년 기준으로도 인구 천 명당 의사 수는 0.13명으로 대만의 1/3, 일본의 1/9 수준에 불과했다. 박윤재, 「조선총독부의 지방 의료정책과 의료 소비」, 『역사문제연구』 21, 역사문제연구소, 2009.4, 171쪽.

자가 약을 구하지 못하는 어려움은 그다지 겪지 않아도 되었다.[49] 게다가 매약의 경우에는 의사의 진단과 처방이 없어도 구매가 가능했으며,[50] 이 점을 활용하여 매약을 우편으로 판매하기도 했으므로 접근성은 더욱 좋았다. 구세약관의 감사장 내용 중에서도 매약으로 효과를 본 환자가 추가로 우편 주문을 하거나[51] 한 사람이 매약을 주문해서 받은 뒤에 주변의 여러 사람과 함께 복용했다[52]는 등의 사실이 확인된다.

이런 방식은 노출을 꺼리는 화류병 환자나 외부와의 접촉을 원치 않는 부인[53]들에게 매력적이었다. 전문적인 의료인에게 직접 진단과 치료를 받아야 한다는 주장[54]은 정론이지만, 당대의 여건과 사람들의 인식은 이를 따라가지 쉽지 않았다. 익숙하지 않은 의료에 대한 심리적 부담도 그러

49   양정필,「한말-일제 초 근대적 약업 환경과 한약업자의 대응 - '매약'제조업자의 등장과 성장을 중심으로」,『의사학』15-2, 2006.12, 대한의사학회, 192쪽.

50   박윤재,『일제의 의료정책과 조선 지배』, 동북아역사재단, 2023, 97쪽.

51   "예방을 위해서 오늘 진체저금(振替貯金)으로 이전에 주문했던 치림약(治痳藥) 하나를 추가 주문하오니 속히 보내주시기를 바라압."「淋疾 患者 梅毒 患者之福音」,《매일신보》, 1915.9.14.

52   "지난번 보내주신 약을 복용한 즉 매독에서 쾌차한 사람이 3인이오니 그야말로 신술(神述)의 양약이라." 같은 기사.

53   "원래 부인은 습관상의 문제로 자궁병에 대해서는 외부인이나 의사에게 병을 거론하기 꺼리는 것이라. 그러나 그 부부 사이에도 꺼릴 것이야 무엇이 있으리오. 남편 된 이는 어찌 가만히 이를 두고볼 것인가 급히 본 약방으로 통지하시면 자택에서도 완전히 치료하여 아이 낳는 목적을 이루리로다."「子女를 生産홈에ᄂ 胎養調經丸이 必要ᄒ오」,《매일신보》, 1913.5.11.

54   "마지막으로 매독 환자들에게 특별히 주의할 말은 돌팔이 의원의 치료 방법이라 (…) 우리 조선도 의사규칙이 발포되었으니 이와 같은 돌팔이는 사회에서도 용납하지 못하려니와, 일반 사회에도 위생 사상이 널리 미치기를 희망하는 바이라." 오상현, 앞의 기사.

하려니와, 설령 이를 극복하고 전문 의료인의 진단을 구하려 해도 여건이 충분치 못했으니 말이다. 이런 사람들에게 매약은 병을 다스리는 데 효과적인 대안으로 간주되었다.[55]

이러한 상황에서 선병자의의 관념에 기초한 치유담의 중첩은 매약에 대한 대중의 신뢰를 얻는 데 적잖은 역할을 했다. 장기간 병으로 고통받던 환자가 그 어떤 처방이나 치료로도 효험을 보지 못하다가 누군가의 추천으로 특정 매약을 복용한 결과 병을 씻은 듯이 고쳤다는 것이 감사장 광고의 치유담이 내비치는 전형적인 서사다. 황해도 해주에 거주하는 모 씨의 감사장에 적힌 사연 또한 마찬가지였다.

소생이 매독에 걸린 지 일 년 동안 여러 가지 약제를 다수 복용하였으나 조금도 차도가 없어서 매우 심한 고통을 겪고 있었는데, 귀 회사에서 제조한 매독근치환(梅毒根治丸)을 복용한 이후로 점차 차도가 있어, 3주간 연속 복용한 후 확실히 치료되어 다시 건강한 몸을 되찾았습니다. 실로 세계 최고의 좋은 약임을 확신하며, 이에 대해 매우 깊이 감사드려 이렇게 아룁니다.[56]

그런데 이런 치유담은 따지고 보면 매독의 잠복기로 인해 발생하는 일시적인 증상의 호전에 불과했다. 상술했듯이 매독에 대한 효과적인 치료제가 개발된 것은 항생물질 발견 이후였기에 어떤 형태의 의약품이든 이

---

55   최규진, 앞의 책, 65쪽.
56   「下에 揭載흔 患者 禮狀이*」,《매일신보》, 1915. 3. 31.

미 만성화된 매독을 완치한다는 것은 어려운 일이었다. 하지만 환자의 감각은 매약을 복용하고 증상이 호전되었으니 이것이 곧 약의 효과라고 오인하기 쉬웠다. 만일 이전에 606호 주사와 같은 다른 형태의 진료를 받았던 환자라면 그 감각은 더욱 부각될 터였다.

이런 사실은 장기무(張基茂)의 기고문에서도 명확하게 드러나 있다. 《매일신보》 1915년 3월 11일과 12일 이틀 간에 걸쳐 게재된 〈화류병(花柳病)은 여하(如何)흔 해독(害毒)이 유호(有乎)아〉에서 장기무는 자신이 다년간 화류병에 대한 연구를 수행하였으며, 이를 바탕으로 매독을 비롯한 여러 화류병에 대한 정확한 지식을 전하고자 한다면서 그 취지를 밝힌다. 그에 따르면 매독은 최초 감염 후 하감창(下疳瘡)이나 인후통, 두통 등을 앓다가 몇 개월이 지나면 자연히 낫거나 혹은 약을 복용하여 즉효를 보기도 하지만, 이는 치료된 것이 아니라 '창병 감염의 제2기에 생기는 증상으로 이렇게 된 뒤에는 (…) 골수와 내장과 뇌수와 척수에까지 각종 병이 천태만상으로 생기'는 지경에 이른다고 설명한다. 초창기에 잘 치료만 하면 충분히 다스릴 수 있음에도 이 과정에서 적절한 시기를 놓쳐서 말기에 이르는 환자가 많다는 것이었다.

장기무가 이 글에서 선병자의의 풍토를 비판한 것도 이런 까닭이었다. 서양의학을 수련한 그의 관점에서는 병이란 숙련된 의사의 진단을 통해서 확인할 수 있는 것이며, 그에 대응하는 처방 역시 의사를 통해서 신중하게 이루어져야만 하는 성격의 것이었다. 그런데 선병자의에 근거하여 환자들끼리 약에 대한 정보를 교환하면서 이를 토대로 자의적인 진료와 복약을 행하는 것은 오히려 병을 악화시킬 우려가 컸다. 당시 환자들 가운데 상당수는 자신의 병을 장기간 관리한다는 관념을 이해하지 못했고,

의사에 의한 복잡하고 지리한 진단과 처방보다는 '단번에' 병을 낫게 해 준다는 특효약을 선호하면서 이를 입증할 만한 타인의 경험담에 더 의존 하는 경향이 강했다. 장기무는 이에 대해서 "의사의 권한을 침해한다."고 평가하면서 강도 높게 비판했던 것이다.

사실 이러한 비판이 나온 데에는 장기무 자신 또한 매독을 다년간 연구 했으며 이에 대한 대응책으로 606호 주사 요법을 사용하던 의사였다는 점 도 감안할 필요가 있다. 물론 장기무는 매약이나 대형 약방과 대립되는 관 계에 놓인 사람이라고 보기는 힘들었다. 대형 약방들이 진찰소를 설치하 고 근대 의학을 수련한 의사들을 고용하는 일은 드물지 않았으며,[57] 장기무 역시 제생당의 청심보명단에 대한 유효증명(有效證明)에 참여하거나[58] 제생 당(濟生堂) 및 성인당(聖仁堂)의 부속 진료소에서 진료를 맡은 바가 있기 때 문이다.[59] 얼마 후부터는 아예 '장기무진료소(張基茂診療所)'라는 이름으로 바꾸어 신문에 광고를 게재했는데, 이때부터 이미 성병 전문 진료를 내걸 었다. 1911년 《매일신보》에 606호 주사약의 발견 과정과 그 효능을 소개하 는 기고문에서도 이미 그는 '화류병 의사'라고 소개되었을 정도였다.[60]

---

57   박윤재, 「한말 일제 초 대형 약방의 신약 발매와 한약의 변화」, 『역사와현실』 90, 한 국역사연구회, 2013.10, 248쪽.

58   「제생당대약방」, 《대한민보》, 1909.9.24., 위의 논문 248쪽에서 재인용.

59   장기무는 1909년 6월 '제생당약방부속장기무진찰소'라는 명칭으로 진료를 했으며, 1910년 6월에는 성인당약방으로 자리를 옮긴다. 여기서 언급한 기고문에서도 장기 무의 소속을 "聖仁堂 治療部長"이라 소개하고 있다. 이흥기, 「19세기 말 20세기 초 의약업의 변화와 개업의: 洋藥局과 藥房付屬診療所의 浮沈」, 『의사학』 19-2, 대한의 사학회, 2010.12, 359쪽.

60   장기무, 「瘡病 新藥 六〇六號에 對ᄒ야」, 《매일신보》, 1911.4.6.

또 희귀한 것은 여간 화류장에서 놀아서 의술이 무엇인지 창병이란 것이 무엇인지 자세히 알지도 못하고 여간 이상스러운 부스럼을 보면 곧 창병임을 단번에 잘 알아보는 지식이 있는 것처럼 서슴지 않고 창병이라 하여 스스로 말하되, 한 제만 피우든지 먹으면 단번에 신기한 효험이 있을 뿐 아니라 아주 영영 단근(斷根)한다고 백방으로 달래어 선병자의(先病者醫)란 무식한 말로 가만히 의권(醫權)을 침해하는 풍습은 아주 알 수 없는 일이다.(1915.3.12.)

장기무는 매약 자체의 효능을 부정하는 쪽은 아니었다. 그보다는 매약이 소비되는 방식, 그리고 이 과정에서 나타나는 잘못된 복용 행태에 주목했다. 매약은 오늘날의 관점에서 본다면 일반의약품 또는 가정상비약에 가까운 것으로 의료기관이 부족했던 당시 간이한 의료 보조로서 활용되어야 했지만[61] 실상은 전문 의료기관과 동등한 수준의 '대안'으로 간주되는 경우조차 적지 않았다. 그리고 이런 오도된 시각을 이끌어 낸 기반이 바로 '선병자의라는 무식한 말'이었다는 것이다.

2) 감사장 광고의 자기모순 - 의료 담론의 이중 구조

장기무 등이 지적하고 경계했던 바는 당대의 매약상들에게도 낯선 것이 아니었다. 오히려 이들은 장기무와 같은 의사들의 전문적인 견해를 적극적으로 채용하여 자신들의 광고 재료로 삼기도 했다. 앞서 라이온 치약

---

61   박윤재, 앞의 책, 97-98쪽.

이 치과의들의 기고문을 바탕으로 광고를 형성했던 것처럼, 화류병을 다루던 매약상들 역시 근대 의학의 지식과 담론을 적극적으로 자사 제품의 광고에 채용했다.

1915년 상반기부터 구세약관은 〈구세약관 위생담(衛生談)〉이라는 제목으로 일련의 건강 정보 관련 기사들을 내놓는다. 이 위생담 시리즈는 매독, 임질, 기생충, 피부병 등 다양한 질병을 다루면서 해당 질병의 의학적인 지식과 치료법 등을 설명했는데, 이미 기사의 제목에서도 드러나 있듯이 이는 자사 제품을 홍보하기 위한 광고성 기사였다.

〈구세약관 위생담〉은 당시 기준으로 볼 때 병에 대해 비교적 상세하고 정확한 정보를 전달하려고 애쓴 흔적이 엿보인다. 가장 먼저 다룬 것은 매독이었는데, 병의 증상과 진전에 따라 1기에서부터 4기까지의 단계가 있음을 설명한 뒤, 당시 존재한 총 여섯 가지의 치료법을 소개했다. 물론 이는 여섯 가지의 치료법에도 불구하고 낫지 않을 경우에는 자사의 제품인 매독근치환(梅毒根治丸)을 구매, 복용하도록 유도하기 위해서였다. 하지만 그 내용은 광고를 전제로 하지 않은 다른 형태의 정보성 기사들, 이를테면 상술한 장기무(張基茂)의 매독 관련 기고문의 그것과 거의 차이가 없었다.

> 제1기 매독 때에 충분히 완전한 치료를 하면 좋을 터이나, 대개 열에 아홉은 조금만 치료를 하여 국부(局部)의 창증이 낫게 되면 완치된 것으로 생각하고 항상 조심하지 아니하나 이것은 매독이 잠시 모양을 숨기고 있는 것으로 얼마 아니 되어 다시 신체의 어느 곳에던지 발생하는지라, 이것을 제2기

매독이라 함.[62]

그러나 구세약관이 나열한 감사장 광고에 드러나는 치유담은 이러한 〈구세약관 위생담〉의 소개와 모순되는 것들이었다. 감사장을 보낸 환자들의 경험은 대체로 짧게는 3~4개월, 길게는 1년가량 매독이나 임질을 앓으면서 이런저런 치료나 처방을 받았음에도 효과를 얻지 못하다가 해당 매약을 복용하자 곧 낫게 되었다는 서사로 구성된다. 그러나 주지하다시피 이는 병이 만성화되는 단계에서 나타나는 일시적인 증상 호전일 가능성이 높았으며, 이러한 지식은 당대에도 낯선 것이 아니었다. 위의 인용문에서도 초창기의 증상 호전을 완치로 착각하여 치료 시기를 놓치고 만성으로 접어드는 환자들이 적지 않음을 경계하고자 했다. 같은 시기에 감사장을 보낸 환자들 가운데 상당수가 이러한 '증상 완화'를 완치로 인식하는 경우가 적잖이 나타난다는 점을 감안하면, 감사장을 통해 형성되는 선병자의 담론이 지닌 함정은 더욱 뚜렷하게 드러나는 셈이었다.

구세약관도 이러한 모순을 전혀 인지하지 못했던 것은 아니었던 듯하다. 〈구세약관 위생담〉에서조차도 자사의 매약에 대하여 이와 같은 매독의 기전과 그 치료의 어려움에도 불구하고 각 의학 전문가의 처방을 이용하여 연구를 거듭한 결과로 약독(藥毒) 없이 매독을 치료할 수 있는 '비밀 료법'을 사용하여 발명했다고 부연했기 때문이다. 기존의 약제나 요법으로는 해결 불가능한 증상까지도 대응 가능하다는 식의 설명을 덧붙임으로써 자사의 매약은 이러한 기전으로부터 자유롭게 치료할 수 있다는, 제

---

62 「구세약관 위생담 - 매독의 해독과 그 요법」,《매일신보》, 1915.4.13.

임질균 및 매독균의 현미경 사진을 게재한 도락구상회 광고.《매일신보》1915년 7월 10일 자

품명에 채택한 수사마냥 '근치(根治)'가 가능한 신약이라는 식으로 이 지점을 봉합해 버렸다.

이는 도락구상회도 마찬가지였다. 자사의 화류병 매약이 지닌 효능은 실험을 통해 검증되었으며 이와 관련된 소송에서도 자신들이 승리했음을 광고 전면에 내세울 만큼 이를 강조했지만, 정작 그 '효능'의 정체가 무엇인지, 그리고 소송을 통해서 어떤 쟁점을 극복했는지에 대해서는 한 번도 구체적인 설명을 내놓은 적은 없었다. 감사장 광고를 채택하지 않았으나 감사장의 존재는 반복적으로 과시했으며, 자사의 비결(祕訣)이 법적으로도 그 효능을 검증받은 것이나 이를 구체적으로 설명하기에는 지면이 부족하다는 이유로 얼버무리는 것이 보통이었다.[63]

---

63 "요즘 세계의 의학상, 약학상 가장 탁월한 효력이 있다고 공인된, 즉 국가의 법률로써 그 효력을 명시하고 있는 확실히 유효한 것만 주약(主藥)으로 삼아 조제한 10여 종의 도락구 상회 제약으로 (…) 대개의 요법을 한정된 지면에서 다 설명할 수 있는 것도 아니요, 또 여러 질병 중에서는 전문적인 지식과 숙련된 기술을 가진 의료인[刀

화류병에 대한 의학적인 내용을 다룬다고 해도 장기무와 같은 의사의 관점과 구세약관이나 도락구상회와 같은 매약상의 입장은 사뭇 다른 것이었다. 전자가 선병자의와 같은 당대 환자들의 복약 습관을 비판하고 전문적인 의료인에 의한 처치를 강조하는 쪽이었다면, 후자는 오히려 의학적 대응의 한계를 노출시키면서 그 대안으로서의 매약을 부각시켰다. 그러하기에 이는 선병자의에 기초한 감사장 광고와도 공존할 수 있었다. 606호 주사를 비롯한 기존의 치료법들을 압도한다는 지점은 비밀 요법 또는 비전(祕傳)이라는 형태로 가리워져 있었으며, 그 원리를 직접 밝히는 대신 이를 대변해 주는 서사를 내세우는 것으로 대체했기 때문이다.

이러한 맥락에서는 의학의 존재란 감사장으로 인해 누적된 '소문'에 과학적 근거를 덧대어 주는 역할을 했을 뿐, 감사장이 담아 낸 치유담을 의학적으로 파훼하고 이들을 전문적인 의료기관에 의탁하도록 유도하지는 않았다. 최신의 의학으로도 손쉽게 대응하지 못하는 화류병의 특성은 이와 같은 기묘한 공존의 가능성을 열어 두고 있었으며, 항생물질과 같은 명확한 대안이 등장하지 않는 한 감사장을 중심으로 한 선병자의의 관념은 일정한 효력을 유지할 수밖에 없었다.

결국 감사장 광고는 동시대의 의학적 지식을 적극적으로 채용하면서도 다른 한편으로는 이러한 지식과 모순을 일으키는 전통적인 관념을 동시에 채택함으로써 기묘한 담론의 굴절을 형성했다. 이는 박래품이나 신기

主家]에게 도움을 받지 않으면 안되는 경우가 많으므로 환자 제군은 자신의 병증을 명시하여 직접 찾아오면 전치(全治)의 비결을 친절하게 설명하겠음". 「患者의 弱點에 乘ᄒᄂᆫ 挾雜的 賣藥房에 瞞著ᄒᆞ지 마시오」, 《매일신보》, 1915.10.5.

술에 대한 호기심과 더불어 두려움이 공존할 수밖에 없었던 당대 환자들의 심리를 대변하는 것이기도 했다. 부담스럽고 두려운 병원이나 의사에 의탁하는 대신 선병자의 경험에 기대어 비교적 쉽게 구입이 가능한 매약에 의존하는 방식으로 자신의 질병을 치유하려 한 이들의 심리는 감사장 광고와 같은 형태를 등장시키는 데 적잖은 영향을 끼쳤으며, 동시에 감사장 광고 역시 이러한 심리를 강화하고 해당 매약의 소비를 부추기는 데 일조했다.

5. 결론

1910년대 《매일신보》의 감사장 광고는 당대 환자들의 질병관을 단적으로 드러내는 지점이었다. 전문적인 의료기관보다 다른 환자의 치유담에 더욱 의존하려는 경향은 근대 의료의 보급이 부족했던 당대의 의료 환경과 더불어서 최신의 의료로도 다루기 힘든 화류병의 특성, 그리고 자신의 질병을 노출시키는 것을 꺼리는 환자의 태도 등으로 인하여 적잖은 영향력을 유지할 수 있었다. 그리고 매약 광고는 이러한 경향에 근거하여 여러 환자들의 치유담을 담은 감사장을 광고에 적극적으로 활용하였다.

물론 당대의 매약 광고는 속설이나 민간신앙에 기대는 기존의 의료 관습과는 명백하게 선을 긋고 있었으며, 근대 의학의 지식과 기술을 바탕으로 제품의 우수성을 널리 알리고자 했다. 그러나 동시에 속설이나 민간신앙에 의지한 관습적인 의료가 통용되었던 바탕, 즉 선병자의에 기초한 환자 상호 간 의뢰라는 측면에서는 전통적인 의료관에 상당 부분 의지하기도 했다. 심지어 이는 근대적인 의료 체계의 관점에서는 비판의 대상이었음에도 불구하고 매약 광고에서는 자사 제품의 효능을 부각시키고 이를 널리 알리는 데에 중요한 역할을 했다. 이러한 이중 서사 구조는 당대의 매약 광고를 구성하는 특성이었다.

감사장 광고는 이와 같은 이중 서사를 지탱하는 하나의 축이었다. 동병자(同病者)의 치유담이란 전문 의료인의 의료 행위 못지않은 신뢰를 지닌 것이었고, 신문이라는 매체를 통해 다수의 치유담이 중첩되는 상황이라면 그 영향력은 더욱 확대될 것이었다. '선병자의'로 대변되는 이러한 사고방식은 종종 당대의 서구식 의료와 모순되는 지점들을 낳고는 했지만, 매약 광고의 체계 내에서 이들은 본격적인 충돌을 빚지 않은 채 느슨한 연계를 취했다. 한의학 대 서양의학, 비과학성 대 과학성 혹은 근대성 대 전근대성의 비교가 일반인에게 확실하고 일관된 영향력을 행사하지 못했던 당시로서는[64] 오히려 이와 같은 이중 서사 구조가 매약의 구매력을 확보하는 더 유효한 방식이었던 것이다.

이러한 감사장 광고가 언제까지 지속되었는지는 명확하지 않다. 상술한 사례에서도 나타나듯이 잡지에서는 1930년대까지도 감사장 광고가 일정한 효력을 발휘하고 있었지만, 이미 1910년대 중반 무렵부터 의사를 비롯한 전문가를 전면에 내세운 방식의 광고 역시 등장하고 있었던 것을 보건대 감사장이 매약 광고의 핵심을 차지하던 시대는 그리 길지 않았을 것으로 추정된다. 소문을 중심으로 하는 광고의 방식이란 대중매체가 본격화되기 이전의 과도기적 산물로 보는 것이 적절할 것이다.

---

64   이꽃메, 「식민지시기 일반인의 한의학 인식과 의약 이용」, 『의사학』 15-2, 대한의사
      학회, 2006. 12, 235쪽.

그러나 감사장 광고가 지탱하고 있던 사고관, 즉 선병자의에 기초한 사유 체계는 오늘날까지도 변형된 형태로 적잖은 영향력을 행사하고 있다는 점에는 주의할 필요가 있겠다. SNS를 중심으로 한 바이럴 마케팅은 물론이려니와 각종 커뮤니티를 기반으로 활성화되어 있는 환자 사이의 정보 교환 시스템은 1910년대 신문에 나타난 감사장 광고의 그것과 비슷한 사고를 기반에 두고 있기 때문이다. 물론 감사장 광고가 곧 오늘날의 바이럴 마케팅으로 이어졌다는 식의 선형적인 이해는 무리가 있겠지만, 적어도 현재 한국의 의료 풍토를 구성하는 사람들의 의식 속에 자리 잡은 사고의 일단을 추적하는 데에는 감사장 광고가 시사하는 바가 적지 않다고 하겠다.

식품과 건강에 대한 근대 지식의 성립과 한계*

—20세기 미국에서의 영양학과 식이 지침의 변화

이동규

경희대학교 인문학연구원 HK+통합의료인문학연구단 HK연구교수

* 이 글은 이동규, 「식품과 건강: 20세기 미국에서의 영양학과 식이 지침을 중심으로」 (『세계 역사와 문화 연구』 71, 2024.6)를 바탕으로 수정, 보완하였으며 일부 내용은 Lee, Dongkue, "Behind the Protein Battle lines in the 1970s: Nutritional Turmoil in the Postwar World"(*Korean Journal of Medical History*, 33-2, 2024, 8)에서 번역하고 수정, 보완한 것임을 밝힌다.

1. 서론

　미국 뉴욕의 식료품 상점의 입구를 통과하면 가장 먼저 유제품 진열대를 만날 수 있다. 소비자들은 그곳에서 우유, 버터, 치즈를 포함한 여러 제품을 발견하게 된다. 그중 스마트 발란스(Smart Balance)사의 엑스트라 버진 올리브 오일로 만든 식물성 버터에는 붉은색 라벨과 함께 '건강한 콜레스테롤 수치를 위해서(Supports Healthy Cholesterol Levels)'라는 문구가 적혀 있다. 뉴욕 맨해튼 외곽 브롱크스에 있는 식료품 상점인 홀세일 클럽(Wholesale Club)에는 건강한 느낌을 주는 초록색 덮개를 사용하고, 옆면에는 올리브 잎과 열매가 그려져 있는 컨트리 크록(Country Crock)의 식물성 버터를 찾을 수 있다.[1] 어느 상점에서나 쉽게 찾을 수 있는 또 다른 유명 브랜드는 "버터가 아니라니 믿을 수 없어!(I Can't Believe It's Not Butter!)"라는 문구를 상품명으로 채용하고 있으며, 포장 용기에는 심장 건강과 관

1　클록카운티사의 제품은 성분표를 제공하지 않고 올리브유로 만들어졌다고 광고했으나, 카놀라 오일과 팜유를 섞어 만들어졌다는 사실로 인해 집단 소송의 대상이 되었다. Sarah Larson, "You've Been Served: One Lawyer's Mission to Find the Lies in What We Eat," *The New Yorker*, September 4, 2023.

런이 있다고 알려진 오메가3를 강화하고 인공감미료를 사용하지 않았다는 것을 강조하는 문구를 채용하고 있다. 이 제품들은 최근에 만들어진 것이 아니다. 이미 150년 전 유럽에서 버터의 대용품으로 만들어져 마가린(Margarine: 영어 발음으로는 마저린)으로 불리는 제품이다. 마가린은 팜유 등의 저가 식물성 기름에 경화제를 배합하고 색소와 향을 입힌 것이며, 여기에 포함된 포화 지방이 심장에 부정적인 영향을 준다는 이유로 한동안 소비자들의 장바구니에 담기지 않았다. 1990년대 이후 버터와 같은 유제품에 들어 있는 트랜스 지방의 영양학적 위험이 알려지면서 식품 회사들은 트랜스 지방을 기술적으로 제거할 수 있는 식물성 버터를 적극적으로 홍보하기 시작했다. 마가린은 건강을 개선하고 질병을 예방하는 데 식품의 영양학적 정보가 어떤 역할을 하는지, 좀 더 정확하게는 어떤 역할을 하는 것처럼 인식되는지를 예시하는 극적인 사례이다.

본 연구는 19세기 후반부터 20세기, 특히 1970년대 이전까지 미국을 중심으로 식품 · 영양 · 보건을 연결하는 식이 건강에 대한 역사적 전개와 변천을 탐구하여 영양학적 지식과 사회적 지식의 관계를 살펴본다. 영양(nutrition)과 식이 건강(dietary health)에 대한 담론은 근대 영양학에 기반한 과학적 지식이면서, 동시에 식품과 영양에 대한 담론과 경제적 이해 속에 있다는 점에서 사회적 지식이다. 그런 이유로 식이 건강에 대한 지침은 국가 혹은 사회가 관여하여 인간의 몸과 건강에 대한 가치를 담은 하나의 문화적 텍스트이다. 이러한 측면에서 샬럿 빌테코프(Charlotte Biltekoff)는 비판적 영양학 연구의 관점에서 세 가지를 지적한다. 먼저, 식이 지침은 역사적 식이 이상을 담고 있으며, 이는 사회적 이상을 반영하여 음식을 섭취하는 행위가 좋은 사람 나아가 좋은 시민의 덕목을 정의한다. 두 번째, 좋은 식생활을 위한 행위와 지침은 사회의 가치를 대변하는 각 사회의 평균적인 의식을 형성한다. 마지막으로 좋은 식습관의 문화적 사회적 중요성은 한 세기 동안 꾸준히 증가했으며 그 어느 때보다 더 널리 퍼져 있다. 즉, 식생활의 선택과 관련된 사회적 이해관계와 문화적 배경을 이해하는 것은, 식품에 관한 생의학적 지식과 특성을 이해하는 것을 넘어 비판적 영양학 연구(Critical Nutritional Studies)를 목표로 한다.[2] 20세기 영양학의 사회적 전개는 크게 영양 정보를 계량하는 단계, 좋은 영양소와 나쁜 영양소를 구분하는 단계, 그리고 기능성에 따라 영양소를 강화하는 단계로 나누어 볼 수 있다. 각 시기는 과학 지식의 형성을 주도하는 전문가, 국가의 안보와 이상을 대변하는 관료, 시장과 경제적 가치를 우선하는 기업이 영양학적 지식을 활용했다.

2. 근대 영양학의 성립

근대 과학과 기술의 결과물인 필수영양소, 칼로리, 비타민과 같은 영양 정보는 숫자로 표현된다. 근대 영양 정보는 식량을 생산하고, 요리를 만들고, 식품을 구매하는 사람들의 행동을 과학적인 수치로 설명한 것이다. 수치는 모호성을 피하고자 채택된 과학적인 언어이지만, 영양 정보를 전달하는 의사소통의 양측이 과학자와 대중인지, 정부와 시민인지, 혹은 기업과 소비자인지에 따라 서로 다른 사회적 맥락 속에서 기능하고 새로운

---

2   Charlotte Biltekoff, "Critical Nutrition Studies", *The Oxford Handbook of Food History*, London: Oxford University Press, 2012.

의미를 만든다. 즉, 영양 정보를 표시하는 수치는 인간이 무엇을 얼마나 섭취하는지를 설명하는 기능적 언어를 넘어, 행위와 관계를 설명하는 사회적 언어라는 점에서 근대 영양학은 식품·영양·건강에 관련된 '과학적 수사(rhetoric of science)'를 포함하고 있다.[3]

19세기 후반 유럽과 미국에서는 근대 영양학의 기초가 되는 과학적 발견이 이루어지면서 식품을 인식하는 새로운 기준이 등장했다.[4] 주목할 만한 점은 근대 영양학은 여타의 과학적 발견에 비해 시기적으로 뒤늦게 형성되었다는 것이다. 독일의 화학자 유스투스 폰 리비히(Justus von Liebig)는 단백질, 탄수화물, 지방을 필수 영양소로 개념화하여 영양학의 선구자로 알려져 있다. 그는 무기물질에 관한 연구를 수행했으며, 동물의 영양 및 생리에 관심을 가지고 영양학의 주요 개념 형성에 크게 기여했다. 이후 근대 영양학은 몇 번의 영양학적 발견을 통해 식품과 건강에 대한 과학적 패러다임을 만들었다. 첫 번째, '미국 영양학의 아버지'로 알려진 윌버 애트워터(Wilbur Atwater, 1844-1907)는 식품의 열량을 측정하는 열량(칼로리, calorie)이라는 개념을 통해 과학적 맥락과 사회적 함의 모두에서 식품의 가치를 이해하는 기점을 제공했다. 애트워터는 19세기에 확립된 독일 화학자들의 연구를 바탕으로 미국에서 생산되거나 가공되는 수천 건 이상의 식품이 지닌 화학 성분을 측정하여 수분, 단백질, 지방, 탄수화물,

---

3 Jessica J. Mudry, *Measured Meals: Nutrition in America*, Albany: State University of New York Press, 2009, pp. 1-2, 9.

4 Tom Scott-Smith, *On An Empty Stomach: Two Hundred Years of Hunger Relief*, Ithaca: Cornell University Press, 2020, Ch. 2.

무기질, 그리고 열량을 측정했다.[5] 그는 식품이 같은 열량을 지니고 있다면 같은 가치를 가진다고 평가하여, 식품의 가격이 영양소의 품질과 무관하다고 주장했다.[6]

1880년대 후반 애트워터는 미국 농무부(United States Department of Agriculture)의 출판물과 일련의 기사문을 통해 좋은 식단이 무엇인지를 알리고자 노력했다. 그는 가장 비싼 가격에 판매되거나, 맛이 좋은 이른바 고급 음식이 반드시 경제적이거나 건강에 좋은 것은 아니라는 것을 설득력 있게 설명했다. 이른바 도금 시대에 만연되어 있었던 과시적 소비에 따라 값비싼 음식을 사 먹으면서, 값싼 주거 공간에 거주하는 것은 '심대한 경제적 그리고 위생적 실수'라고 주장했다.[7] 그는 열량을 제공하는 영양 성분이 균형 잡힌 형태가 좋은 식단을 의미하며, 음식의 진정한 가치는 계량적인 의미로 얼마나 많은 열량을 포함할 수 있느냐에 있다고 보았다. 경제적 비용 대비 열량 효율을 고려하여 가격이 저렴한 종류의 육류·콩·밀가루 등을 추천했고, 열량 공급에 부적절한 과일이나 채소는 추천하지 않았다. 심지어 설탕을 콩·치즈·양고기에 비해 가성비(cost-

---

5   칼로리는 물 1그램의 온도를 1기압 하에서 1도 올리는 데 필요한 열량을 의미한다. Harvey Levenstein, *Revolution at the Table: The Transformation of the American Diet,* Berkelley, California: University of California Press, 1988; Gary Beecher, "Legacy of Wilbur O. Atwater: Human Nutrition Research Expansion at the USDA-Interagency Development of Food Composition Research", *The Journal of Nutrition* 139-1, 2009;

6   Harvey A. Levenstein, *Revolution at the Table;; Charlotte Biltekoff, Eating Right in America: The Cultural Politics of Food and Health*, Durham, 2013, pp. 15-16.

7   Wilbur O. Atwater, "Pecuniary Economy of Food: The Chemistry of Foods and Nutrition V", *The Century*, November 1887 to April 1888, p. 445.

efficient)가 높은 열량 공급원으로 꼽았다.[8] 당시 이민자와 노동자들의 식습관은 당시 개혁가들에게 큰 관심의 대상이었다. 애트워터의 실험과 칼로리 개념은 당대의 사회운동과 결합하여 미국의 북동부 도심에 밀집한 빈민과 이민자들의 노동력을 유지하기 위해 '효율적인' 식단을 최소한의 비용으로 제공하는 근거로 사용되었다.[9] 1880년대 사회운동가들은 열량을 중심으로 영양학적 지식을 그들의 활동에 적극적으로 사용했고, 제1차 세계대전이 끝날 무렵에는 이러한 영양학의 기초 지식이 대중들에게 광범위하게 알려져 있었다.[10]

20세기 초 비타민의 발견은 칼로리의 발견과 비견되는 중요한 영양학적 성과였다.[11] 18세기부터 과학자들은 레몬 혹은 라임과 같은 영양학적으로는 큰 의미가 없는 것 같았던 몇 가지 식품이 괴혈병·구루병·각기병과 같은 특정 질병에 효능을 보이고 있음을 인지했다. 각 식품이 지닌 치료 효과에 관해서 설명을 하지는 못했고, 질병의 이유를 영양 부족보다는 감염이나 전염으로 상정했다. 1911년 화학자 카지미르 풍크

---

8   Gyorgy Scrinis, Nutritionism: *The Science and Politics of Dietary Advice*, New York: Columbia University Press, pp. 123-124.

9   Naomi Aronson, "Social definitions of Entitlement: Food Needs, 1885-1920", *Media, Culture and Society* 4, 1982, pp. 321-33; Hillel Schwarts, *Never Satisfied: A Cultural History of Diet, Fantasies and Fat*, New York, 1986, p. 87; Dennis Roth, "America's Fascination with Nutrition", *Food Review* 23-1, 2000, pp. 32-37.

10   Levbenstein, *Revolution at the Table*, pp. 44-60.

11   Robyn Smith, "The Emergence of Vitamins as Bio-political Objects during World War I," *Studies in History and Philosophy of Biological and Biomedical Sciences* 40, 2009, pp. 179-189; Barbara Griggs, *The Food Factor: Why We Are What We Eat*, New York: Viking Adult, 1987. p. 36.

(Casimir Funk)가 미세 영양소를 가정하여 'vital'과 'amine'이란 단어를 사용하여 '비타민(vitamins)'이라는 용어를 만들었으며, 같은 해 엘머 맥컬럼(Elmer McCollum)이 예일 대학교 연구실에서 지용성(fat-soluble) 물질인 팩터 A(Factor A)를 버터 등에서 찾아냈고, 팩터 A가 부족하면 시력이나 성장에 영향을 준다는 사실을 밝혀냈다. 이후 수용성(water-soluble) 물질인 팩터 B(Factor B)가 각기병과 관련이 있음을 확인했다. 이후 이들의 명칭은 비타민 A와 B로 명명된다.[12]

비타민의 발견은 칼로리 패러다임을 벗어나 '더 새로운 영양(Newer Nutrition)'이라는 패러다임을 만들었다. 1920년대 초에 이르러 이와 관련된 영양학적 지식은 미국 중산층에 큰 영향을 주었다. 당시 기업화를 시도하고 있던 식품 회사들은 포도, 견과류 등의 식품과 그 가공품을 판매하는 데 비타민의 건강 효능을 내세웠다. 1941년 미국의 식품영양위원회(US Food and Nutrition Board)는 최초로 권장 식사 허용량(Recommended Dietary Allowances: RDAs)을 발간하면서 신체 기능을 적절하게 유지하고 질병을 예방하기 위해 6개의 비타민을 제시했다.[13] 공공의료 측면에서 비타민의 발견은 기존의 식품과 식단이 지닌 영양학적 가치를 재평가하는 계기가 되었으며, 식생활에서 영양 강화를 위한 국가 계획이나 상업적 노력이 가능한 공간을 만들었다.[14]

---

12 Scrinis, *Nutritionism,* pp. 128-129.
13 Jeffrey Backstrand, "The History and Future of Food Fortification in the United States: A Public Health Perspective", *Nutrition Reviews* 60-1, 2002, pp. 15-26.
14 1차 세계 대전 기간 식단의 변화를 다룬 연구 중 양홍석의 연구는 채식주의 운동에 주목하고 있다. 해당 연구에서는 영양학적 논의는 다루고 있지 않지만, 전쟁 기간 채

19세기 말과 20세기 초의 영양학적 지식은 식품에 대한 객관적 정보를 계량적인 방법으로 발견하고 확인하는 단계였다. 그러나 과학적 지식에 그치지 않고, 사회적으로 요구되는 이상과 가치와 결합했다.[15] 즉, 식품과 영양에 대한 지식은 실험실에서 발견되는 수치에 기반한 계량적 지식에서 시작했으나 점차 사회운동 혹은 국가의 정책과 결합하여 가정, 학교, 혹은 개인적인 만남에서 활용되는 지식으로 전용되었고, 사회적 환경과 조건 속에서 당위적으로 작동하며, 종종 이념적 성격을 띠기도 했다.[16]

3. 국가와 식습관

2022년 9월 28일 조 바이든(Joe Biden) 행정부는 '식품, 영양 및 보건에 관한 백악관 회의(White House Conference on Food, Nutrition, and Health)'에서 영양 관련 정책에 예산을 80억 달러 이상 투입하겠다고 발표했다. 코

식이 육식의 대체식으로 자리 잡은 방식을 보여준다. 양홍석,「1차 대전기 미국의 채식주의 운동과 국가의 역할」,『강원사학회』27, 2015.

15 1960년대와 1970년대 사회사의 일환으로 식품을 주제로 연구를 시작했으며, 최근에는 일군의 학자들이 문화적 의미를 탐구하면서 많은 학문적 성과를 내고 있다. 이들의 연구는 식품 자체에 관한 연구를 넘어 식품을 둘러싼 자본주의, 환경, 사회 불평등에 대한 비판적 시각들을 반영하고 있다. 가장 대표적인 연구는 다음을 참조. Jeffrey M. Plilcher, *The Oxford Handbook of Food History*, New York: Oxford University Press, 2012; Richard H. Steckel and Jerome C. Rose, ed. *The Backbone of History: Health and Nutrition in the Western Hemisphere*, Cambridge: Cambridge University Press, 2002; John Coveney, *Food, Morals and Meaning: The Pleasure and Anxiety of Eating*, New York: Routledge, 2006, pp. 17-18.

16 Coveney, *Food, Morals and Meaning*, pp. 13-14.

로나 바이러스(Covid-19) 유행이 멈추어 가던 시기에 개최된 백악관 회의 에서는 기업, 대학, 정부 기관의 대표자들이 바이든 행정부가 제시한 '기 아 종식과 건강한 지역사회 건설을 위한 도전'이라는 기치 속에서 공공 및 민간 부문에 적용될 식품 영양 정책 수립을 논의했다.[17] 2022년의 백악 관 회의는 20세기 식품과 영양을 둘러싼 역사적 맥락과 연결되어 있었다. 사실, 바이든 행정부의 백악관 회의는 식품과 영양에 대한 미국의 정책 에 오랜 기간 영향을 끼친 리차드 닉슨(Richard Nixon) 행정부의 1969년 '식 품, 영양 및 보건에 관한 백악관 회의(1969 White House Conference on Food, Nutrition, and Health)'와 같은 이름을 사용했다.[18] 닉슨 행정부는 1969년의 회의를 계기로 모유 수유 지원, 영유아 영양 프로그램, 푸드 스탬프(Food Stamps)로 알려진 보충 영양 지원 프로그램을 확대했다. 이에 앞서 제2차 세계대전 기간이었던 1941년 6월 26일부터 28일까지 루스벨트(Franklin D. Roosevelt) 대통령은 '안보를 위한 전국 영양 회의(National Nutrition Conference for Defense)'에서 전시 인력의 '적절한 영양 상태'를 안보 요건의 하나로 삼았다.[19] 이와 같이 20세기 후반의 미국 행정부는 개인의 영양 상

---

17 백악관 회의는 최저임금법과 영양 보조 프로그램의 연장을 위해 하원을 압박하기 위 한 목표를 가지고도 있었다. Fact Sheet, September 28, 2022, The White House, Fact Sheet, March 24, 2023, The White House; Ximena Bustillo, "Key Takeaways from Biden's Conference on Hunger and Nutrition in America", *NPR*, September 28, 2022.
18 닉슨 행정부는 "식품과 영양 문제에 대한 정책적 지형"을 바꾼 1969 회의를 통해 1,800개 이상의 권고안을 도출했고, 회의가 끝난 후 2년 만에 1,650건의 제안이 실 행에 옮겨졌다. 그 영향은 "50년 이상이 지난 현재까지도 지속"되고 있다. "The Lasting Influences of the 1969 White House Conference on Food, Nutrition, and Health", *Biocomplexity Institute*, March 31, 2020.
19 *Proceedings of the National Nutrition Conference for Defense*, Washington D.C.,

태 개선과 식이 건강에 적극적으로 관여해 왔다.

제2차 세계대전은 국가가 적극적으로 영양학적 지식을 활용하는 계기를 마련했다. '민주주의의 무기고'를 자처한 루스벨트 행정부는 제2차 세계대전에 참전하기 이전인 1940년부터 철강, 나일론, 주석, 면과 같은 원자재에 대한 가격통제와 함께 주요 식품에 대한 배급제를 실시했다.[20] 이미 1939년부터 시작된 영국의 식품 배급 계획에 영향을 받아 물가관리국(Office of Price Administration)을 설치하고 열 개의 주요 물품에 대한 배급제를 시행했다.[21] 또한, 전쟁이라는 특수한 상황에 대응하기 위해 식품 배급과 영양에 대해 정부 차원의 연구가 이루어졌다. 루스벨트 대통령은 폴 맥넛(Paul V. McNutt)에게 '국방에 영향을 미치는 모든 보건, 의료, 복지, 영양 및 관련 활동 분야의 조정자'로 연방 안보국을 책임지도록 했다. 동시

1941; "National Nutrition Conference for Defense", JAMA 116, 1941, pp. 2598-2599.

20 1940년 12월 29일 프랭클린 루스벨트는 라디오 연설을 통해 미국이 "민주주의의 무기고(Arsenal of Democracy)"가 되어 전쟁에 직접 참여하기보다 연합군에게 전쟁 물자를 제공할 것이라 밝혔다. 미국은 전쟁 물자 및 군수품을 지원하기 위해 몇 개 도시에 산업 생산을 집중하고, 시장과 물자 배급을 재편했다. Richard Polenberg, *War and Society: The United States, 1941-1945*, Philadelphia: Praeger, 1972, pp. 105-123.

21 고무 타이어, 설탕, 커피, 신발, 가솔린, 버터와 유지품, 통조림, 육류 등이 배급 대상이었다. 진주만 공습 이후 고무 수입원이 일본의 통제에 놓이게 되면서 고무 타이어가 가장 먼저 배급 대상이 되었고, 이후 설탕과 육류를 배급하였다. 미국의 배급 체계는 품목에 따라 기간이 달라지는데, 일례로 설탕은 1942년 5월부터 1947년 6월까지, 커피는 1942년 11월부터 1943년 7월까지, 육류는 1943년 3월부터 1945년 11월까지 지속되었다. 영국의 경우 전시 배급 체계는 1953년까지 일부 품목(설탕, 버터 등)을 대상으로 실시되었다. Harvey Mansfield, *Short History of OPA*, Washington D.C.: Generic, 1951, p. 13; Amy Bentley, *Eating for Victory: Food Rationing and the Politics of Domesticity*. Champaign, IL: University of Illinois Press, Ch. 1.

에 국립연구위원회(National Research Council: NRC)는 전시 식품 정책을 지원하기 위해 자문단을 구성하여 식품의 생화학적, 생리적 측면을 조사하는 식품영양위원회(Food and Nutrition Board: FNB)와 문화적 관점에서 식품 소비와 태도를 연구하는 식습관위원회(Committee on Food Habits: CFH)를 운영했다. 국립연구위원회 산하 생물학 및 농학 분과에 배속된 FNB는 미국인들의 건강을 위해 영양소가 얼마나 필요한지 연구하고, 비타민 D를 강화한 우유와 같은 '영양에 대한 최신 지식'에 기반하여 정량화된 식이 기준을 마련하기 위해 노력했다.[22] FNB의 자매 위원회 성격으로 인류학 및 심리학 분과에 배속된 CFH는 전시 배급 체계 속에서 과학적 지식에 따라 사람들이 식품을 선택하도록 유도하는 방법 즉 '식습관을 필요에 맞게 조정'하고 나아가 전시 미국인들의 건강을 위한 '효과적인 수단과 방법'을 연구했다.[23] CFH는 식습관 변화에 의한 사회적 영향을 탐구하기 위해 인류학, 심리학, 영양학, 사회학 연구자들로 구성되어 있었고 당시 인류학자로 명성을 얻고 있던 마거릿 미드(Margaret Mead, 1901-1978)도 그 일원이었다.[24]

22　Lydia Roberts, "Beginning of the Recommended Dietary Allowances", *Journal of the American Dietetic Association* 34-9, 1959, p. 33; Richard Osborn Cummings, *The American and His Food: A History of Food Habits in the United States*, Chicago, IL: The University of Chicago Press, 1941, pp. 223-224.

23　Carl E. Guthe, "History of the Committee on Food Habits" in *Committee on Food Habits, The Problem of Changing Food Habits: Report of Committee on Food Habit, 1941-1943, Bulletin of the National Research Council No. 108*, Washington D.C., 1943, pp. 9-19.

24　CFH는 전시에 여성이 활동할 수 있는 몇 안 되는 전문 기구 중 하나였다. 마거릿 미드 이외에 인류학자 호텐스 포우더메이커(Hortense Powdermaker), 루스 베네

1940년 11월 말 농무부 소속으로 연방 부서 간 영양조정위원회(Federal Interdepartmental Nutrition Coordinating Committee) 위원장이었던 윌슨(M. L. Wilson)은 국가 안보의 연장으로서 국민의 건강과 체력의 중요성을 강조했다. 전시 영양 부족으로 인구의 상당수가 고통을 받는 상황을 개선하기 위해서는 영양에 대한 과학적 지식에 더하여 식생활에 영향을 주는 사회문화적 요인에 대한 지식이 도움을 줄 것이라고 보았다.[25] 1941년 1월 초에 첫 번째 모임을 연 위원회는 정부 내외 전문가들로 구성되었으며 존 쿠퍼(John M. Cooper)가 위원회의 의장을 맡았다. 계획 단계에서는 국가의 식습관이 지닌 주요 약점과 결핍이 무엇이고 장단기 목표에 따라 개선해야 할 대상이 누구이며, 주요한 약점과 결핍의 원인은 무엇인지, 식습관이 좋지 못한 집단을 개선하기 위해 무엇을 해야 하는지, 식습관이 열악한 집단을 개선하기 위해 적합한 사람이 누구인지, 어떤 절차와 매개를 통해 해당 집단을 개선할 것인지와 같은 네 가지 문제의식이 반영되었다. 지역적으로는 동부 산업 지구에 집중된 저소득 비농업 집단, 동남부의 흑인 인구와 농가가 포함된 저소득 집단에 주목했으며, 또한 각 지역 내부에 존재하는 인종적, 문화적으로 고립된 집단을 주목했다. 마지막으로는 영양을 개선하는 데 주부와 어머니와 같은 여성의 역할에 주목했다.[26]

딕트(Ruth Benedict), 로다 메트럭스(Rhoda Metraux), 심리학자 패트리샤 우드워드(Patricia Woodward), 영양학자 메리 스웨니(Mary Sweeny), 루스 쏘레슨(Ruth Thoreson) 등이 포함되어 있었다. *Bentley, Eating for Victory*, pp. 25, 30-58.

25 Guthe, "History of the Committee on Food Habits", pp. 9-19.

26 전시 식품 배급 체계와 영양 개선에 있어서 여성의 역할을 주목한 연구는 다음을 참조. Chester W. Gregory, *Women in Defense Work during World War II*, New York, 1974; Karen Anderson, *Wartime Women: Sex Roles, Family Relations, and the Status*

CFH의 목표는 미국의 전체 인구를 대상으로 '적절한 수준의 식단'을 개발하고, '영양 지식과 식습관 개선에 대한 교육을 확산'하는 것이었다. 구체적으로 '영양에 대해 관심을 불러일으키고, 식단의 변화를 희망하도록 교육'하여, 이러한 '변화를 습관으로 정착시키고, 민속과 문화에 확고하게 확립'하고자 했다.[27] CFH는 사회공학과 진보에 대한 긍정적 확신에 기반하여 미국의 식품 소비 행태를 효과적으로 조정할 수 있다고 믿었다.[28] 이는 정부의 비상한 노력이 미국의 사회 개혁을 주도한 뉴딜 시대의 연장이기도 했다. 1941년 4월에 쿠퍼 위원장은 와병으로 사퇴했으며, 농무부의 렌시스 리커트(Rensis Likert)가 위원장 대행을 수행하여 5월과 6월 두 차례의 조사 결과를 발표했다. 취약 지역으로 꼽힌 남부 및 남동부 지역에 대한 지역 보고와 육류, 유제품 시장 조사, 유소년 식습관 조사 등이 포함되었다. 두 차례의 대규모 회의를 통해 식습관과 관련된 광범위한 수준의 정보를 취합하고 위원회 소속 연구자들 간의 교류를 진행했다. 또한, 국가 영양 계획에서 심리적, 사회문화적 요인을 충분히 고려할 것을 강조하면서 영양 문제의 개선이 '전국적인 범위로 일관되게 구상'되어야 한다고 언급했다.[29] 즉, CFH의 연구는 전국 단위의 다양한 식습관의 특성을 이해하고 이를 변화시키는 문화적인 힘을 통제하는 방법과 관련하여 해당 정

of Women during World War II, Westport, 1981; Bentley, Eating for Victory, Ch 2.

27 Guthe, "History of the Committee on Food Habits", pp. 9-19.

28 "Contribution of Cultural Anthropology to Nutrition by Margaret Mead," Macy/ WFMH Conference Nutritional and Food Habits, September 9-14, 1960, MMP, LOC, Box F74.

29 Guthe, "History of the Committee on Food Habits", pp. 9-19.

부 기관에 '과학적인 권고안(scientifically sound recommendation)'을 제시하는 것이었다. 그리고 이들의 활동에서 영양학적 정보는 과학적 지식을 넘어 사회문화적 의미까지 포괄했다.

1942년 12월부터는 당시 인류학자로 명망을 얻은 마거릿 미드가 사무국장으로 임명되면서, 자기 직장인 뉴욕자연사박물관을 휴직하고 워싱턴의 위원회 사무실에서 근무하게 된다. 미드는 평생에 걸쳐 인류학적 연구를 통해 발전시킨 문화적 다원주의와 개인의 존엄에 대한 신념을 유지했으며, 20세기 미국 사회의 여러 문제에 관해서도 같은 관점에서 비평했다. 명망 있는 인사로서 라디오와 텔레비전에 등장했고, 문화·인종·교육·환경 등 여러 방면에서 영향력 있는 목소리를 내며 미국 사회의 신념과 가치관을 대표했다. 여러 사회 문제에 관심이 있었던 미드는 제2차 세계대전 시기에 위원회 활동을 통해 식품과 영양에 관심을 가지게 되었다.[30] 미드를 비롯한 CFH의 연구자들은 전시 배급, 피난민의 긴급 식단 및 재활, 전후 복구에서 요구되는 영양학적 맥락을 이해하기 위해서는 행동과학이 필요하다고 생각했다. 특히 저개발 지역 혹은 낙후된 지역의 종족과 농민의 음식 패턴을 깊이 연구한 인류학자들은 '민주적 사회공학(democratic social engineering)' 혹은 '자발성(voluntary)'에 기반한 자유로운 선택으로 식습관의 변화가 가능하다고 보았다. 식품 부족 상황에서 시민들이 적절한 방식으로 영양 상태를 유지할 수 있는 연방 교육 프로그램을

---

30 Margaret Mead, "The Anthropologist's Point of View", *Paper for Conference on Malnutrition and Food Habits*, September 9-14, 1960, Cuernavaca, Mexico, Margaret Mead Papers and South Pacific Ethnographic Archive (이하 MMP), Library of Congress (이하 LOC), Box F74.

제시했으며, 정기적인 공개회의와 우편통신을 통해 연구 결과를 확산시켰다. 주요 식품의 고갈 상황에서 미국인들의 사기 진작과 연합국 전체에 대한 책임감을 강조했다. CFH의 연구 결과는 두 개의 회보(no. 108, 111)에 발표되었으며, 미드 또한 여러 글을 기고했고, 그중 「식습관의 요소(The Factor of Food Habits)」는 1943년 『미국 정치사회과학보(The Annals of the American Academy of Political and Social Science)』에 발표되었다.[31]

특히 마거릿 미드는 식습관을 개별 개인들의 선택이나 선호의 문제 혹은 식이 유형(dietary pattern)이 아니라 식품을 선택하고, 준비하고, 소비하는 전체 과정에서 결정되는 문화적 태도라고 설명했다. 즉, 계량화와 수치화와 같은 과학적 추상화가 아닌 미국 문화의 상대적 특수성에서 출발하여 식습관을 이해하며, 식단을 구성하는 구체적인 영양소에 대한 정보와 함께 특정 인구 집단이 식단을 어떤 관점에서 받아들이고 거부하는지에 대한 이해를 강조했다.[32] 식습관을 변화시키려 할 때 일일 허용량과 같은 영양학적 정보나 식량 공급의 경제성을 고려하는 것은 특정 개인이나 집단의 식단을 일시적으로 조정할 수는 있지만, 체계적인 태도 변화

---

31 "The Problem of Changing Food Habits", *Bulletin of the National Research Council* 108, 1943; "Manual for the Study of Food Habits: Report of the Committee on Food Habit," *Bulletin of the National Research Council* 111, 1945; "Letter from Frank Fremont-Smith to Margaret Mead", November 20, 1958; "Letter from Margaret Mead to J. R. Rees", September 2, 1959; "Letter from Margaret Mead to Frank Fremont-Smith", September 7, 1959, MMP, LOC, Box F74; Margaret Mead, "The Factor of Food Habits", *The Annals of the American Academy of Political and Social Science* 225, 1943, pp. 136-141.

32 Margaret Mead, "The Factor of Food Habits", *The Annals of the American Academy of Political and Social Science* 225, 1943, pp. 136-141.

를 가져오지는 않을 것이라 했다. 일부 예외를 제외하면 미국인의 식습관은 적어도 네 가지 형태로 설명되며, 이를 기반으로 식습관의 변화를 이끌 수 있다고 보았다. 첫 번째는 당위성에 기반한 '도덕적으로 설정된 변화(morally dictated changes)'이다. "고기를 덜 먹고 야채를 많이 먹어야 한다." 혹은 "우유를 많이 먹어야 한다."와 같이 오랜 시간에 걸쳐 도덕적으로 설정된 식습관의 변화를 의미한다. 두 번째는 '사회적으로 요청되는 변화(socially desirable change)'이며 이는 사회경제적 지위 변화로 인한 식습관을 의미하는데, 도시환경을 떠나 시골로 이주하거나 혹은 그 반대의 경우가 대규모로 발생할 때 영양학적 가치와는 전혀 관계없이 발생한다. 세 번째는 과학적 지식으로부터 비롯하여 식품의 처리와 운송을 조정하여 달성하는 '과학적으로 승인된 변화(scientifically sanctioned change)'이다. 이 경우 건전한 영양 지식에 기반함에도 여러 경우에는 진보와 과학적 계시를 가장한 식품이 유행하는 배경이 되기도 한다. 미드는 네 번째를 '강제된 변화(forced change)'로 구분했는데 이는 물리적 상황에 따른 변화, 지리적 위치, 농작물의 흉작, 운송 실패, 저장 시설의 부재 등으로 원하는 식품을 획득하지 못했을 때 발생한다. 혹은 개인·집단·국가의 경제적 조건이 급격히 변하면서 불가항력으로 선택하는 경우가 이에 포함되며, 임신·고령화·질병 등과 같은 개인의 신체 변화로도 발생한다. 일반적인 네 가지 이외에 전시 환경에서 발생하는 정부에 의한 식량 배급이 있을 수 있다. 미드의 목표는 식단에 대한 영양학적 지식만이 아닌 문화적 태도를 고려하여 식습관에 대한 인간 행동에 변화를 주는 것이었다. 이러한 식습관은 전후 '세계 질서'를 구축하는 '가장 강력하고 유연한 도구'가 될

것이라고 주장했다.[33]

　흥미롭게도 인류학과 영양학은 비슷한 시기에 과학적 학문으로 영역을 구축했다. 20세기 인류학은 인종 우월성을 전제로 한 19세기의 과학적 인종주의를 비판하고 문화 간의 상대적 가치를 중시하는 문화상대주의의 영향을 받았다. 그 중심에는 컬럼비아 대학교의 프란츠 보아스(Franz Boas, 1858-1942)와 그 제자인 루스 베네딕트(Ruth Benedict, 1887-1948), 알렉산더 라이튼(Alexander Leighton, 1908-2007), 제프리 고러(Geoffrey Gorer, 1905-1985) 그리고 마거릿 미드(Margaret Mead, 1901-1978)가 있었다. '보아시안(Boasian)'으로 알려진 이들은 각 문명군이 독자적인 문화를 가지고 있다는 전제를 인류학 연구에 적용했다.[34] 제2차 세계대전 기간에 이들은 정부 기관에서 전쟁 전략과 점령 정책에 관련된 연구에 참여하면서 현실 영역에 발을 들였다.[35] 보아스의 학생이었던 베네딕트는 보아스와 마찬가지로 당시 널리 퍼져 있던 과학적 인종주의에 대해서 적극적으로 반대했으며, 각 문화가 독자적이고 고유한 유형을 지니고 있음을 주장했다. 특히, 일본을 문화상대주의 관점에서 분석했고, 이 책에서 다룬 일본에 대한 인식은 이후 미국의 아시아에 대한 시각에 큰 영향을 끼쳤다.[36] 그러나 문화

33　Mead, "The Factor of Food Habits".

34　Lewis Perry, *Intellectual Life in America*, Chicago, IL: University of Chicago Press, 1984, pp. 319-324.

35　John Dower, *War without Mercy: Race and Power in the Pacific War*, New York: Pantheon, 1986, pp. 119-120.

36　반인종주의, 문화상대주의라는 학문적 출발점에도 불구하고 베네딕트의 인식은 일본 문화에 대한 인종주의적 결론에서 벗어나지 못한다. 즉, 오리엔탈리스트나 인종주의자들과는 다른 형태의 논리지만 결국은 같은 결론에 도달하고 있다. 베네딕트

상대주의 입장에 선 이들의 작업은 한 사회 내에서 통합적인 문화 유형을 전제로 하므로 역사적 변화나 지역적 차이, 혹은 계층적 갈등이 누락되는 한계가 있다.[37]

한편, 제2차 세계대전 이후 국제사회는 영양 문제를 시급한 문제로 인식하게 되었고, 영양 개선 문제는 이제 막 임무를 시작한 유엔 산하 기구인 세계보건기구(WHO)와 식량농업기구(FAO)의 주요 목표가 되었다. 영국의 저명한 영양학자인 존 보이드 오어(John Boyd Orr, 1880-1971)는 FAO의 초대 사무총장이 되면서 '기아 종식과 저개발국 국민의 생활수준 향상'을 사명으로 내세웠다.[38] FAO의 영양 문제를 다루는 부서는 저개발국이 더 높은 기술 및 경제 수준에 도달하는 것을 목표로 설정했고, 새로운 세대의 영양 전문가를 모집했다. FAO는 '전 세계의 영양 수준을 높이고 모든 사람이 기아와 기근의 위험에서 벗어나 건강에 필수적인 식단을 확보

는 인종주의와 오리엔탈리즘에서 흔히 사용되는 여성성을 부여하는 방식으로 일본을 타자화하지 않는다. 베네딕트는 남성적이고 공적인 삶의 공간에 바탕을 둔 일본 사회 유형을 그리면서 서구 남성 문화의 특징인 민주주의와 자유가 빠진 남성성으로 일본의 남성을 진단했다. Mari Yoshihara, *Embracing the East: White Women and American Orientalism*, New York: Oxford University Press, 2003.

37 문화 상대주의가 가지고 있는 맹점과 관련하여 미드 역시 CFH 활동을 회고하면서 식습관 연구 역시 민주주의의 근간이 되는 선택의 자유와 근본적으로 상충할 수 있으며, 오히려 전체주의 사회에 맞는 시민을 양산할 수 있다는 우려를 제기했다. "The Problem of Changing Food Habits: Report of Committee on Food Habit, 1941-1943," *Bulletin of the National Research Council* 108, Washington D.C., 1943; Rebecca L. Spang, "The Cultural Habits of a Food Committee", Food and Foodway 2-1, 1987; William Graebner, "The Small Group and Democratic Social Engineering, 1900-1950", *Journal of Social Issues* 42-1, 1986.

38 John Boyd Orr, *As I Recall,* London: MacGibbon and Kee, 1966, 163.

할 수 있도록 하는 것'을 FAO의 주요 목표로 삼았다.[39] 또한, WHO는 개발도상국의 식품과 영양 개선에 초점을 맞춘 일련의 영양 프로그램을 시작했다.[40] 과학자들은 영양 결핍을 연구하면서 일반적으로 단백질 결핍을 '영양 및 의학에 알려진 가장 심각하고 광범위한 영양 장애'라고 강조하고 전 세계 단백질 부족을 해결하기 위해 첨단 기술을 도입해야 한다고 강조했다. 이제 영양 전문가는 '궁극적인 기아 문제의 해결사'가 되었다.[41]

1950년대에는 지난 수십, 수백 년 동안 널리 퍼져 있던 '세균 감염, 말라리아 및 기타 열대성 질병'이 통제되면서 '영양실조가 전 세계 저개발 지역의 주요 미해결 보건 문제로 부상'했다.[42] 유엔 관련 기관의 발전적인 아이디어에 따라 전 세계 단백질 부족 문제를 해결하기 위해 상당한 기술적 노력이 이루어졌다. FAO는 우유 보존, 가정경제, 고단백 식사의 세 가지 주요 영역에 집중했다. WHO는 저온살균 우유에 관한 기술 지침을 개발하기 위해 FAO와 협력했으며, 유니세프는 현지에서 확보할 수 있는 아동

39 Joint FAO/WHO Expert Committee on Nutrition, "Report on the First Session," Geneva, 24-28 October 1949, 4.

40 *The Health Aspects of Food and Nutrition: A Manual for Developing Countries in the Western Pacific Region of the World Health Organization*, Regional Office for the Western Pacific of the World Health Organization Manila, 1969.

41 Joshua Nalibow Ruxin, "Hunger, Science, and Politics: FAO, WHO, and Unicef Nutritional Policies, 1945-1979," Ph. D. Dissertation, University College London, 1996, p. 86.

42 World Federation for Mental Health and Josiah Macy, Jr., "An International Conference on the Psychological, Social and Cultural Barriers to Improved Nutrition," Margaret Mead Papers and the South Pacific Ethnographic Archives (hereafter MMP), Library of Congress (hereafter LOC), Box F74, Subject File, Conference on Malnutrition and Food Habit, 1960.

보호 식단에 관한 연구를 진행했다.[43] 세 기관의 영양 문제에 관한 파트너 십은 상당 기간 지속되었고, 인도네시아의 두유 시설 개발과 여러 국가의 어분 생산과 같은 사례로 이어졌다. 또한 FAO는 기술 지원 프로그램을 통해 개발도상국가에 기술적 도움을 제공했다.[44] 영양소를 분석하고 영양 결핍을 측정함으로써 기아를 해결할 수 있다는 가정하에 전시 영양 경험, 식단에 관한 실험실 연구 등을 통해 영양 전문가들이 배출되었다.[45] 의사 와 의료 전문가들은 이전에는 의학계에서 무시하던 영양학의 아이디어와 언어를 사용하여 기아를 영양 질환으로 인식하게 되었다.[46]

1950년대에 등장한 영양 프로그램에서는 세 가지 핵심적인 특징을 확 인할 수 있다. 첫째, 과학과 기술에 대한 신뢰를 통해 영양학자들이 합리 적이고 개선된 식단을 만들 수 있다는 신념을 가지고 있었다. 둘째, 자연 적인 식이 습관을 산업화된 방식으로 대체하여 자연을 통제함으로써 농 업의 예측 불가능성과 비합리성을 피하고자 했다. 셋째, 전문적인 계획에 집중하여 식단을 정확한 영양 공식으로 세분화하고 식품 제조의 모든 과

---

43   "Milk Pasteurization: Planning, Plant Operation and Control", Rome and Geneva, FAO and WHO, 1953; "Report of the Council of FAO", Seventeenth Session, 15-24 June 1953, Rome FAO, 1953.

44   "Report of the Council of FAO", Seventeenth Session, 15-24 June 1953, Rome FAO, 1953.

45   Jean A.S. Ritchie, *Teaching Better Nutrition: A Study of Approaches and Techniques*, Washington D.C.: FAO, 1950, pp. 143-144; Joshua Nalibow Ruxin, "The United Nations Protein Advisory Group in Food, Science, Policy, and Regulation in the Twentieth Century: International and Comparative Perspective", Smith SF. Phillips, ed., London: Routledge, 2000, p. 50.

46   Ruxin, "Hunger, Science, and Politics: FAO, WHO, and Unicef", p. 74.

정에 대한 통제력을 높였다. 이는 전후 발전 사상과 고도의 근대성(High Modernism)에 기반한 유엔의 첫 번째 '발전의 10년'의 지향점과 매우 흡사했다.[47]

4. 미국인을 위한 식이 지침

제2차 세계대전 이후 미국은 풍요의 시대를 맞았고 이는 농업 분야에서의 비약적인 성장을 견인했다. 막대한 농산물의 생산은 미국 정부가 식량을 배분하는 여러 방안을 고안하도록 했다. 잘 알려진 바대로 미국은 해외 원조에 막대한 양의 농산물을 이용했으며 국내에서는 영양 문제 개선에 관심을 쏟았다. 마거릿 미드는 수 세기 동안 만연한 '세균 감염, 말라리아 및 기타 열대성 질병이 통제되기 시작했고, 이제는 기아와 영양실조가 전 세계 저개발 지역에서 해결되지 않은 주요 건강 문제'로 부상했다고 지적했다.[48] 미국 혹은 세계 어느 곳이든 불평등이 존재하면, 이를 가리키는 가장 명시적인 지표는 각 지역의 사람들이 소비하는 식품 그리고 그 식품

---

47 고도의 근대성(Hight Modernism)은 국가를 매개로 근대적 과학과 진보에 대한 강력한 신념 체계를 의미하며 일부 연구에서는 번역 없이 하이 모더니즘으로 사용하거나 고도근대라는 용어를 사용한다. 본 연구에서는 유엔의 발전 사상을 자연을 통제하고 전문적인 계획을 수행하는 근대적 기획으로 설명하면서 고도의 근대성이라는 단어로 서술했다. Tom Scott-Smith, *On an Empty Stomach: Two Hundred Years of Hunger Relief*, Ithaca, NY: Cornell University Press, 2020, pp. 121-136.

48 World Federation for Mental Health and the Josiah Macy, Jr., "An International Conference on the Psychological, Social and Cultural Barriers to Improved Nutrition", MMP, LOC, Box F74, Subject File, Conference on Malnutrition and Food Habit, 1960.

이 지닌 영양 상태의 차이에서 드러났다.

　과거 영양학자들은 영양소를 본질적으로 좋은 것으로 이해했다. 그래서 건강을 증진하고, 결핍으로 인한 질환을 예방하기 위해 모든 영양소를 적절히 섭취하는 것을 목표로 했다. 영양학자들은 신체 성장과 건강 유지를 위해 적절한 양의 영양소를 섭취해야 한다고 주장했으나, 풍요의 시대를 살아가는 미국인들에게는 특정 식품이나 영양소의 과다 섭취가 우려되는 상황이었다. 1950년대 안셀 키즈(Ancel Keys)와 같은 영양학자들은 과다 영양에 대해 경고하기 시작했고, 포화 지방이나 콜레스테롤과 같은 특정 영양소가 부정적인 영향을 끼칠 수 있다는 점을 지적했다. 지방을 대신하여 탄수화물 특히 통곡물이나 채소와 같은 섬유질을 포함한 복합 탄수화물 식품을 추천했다. 20세기 초까지는 결핍을 피하기 위해 풍부한 영양 섭취가 권장되었고, 육류·계란·유제품이 권장 식단에서 중요한 위치에 있었지만, 이들 식품을 과다 섭취하는 것은 건강을 위협하는 요소였다.[49] 특히 고도로 발전된 식품 가공업에서 생산하는 제품에는 지방, 설탕, 소금이 다량으로 첨가되어 있었다.[50] 이리하여 1960년대에는 좋은 영양과 나쁜 영양의 구분이 중요해졌으며, 계량적으로 영양소를 인식하던 기존의 흐름에 대한 비판을 전제했다.

　영양에 대한 새로운 인식은 질병에 관한 관심이나 이해의 변화와 연결되어 있었다. 박테리아와 같은 단일 원인에 의한 감염성 질환과 달리 만

49　Scrinis, *Nutritionism*, p. 145.

50　Warren J. Belasco, *Appetite for Change: Now the Counterculture Took on the Food Industry*, New York, 2007.

성질환은 복합적인 원인에서 기인한다. 미국의 농무부(US Department of Agriculture: USDA)와 미국심장협회(The American Heart Association: AHA)와 같은 공식적 보건 기관들도 영양소를 계량하는 연구보다는 만성질환을 줄이기 위한 연구에 집중하면서, 식품과 보건, 영양과 건강에서 주도적인 역할을 했다. 영양학자들은 역학 정보를 이용하여 질병이 발생하는 위험과 요인을 분석하고 식단과의 인과관계를 추적했다. 역학 정보는 정량적 논의가 아닌 통계적 확률을 사용하여 영양소와 신체의 관계에 관심을 가진다. 특정 식품에 포함된 영양소의 과다가 문제가 된다는 사고는 식품을 섭취하는 것보다, 좋은 영양소와 나쁜 영양소를 구분하여 이에 따른 적절한 식습관이 필요하다는 점을 지적했다. 이에 따라 영양학이 공공 보건에서 더 중요한 위치를 차지하게 되었다.[51]

제2차 세계대전을 기점으로 미국과 영국에서는 식품과 영양에 관한 사회과학 연구가 진행되었으며, 이러한 성과와 논의는 전후 국제연합(United Nations) 산하의 식량농업기구(Food and Agricultural Organization: FAO), 유엔교육과학문화기구(United Nations Educational, Scientific and Cultural Organization: UNESCO), 세계보건기구(World Health Organization: WHO)를 비롯한 전문 기관에 구체적으로 영향을 끼쳤다. 예를 들어, FAO의 초대 사무총장 존 보이드 오어(John Boyd Orr)와 UNESCO의 초대 사무총장 줄리안 헉슬리(Julian Huxley)는 각각 영양학자와 생물학자이면서 식량과 영양 문제에 관심을 가진 인물들이었다. 1949년 FAO와 UNESCO는 '식량과 사람(Food and People)'이라는 공동 연구 사업을 진행하여 식량 문

---

51 Scrinis, *Nutritionism*, p. 146.

제에 대한 사회적 논의를 매우 현실적인 방식으로 다루었다. 공보 활동의 일환이었던 해당 사업은 명망 있는 작가들이 참여하여 대중들의 관심을 끌었으며, 앞서 등장한 마거릿 미드 역시 『가족의 식사(The Family's Food)』를 집필했다.[52] 당대의 주요 사상가들이 식량 문제에 대한 글을 다수 제공하면서 향후 식량과 영양 나아가 인구와 환경 문제에 대한 국제적인 논쟁에 참여했다. 사업의 내용은 소책자, 영화, 라디오 등을 이용하여 널리 알려졌다.[53]

이 시기의 영양학자들은 식품 영양에 관련된 과학적 지식은 대부분 알려졌다고 믿었다. 다만 어떤 방식으로 상황을 개선할 것인가의 문제가 남았을 뿐이었다. 특히 저발전 상태에 있었던 열대와 아열대 지역에 대해서 영양학자들은 단백질 부족이 식생활과 공중보건 문제를 비롯하여 경제 및 문화적 여건을 개선하는 데 걸림돌 중 하나라고 지적했다.[54] '건강은 경제 발전의 기반'이라는 측면에서 WHO, FAO, UNESCO 등의 기관들은 식습관 개선에 관심을 가질 필요가 있었다.[55] 이후 멕시코에서의 회의는 '현재 세계 각지에 존재하는 [영양] 관련 지식에 초점을 맞추고', 이것이 필요한 곳에서 실제 영양 개선으로 이어질 수 있는 실질적인 제안을 도출하고

---

52 Margaret Mead, *The Family's Food,* London: Bureau of Current Affairs, 1949; Alva Myrdal and P. Vincent, *Are We Too Many? UNESCO, Food and People*, London, 1949.

53 Margaret Mead, "The Anthropologist's Point of View".

54 "Letter from the Nutrition Foundation to Willard C. Rapplays", September 29, 1958, MMP, LOC, Box F74.

55 World Federation for Mental Health and the Josiah Macy, Jr., MMP, LOC, Box F74, Subject File, Conference on Malnutrition and Food Habit, 1960.

자 했다.[56] 회의의 목표는 '영양학자, 인류학자, 사회학자, 공중보건 간호사, 보건 교육자, 농업학자, 축산업 전문가'가 협력하여 공동의 과업과 기획을 수립하는 데 있었다.[57]

미국 사회는 이미 제2차 세계대전 시기에 CFH에서 사회학자, 심리학자, 영양학자와 학제 간 연구를 수행했으며, '다양한 문화에 대한 경험적 관찰'에서 얻은 통찰을 추가하여 식습관을 둘러싼 문화 양식과 기술적 변동까지 논의가 확장되고 있었다.[58] 그런 의미에서 마거릿 미드 등의 학자들이 "영양 지식이 충분하지 않다."라고 언급했을 때는 식품 정책에 관한 결정은 과학으로서의 영양학적 지식뿐만 아니라 사회적 과정을 이해하는 지식의 도움을 받아야 한다는 의미였다.[59] 마거릿 미드로 대표되는 행동과학자들은 실제 식품 사용 실태를 조사하고, 영양 요구량에 맞게 습관을

---

56 World Federation for Mental Health, "First Information Sheet," Conference on Malnutrition and Food Habits, MMP, LOC, Box F74; Letter from Ann Burgess to Caroline Collins, May 25, 1960; Letter from Caroline Collins to Ann Burgess, June 14, 1960; Letter from Ann Burgess to Caroline Collins, June 27, 1960, MMP, LOC, F74.

57 World Federation for Mental Health and the Josiah Macy, Jr., MMP, LOC, Box F74, Subject File, Conference on Malnutrition and Food Habit, 1960.

58 "Letter from Margaret Mead to J. R. Rees", December 23, 1960, MMP, LOC, Box F74.

59 예를 들어 감자가 주식으로 받아들여진 역사를 보면 어떤 식품이든 현지의 필요와 상황에 맞는 용도가 결정적으로 중요하다는 것을 알 수 있다. 아일랜드에서는 감자가 약 50년 만에 자리를 잡았지만, 영국에서는 250년이 지난 후에야 널리 이용되기 시작했다. 토양, 기후, 농업 관행 및 토지 소유, 정치적 안정과 산업 발전, 연료 및 기타 식품의 가용성, 관습적인 요리 방법의 차이가 모두 대중적인 식품으로 수용되는 속도에 영향을 미친다. 미드의 관점에서는 아일랜드에서 감자가 빠르게 수용된 것은 기존 생활 습관에 최소한의 변화를 요구한다는 점이었다. Mead, "The Anthropologist's Point of View".

식품과 건강에 대한 근대 지식의 성립과 한계 | **199**

조절하는 효과적인 방법을 찾기 위해 노력했다. 그들 중에 심리학자 쿠르트 레빈(Kurt Lewin, 1890-1947)과 인류학자 나탈리 조페(Natalie Joffe, 1915-1970)가 있었다.[60] 그들에게 식품과 영양은 사회심리학과 행동과학에서 식습관의 문제로 해석되었다. 어떠한 식품과 영양도 문화적, 역사적 혹은 사회적 의미를 벗어나서 이해할 수는 없는 것이었다. 1940년대에 레빈과 미드는 이러한 사고의 기초를 만들었고, 1960년대까지 이러한 관점을 유지했다. 그들은 좋은 식습관과 안 좋은 식습관을 정의하여 식품과 관련된 사람들의 행동에 영향을 미치는 것이 중요하다고 생각했다.[61] 1960년대에 식품에 대한 인간 행동에 관한 관심에 의해 여러 시도가 있었다. 1960년 영국 심리학회(British Psychological Society) 연례회에서는 '식품 평가와 수용(Food Assessment and Food Acceptance)'이라는 주제의 모임을 개최했다. 롤런드 하퍼(Roland Harper)가 기조연설에서 밝힌 바와 같이 식품 평가와 수용은 식습관 연구와 같은 맥락을 지닌다.[62] 식습관에 관한 관심에서

---

60 Margaret Mead, "The Factor of Food Habit", *The Annals of the American Academy of Political and Social Science* 225, 1943, pp. 136-141; Edward Wellin, "Cultural Factors in Nutrition", *Nutrition* Review 13-5, 1955, pp. 129-131; 나탈리 조페는 이듬해 1970년 사망했다. "Dr, Natalie Joffe, Anthropologist, 55", *The New York Times*, Augurest 21, 1970.

61 Brian Wansink, "Changing Eating Habits on the Home Front: Lost Lessons from World War II Research," *Journal of Public Policy and Marketing* 21-1, 2002, pp. 90-99.

62 롤런드 하퍼는 해당 발표를 위해 1940년대 진행되었던 식습관 연구를 다수 참조했다. Roland Harper, "Food Assessment and Food Acceptance as A Psychological Theme", A Contribution to a Symposium on Food Assessment and Food Acceptance at the British Psychological Society's Annual Conference, Hull, April 1960.

미드를 비롯한 전후 인류학과 심리학을 포함하는 행동과학자들의 관심은 개인의 정신적 성취를 위해 보편적인 '욕구'가 아닌 사회적 문화적 의미를 강조하는 신프로이트주의에 대한 고찰에 기반했다. 식습관은 이제 영양학자, 농학자, 경제학자, 인류학자들이 공동으로 작업하는 '문화를 형성하는 기술적인 문제'였다.[63]

5. 결론

먹는 행위(eating)는 음식물을 섭취하고 소화하는 생존을 위한 인간의 기본 행위이다. 인간은 생물학적인 욕구에 따라 식품을 선택한다. 이러한 무의식적인 선택은 개인적이면서 사회적이고, 경제적이면서 정치적이며, 민속적이면서 동시에 현대적이다. 이 과정에서 보편적이고 절대적인 형태로 제시된 식품에 대한 영양 정보는 때때로 사회적 맥락에 따라 가공되거나 재해석된다. 트랜스 지방·콜레스테롤·달걀의 영양학적 가치, 저지방 식단에 관한 지식은 영양에 관련된 정보가 극단적으로 수정된 사례이다.[64] 19세기 유럽과 미국에서 영양학 지식의 등장, 제2차 세계대전 중 국가 영양 프로그램, 그리고 20세기 후반의 식이 지침에 대한 시장과 기업의 역할은 과학적 지식인 영양학적 정보를 새롭게 해석하여 대중에게 전달하는 것이었고, 그리하여 사회적 의미를 지닌 지식 담론으로 개인의

---

63   Mead, "The Anthropologist's Point of View".
64   Scrinis, *Nutritionism*, p. 20.

일상적 생활에 영향을 미쳤다.[65]

　매 시기 영양학적 정보의 내용은 변화되고 수정되었으나 영양 정보가 개인들에게 전달되는 방식은 언제나 유사한 방식을 채용하고 있다. 즉, 근대 과학혁명 이후 자리 잡은 여러 과학 지식이나 의료 정보와는 달리 영양학은 가정, 학교, 혹은 개인적인 만남과 같은 일상적인 환경에서 낮은 수준의 문법을 채용하여 공공 지식의 한 부분으로 자리 잡았다는 점에서 주목할 만하다.[66] 낮은 수준의 문법이란 하나의 식품에 포함된 하나의 영양소가 하나의 건강 요소로 표현되는 것을 의미한다. 이는 근대 영양학이 사회적 담론으로 기능할 때 나타나는 특징이다. 예를 들어 "당근에 있는 베타카로틴은 우리 몸에서 비타민 A로 변환되고 이는 야맹중 개선이나 시력 향상에 도움을 준다."는 영양 지식은 흔히 알려져 있다. 단일 원인과 결과로 구성된 위와 같은 문법은 식품이 지니고 있는 다른 영양소와 의미를 삭제하고 전달된다. 이렇게 환원론적으로 다른 정보를 삭제하는 낮은 수준의 문법은 엄밀한 의미에서는 제대로 된 지식 체계 구성에 도움을 주지 못하며, 다른 근대 과학 지식의 전달 방식과도 차이가 있다. 이러한 영양 정보의 전달 방식은 근대 영양학이 처음 자리를 잡은 시기부터 과학자들과 사회운동가들의 목표에 따라, 국가의 개입을 통해, 혹은 기업의 이익을 위해서 의도적으로 단순한 정보 체계를 구축했기 때문에 가능해졌다.

65　Charlotte Biltekoff, *Eating Right in America: The Cultural Politics of Food and Health*, Durham, 2013, p. 5.

66　Coveney, *Food, Morals and Meaning*, pp. 17-18.

복식(服食)에 기반한 질병 치료와
회춘-장수 담론의 형성*

—16세기 중후반 조선의 도교양생법을 중심으로

최성운
경희대학교 인문학연구원 HK+통합의료인문학연구단 HK연구교수

* 이 글은 최성운, 「약물 처방 하나로 질병 치료부터 회춘과 장수까지 - 16세기 중후반
    조선의 도교양생법 복식(服食)에 대한 미시사적 연구」(『대한한의학원전학회지』 37-
    3, 2024. 8)를 바탕으로 수정, 보완한 것임을 밝힌다.

1. 서론

이 연구에서는 16세기 중후반 조선에서 전파되어 간 도교양생법인 복식(服食)에 대해 그것이 열악한 의료 환경에서 선택된 개인적 전략이라는 측면에서 미시사적으로 규명하고, 복식 복용자의 사망 사건에 대한 풍문이 퍼지면서 복식과 그 부작용이 개인 차원을 넘어 사회적 현상으로 인식되는 과정을 밝힌다. 조선 초기부터 조선 정부는 전문적으로 의학 지식을 교육받고 의학 기술을 수련한 전문 의료 인력이 치료를 해야 비로소 효과를 거둘 수 있다는 것을 인지하고, 이를 의료 및 의료 교육 체계의 정책적 목표로 설정했다. '의원 등은 의서를 스승으로부터 배워 전수받지 않고 자기 혼자서 글을 읽어 익히는 까닭에 그 깊은 뜻을 알지 못하고 배운 바가 용렬'해지기 때문에 이를 방지하기 위해 전의감(典醫監)과 혜민국(惠民局) 등 중앙 의료기관의 의학 교육 체계가 수립되었다. 그리고 지방 의료 인력의 양성을 위해 중앙 의료기관에서 파견된 심약(審藥)이 지역의 의생(醫生)들을 교육시키고, 그중 우수한 인력을 선발하여 한양의 중앙 의료기

관에서 교육시키는 지방 의료의 교육 체계 또한 세워졌다.[1]

이와 같은 노력에도 불구하고 지방 의료 인력은 중앙에 비한다면 그 수준이 낮았고 수적으로도 여전히 부족했으며 약재 또한 지방에서 원활하게 수급할 수 없는 상황이 지속되었다. 이러한 열악한 조선 전기 지방 의료 체계의 문제점으로 인해 문자 해독이 가능한 사대부가 자기 스스로 의학적 지식을 익혀 유의(儒醫)로 활동하게 되었다. 그러나 유의의 치료가 한계에 봉착하는 상황이 빈번하게 발생하게 되었고, 이때 유의조차도 무속 등 주술에 의한 치병 행위에 의존했기에 무속에 의한 치병 행위가 널리 행해졌다.[2] 의학과 무속이 이념적으로는 대립할지 몰라도 현실적으로

---

1 『世宗實錄』 90권, 세종 22년(1440) 7월 28일 무진 3번째 기사, "且醫員等其所讀方書, 不依師受, 私自習讀, 故不知奧義, 所學孤陋." 조선전기 중앙과 지방의 의학교육제도에 대해서는 손홍렬, 『韓國醫學史硏究』, 修書院, 2014, 202-220쪽.

2 유의(儒醫)의 개념에 대해서는 김남일, 『한의학에 미친 조선의 지식인들 - 유의열전 儒醫列傳』, 도서출판 들녘, 2011, 7, 9쪽. 16세기의 지방의료와 그 문제점에 대해서는 김성수, 「16세기 중반 지방 士族의 醫療 활동 - 경상북도 星州의 李文楗 사례 -」, 『한국한의학연구원논문집』 13-2, 2007, 15-25쪽; 김성수, 「16世紀 鄕村醫療實態와 士族의 對應 - 『默齋日記』에 나타난 李文楗의 사례를 중심으로 -」, 경희대학교 석사학위논문, 2001; 김호, 「朝鮮前期 對民 醫療와 醫書 編纂」, 『국사관논총』 68, 1996, 42-45쪽; 김호, 「16세기 후반 京·鄕의 의료환경 : 『眉巖日記』를 중심으로」, 『대구사학』 64, 2001 127-160쪽. 의약에 의한 치료와 공존하는 무당을 비롯한 종교적 치유행위에 대해서는 신동원, 「미시사 연구의 방법과 실제 - 이문건의 유의일기(儒醫日記)」, 『의사학』 24-2, 2015, 409-414쪽; 박재홍, 「16世紀 조선시대 治病을 위한 巫俗활용 양상 - 李文楗의 『默齋日記』를 중심으로 -」, 『漢文古典硏究』 46, 2023, 153-180쪽. 특히 박재홍의 논문은 무속을 치병에 사용하는 하나의 주제만을 다루고 있다. 한 분의 심사위원이 약물치료의 한계 및 이로 인해 치유에 주술과 복식을 활용하는 것이 "일상적이지 않은 일들"이고 이런 경우 "다수의 일상적인 경우보다 소문이나 기록으로 남겨지기 쉽"기 때문에, 이런 특이한 상황에 대해 남긴 기록을 통하여 일반화하는 오류의 가능성을 지적했다. 그러나 이문건(李文楗)은 일종의 기록광으로 특이한 사건은 당연히

는 공존할 수밖에 없었던 것이다.[3]

이와 같은 기존의 연구 성과에도 불구하고, 열악한 지방 의료 체계에 대해 당시 지방 사대부들이 내린 구체적인 평가에 대한 연구는 여전히 미흡한 편이다. 더욱이 조정에서 문제점으로 여기고 있던 '전문적으로 의학

기록했을 뿐만 아니라 일상적으로 끊임없이 반복되는 일상사까지 되풀이해서 자세하게 기록하는 편에 속했다. 이문건의 『묵재일기(默齋日記)』에서 (필자가 '복식'으로 개념화한) 약물의 이용은 거의 매일 일상적인 일과로 등장할 정도이다. 약물을 통해 질병을 치료하려는 것이나 무속을 비롯한 주술에 의존하는 것 역시 빈번하게 등장한다. 민정희는 자신의 박사학위논문에서 『묵재일기』에 대한 분석을 통해 이문건과 그 일가의 무속신앙행위에 대해 자세하게 기술하는데, 이 중에는 病굿에 대한 내용이 풍부하게 소개되어 있다. 『묵재일기』에 414건의 무속 관련 기록이 등장하고, 이 중 유배기간의 무속 관련 자료가 398건으로 대다수를 차지한다. 이것은 이문건이 한양보다 경상도 성주지역의 유배생활 중에 무속에 대해 더 의존하게 된 것을 의미한다. 병굿 역시 두창(痘瘡)과 학질(瘧疾)에 대해 시행되는데 학질의 경우 26회의 기사가 소개되어 있다. 민정희, 「16世紀 星州地域 兩班家의 巫俗信仰 硏究 : 『默齋日記』를 中心으로」, 연세대학교 박사학위논문, 2019. 특히 22-23쪽과 157-176쪽 참조. 박재홍 역시 성주에서의 유배생활이 길어지자 이문건이 점차 지역의 민간신앙을 받아들인 것으로 보았다. 박재홍, 앞의 논문, 173-174쪽. 따라서 본론에서 언급되는 이문건의 치료실패사례 역시 치료에 실패하고 무속에 의뢰하게 되었던 특별한 상황이라서 기록된 것이라 보기 힘들다. 오히려 그가 기존에 자신에게 발생한 온갖 시시콜콜한 일들까지 다 기록했던 맥락에서 접근하는 것이 『묵재일기』라는 일상사적인 사료의 성격에 더 잘 들어맞는다. 마지막으로 16세기 중후반에 이이(李珥)는 성리학의 입장에서 무당을 비롯한 주술에 의존해 질병을 치료하려는 것과 복식을 포함한 도교 양생법 일반에 대해 철학적 비판을 가하고, 어의(御醫) 양예수(楊禮壽)는 의학의 입장에서 복식에 대하여 이론적 비판을 한다. 양자 모두 질병은 의약을 통해 치료해야 한다는 점을 역설하고 있는 것이다. 당대에 지방의료체계의 한계와 제대로 의학교육을 받지 못하고 독학한 유의가 드러내는 치료의 한계가 빈번하지 않았다면 철학자와 의학자의 입장에서 질병에 대한 의약을 통한 치료를 강조하면서 이런 전문적인 비판의 글을 쓸 필요가 없었을 것이다.

3 박재홍, 앞의 논문, 176쪽.

교육을 받지 않고 독학한 뒤 행하는 치료 행위의 한계성'이라는 관점에서, 유의가 행하는 치료에 대해 구체적인 분석이 깊이 있게 수행되지 않았다. 그 결과 당시 조정의 입장에서 보더라도 '의료의 비전문가'에 불과한 유의가 마주하게 된 진료상의 어려움과 의학적 치료의 한계가 충분히 묘사되지 않았고, 이로 인해 사람들이 미시적 차원에서 상호작용을 통해 해결책을 찾아 나가는 개인적 전략과 그 조건들이 상세하게 드러날 수 없었다.

이와 같은 기존 연구의 미비점에 대해 이 글은 기존에 국내 학계에서 거의 연구되지 않은 도교의 양생법인 복식의 개념에 주목하고, 이를 열악한 의료 상황 속에서 채택한 개인적 전략이라는 측면에서 접근한다.[4] 복식은 그 하위 범주인 복약(服藥) 및 복이(服餌)와 혼용되며, 별다른 진단 없이 한두 개 혹은 비교적 소수의 약물이나 부적 등을 섭취하여 질병을 치료할 수 있고, 더 나아가 장복한다면 회춘하고 장수할 수 있다고까지 주장되는 도교의 양생법이다. 복약은 풀과 나무 혹은 광물을 재료로 하는 약과 단약(丹藥)을 가리키며, 복이와 비교했을 때 상대적으로 제형이 더 다양하다는 특징이 있다. 복이는 현대의 영양 보조 식품 섭취와 유사한데 제형은 떡[糕餅]의 형태를 띠며, 복약과 비교하면 더 다양한 재료를 사용한다.[5]

복식은 보통 개인적으로 실행되고, 또한 의서뿐만 아니라 개인 간에 구

---

4 백유상은 벽곡과 비교하는 과정에서 복식에 대한 간략한 소개를 한다. 백유상, 「救荒辟穀方에 대한 考察 - 韓國 醫書를 중심으로 -」, 『대한한의학원전학회지』 37-2, 2024, 103쪽. https://doi.org/10.14369/jkmc.2024.37.2.101
5 복식과 복약 및 복이의 개념에 대해서는 黃永锋, 『道教服食技術研究』, 東方出版社, 2008, 16-17쪽. 좀 더 상세하게 기술된 복식과 복약 및 복이의 개념과 조선내에서 유행하던 복식의 특징에 대해서는 본고의 본문에서 다뤄진다.

두로 혹은 처방전을 주고받음으로써 전파될 수 있으므로 일기나 편지 같은 자료가 아니라면 문서상으로 기록이 잘 남지 않는다. 여기에 앞으로 본고에서 살펴볼 것과 같이, 당대에 통용되던 복식 처방 중에는 일반적인 의서와는 계통을 달리하는 단편에서 유래하여 개인들 사이에서 유통되는 경우도 있었다. 이런 이유로 인하여 미시사적인 접근이 아니라면 복식이 실천되고 전파되는 과정뿐만 아니라 복식의 존재를 포착하는 것 자체가 쉽지 않다.

필자는 복식이라는 연구 주제에 대해 "인간의 구체적인 삶에 대한 공감과 이해를 지향"하고, "개개인의 이름과 그들 간의 관계를 추적"하며, "신체-치병-의(醫) 관계망의 다원적, 중층적 성격"을 규명하는 미시사적인 방법론을 채택하여 접근한다.[6] 이미 이 시기의 의료사에 대한 미시사적인 연구가 존재하지만,[7] 기존의 연구와 비교한다면 이 연구는 어느 유의가 수행한 하나의 치료 사례에 대한 치료 과정 전체를 세밀하게 추적하고, 그 과정에서 나타나는 문제점에 대해 평가하는 차이점이 있다. 그리고 이를 기반으로 하여 유의를 중심으로 한 당시의 행위자들이 의료 현실에 대해 가진 인식과 평가 및 이에 대응하기 위해 선택한 개인적 전략들을 구체적으로 검토한다. 사료 면에서 이것은 일기나 편지글 등의 미시사에서 중요하게 여겨지는 사료를 활용하여 개인 사이에서 이루어지는 상호작용에 대해 추적하는 것으로 이어진다. 이를테면 의료인에 대해 환자나 의뢰인 혹은 일반인이 갖고 있는 신뢰의 수준, 혹은 진단 및 치료가 실제로 어

---

6   미시사의 구체적인 개념에 대해서는 신동원, 앞의 논문, 2015, 389-392쪽.
7   신동원, 『조선의약생활사』, 들녘, 2014.; 신동원, 앞의 논문, 2015.

떻게 수행되었나에 대한 기술과 이에 대한 평가, 그리고 의서 빌려주기와 처방 알려 주기가 드러내는 의료에 대한 전략적 선택 등의 개인 간 상호 작용이 이 글에서 주로 분석된다.

기존의 연구에서 밝힌 것과 같이 16세기 중후반에 질병에 대한 대응 방식으로 의료와 민간신앙이 있었던 것 외에도, 필자는 복식이라는 제3의 선택지가 존재했음을 미시사적 접근을 통해 밝힐 것이다. 그리고 조선의 사대부들 사이에서 열악한 의료 환경을 극복하는 제3의 전략적 선택지로 복식이 선택되었던 사실은 질병 치료와 대비되는 범주로 이해되어 오던 양생에 대해 새로운 관점에서 좀 더 폭 넓게 접근할 수 있게 해 준다.

마지막으로 이 연구는 개인 차원에서 선택한 복식이라는 생존 전략이 단순히 개인적 차원에 머무르지 않고 사회적 현상이 되었던 점을 밝힌다. 이것은 풍문(風聞)을 통하여 복식과 그 부작용에 대한 사회적 인식이 형성되는 과정에 대한 규명이다. 개인적 차원에서 실천된 복식으로 인해 발생한 죽음은 한 개인의 죽음에 불과하지만, 복식을 복용하던 조선 사회의 고위직들이 사망하는 일들이 연달아 발생하면서 복식과 그 부작용은 사회적으로 주목받게 되었다. 많은 경우에, 사망자의 가문에서 내놓은 공식적 자료에는 그들이 복식을 했거나 복식으로 인해 사망했다는 내용은 기록되어 있지 않다. 그러나 사망자가 복식을 했다는 사실을 아는 지인 중에는 사망 원인을 복식의 부작용으로 지목하며 그 위험성에 대해 경고하는 사람들이 있었다. 이들에 의해 고위직 인사들의 복식으로 인한 사망설은 사람들 사이에서 풍문으로 전파되어 가며, 하나의 사회적 현상으로 주목받게 되었다. 이 글은 진위 여부를 명확하게 가릴 수 없는 풍문이 의료사의 중요한 연구 대상이 될 수 있다는 점을 보여줄 것이다.

2. 왜 지방에서 의학과 약을 통해 질병을 치료하는 것이 어려웠나?

1) 이문건(李文楗)의 지방 의료에 대한 불신과 유의(儒醫) 되기

이문건(李文楗, 1494-1567)은 정통 성리학을 주장한 조광조의 문인이며, 35세에 문과 과거에 급제한 뒤 52세까지 중앙 정계의 요직을 두루 역임하여 승정원 좌부승지까지 오른 인물이다. 그러나 을사사화(乙巳士禍, 1545)로 인해 경상도 성주로 유배된 뒤 그곳에서 1567년 74세의 나이로 사망했다.

이문건은 한양에서 모친의 병구완을 위해 의학을 공부하기 시작했는데, 단순히 의서를 통해 의학 지식만 습득한 것이 아니라 진료를 위해 필요한 맥진과 같은 기술도 어느 정도 터득했다. 그런데 이문건이 의학에 대해 보이는 태도는 성주 유배를 기점으로 여러모로 달라진다. 이것은 '질병은 의약으로 치료해야 한다'는 당대 의료의 이데올로기가 현실에서, 특히 한양에 비해 한층 더 열악한 지방에서라면 더더욱 현실화되기 힘들었던 점에서 기인한다. 16세기 지방 의료에서 가장 큰 문제점은 우수한 의료 인력이 부족하다는 것이었다.[8]

중앙에서 상주 소재의 경상 감영으로 파견된 의관인 심약 같은 경우가 경상도 지역에서 최고 수준의 의술을 가진 인물에 속했다. 그러나 이문건

---

8   김성수, 「『묵재일기』(默齋日記)가 말하는 조선인의 질병과 치료」, 『역사연구』 24, 2013, 47쪽; 신동원, 앞의 논문, 2015, 407쪽.

의 일기에서 관찰사의 안부 인사나 선물을 전하기 위해 심약이 성주로 오는 기사는 종종 보이지만, 심약과 치료에 대해 논의하는 기사는 찾아보기 힘들다. 또한 심약의 지도하에 지방 의료를 담당하는 의생 중 선발되어 한양의 전의감이나 혜민서에서 수학 중이거나 수학을 마치고 귀향한 것으로 추정되는 경의생(京醫生) 김세장(金世章)에게 자신을 진맥을 하도록 한 기록이 1회 등장할 따름이다. 김세장이 이문건에게 습열증(濕熱證)이 있으므로 이문건이 당시 장기 복약 중이던 토사자원(兔絲子元)이라는 복식이 맞지 않는다고 진단했지만, 이문건은 그의 의견에도 불구하고 계속해서 토사자원을 복용했다.[9] 이 점은 이문건이 한양의 박 첨지(朴 僉知)에게서 중풍칠처혈(中風七處穴)에 뜸을 뜨는 것이 좋다고 이야기를 듣자 뜸을 뜨기 시작한 뒤 박 첨지로부터 제대로 자가 시술하고 있다고 확인받기까지 했던 것과는 확연히 차이가 난다.[10]

---

9   김성수, 앞의 논문, 2013, 39쪽;『默齋日記』卷三 명종 1년(1546, 병오) 10월 10일 갑오, "○송경정(宋慶禎)이 와서 말하기를, "효선(孝善)이 기거가 어떠하신지를 물었습니다"라고 했다.경의생(京醫生) 김세장(金世章)을 불러 목사를 진찰하게 하는 일 때문에 선산(善山)에 다녀왔다고 한다(○宋慶禎來見, 言"孝善之問起居"云. 緣招京醫生 金世章診牧使事, 往還善山云云)";『默齋日記』卷三 명종 1년(1546, 병오) 10월 12일 병신, "○의인(醫人) 김세장(金世章)이 지나다 들렀기에 진맥을 해보게 했더니, 병의 증세는 습중(濕証)이 염려되는 정도라 한다. 안에 나쁜 열을 머금고 있어서 토사자원(兔絲子元)은 맞지 않는 것 같다고 한다(○醫人金世章歷見, 使之診脈, 則病證濕證可畏云云, 內含邪熱, 兔絲子元似不合云云)" 앞으로 인용되는『默齋日記』의 모든 원문과 번역문은 한국학중앙연구원 디지털장서각(https://jsg.aks.ac.kr/)에서 인용된 것이다.

10   일반적으로 이문건은 박첨지를 찾아가서 대화를 나누는 것이 많은 편이었고, 이문건의 아들 온(熅)이 아플 때 박세거를 불러 진맥을 부탁한 적이 있다.『默齋日記』卷二 명종 즉위년(1545, 을사) 2월 25일 무오, "박세거(朴世舉)가 와서 온(熅)을 진맥하더니, 심비(心脾)의 맥박이 약하다고 했다(朴世舉來見診熅, 曰心脾脈弱云云)." 1537

박 첨지는 벼슬이 가의대부(嘉義大夫) 첨지중추원사(僉知中樞院事)까지 이르렀던 내의원 의관 박세거(朴世擧)로, 그는 내의원의 의관 중 당상관(堂上官)인 어의(御醫)로 왕의 진료에 참가했고, 또한 어의 중에서도 최고위직인 정삼품의 내의원정(內醫院正)에 이를 정도로 당대 조선 최고 수준의 의술을 가졌다. 이문건이 성주로 온 뒤에도 계속해서 박세거와 연락을 취하고 있었으며,[11] 이문건은 경의생 김세장의 의학적 견해에 대해 그가 상의하던 한양의 어의 박세거에게 보인 정도로 신뢰하지 않았다.

또한 이문건이 경상도 지역의 심약과 의학적 논의를 하지 않았던 것 역시 어의 박세거와의 비교를 통해 그 의미를 파악할 수 있다. 심약은 중앙의 의료기관인 전의감과 혜민서의 의원으로, 심약의 지도를 받는 의생에 비한다면 높은 수준의 의술을 지닌 것은 맞다. 그러나 중앙 의료기관 내에서 의관들의 서열을 따진다면, 최하위에 속하는 의원에 불과했다. 조선 의관들의 위계질서는 그 정점에 있는 내의원정으로부터 당상관인 어의와 당하관(堂下官)인 내의(內醫)의 순으로 내려오고, 심약이 속한 전의감과 혜민서는 내의원보다 한 단계 낮은 의료기관이다. 전의감과 혜민서의 의관

년 4월 24일의 경우 집에서 이문건이 뜸을 뜨려고 할 때 때마침 박첨지가 찾아오는 일이 발생한다. 1545년에 아들 온의 진맥을 부탁할 때와 마찬가지로 뜸처방의 혈자리를 제대로 잡았는지, 뜸 시술하는 과정이 맞는 지에 대해 확인차 미리 이문건이 부탁했던 것으로 보인다. 『默齋日記』 卷一 중종 32년(1537, 정유) 4월 15일 계해, "박(朴) 첨지에게 들러 물어보니 풍칠혈(風七穴)에는 뜸을 놓는 것이 좋다고 했다(歷問朴僉知, 則可灸風七穴云)"; 『默齋日記』 卷一 중종 32년(1537, 정유) 4월 24일 임신, "한낮에 다시 뜸으로 풍혈(風穴)을 다스리고자 백회(百會)와 대계(大谿) 등의 혈에 뜸을 올려 불을 붙이려고 하는데, 마침 박첨지가 와서 보고는 맞게 한다고 했다(當午, 更灸治風穴, 以意改點百會, 大谿等穴, 適朴僉知來見, 爲是云云)."
11 박세거 및 이문건과 박세거의 관계에 대해서는 김성수, 앞의 논문, 2001, 36-37쪽.

들은 내의원에서 최하위에 속하는 내의보다도 낮은 품계와 의료 수준을 가진 이들로 인식되었던 것이다. 박세거와 교류하던 이문건의 입장에서라면, 심약은 의생보다는 나을지는 몰라도 의학적 문제를 상의하기에 수준이 떨어진다는 점에서는 마찬가지였을 것으로 보인다.

이문건은 성주 지역으로 유배를 온 다음부터 의서 수집과 약재의 취득에 매우 집착하기 시작했다. 이 점은 1518년에 황해도 관찰사인 김정국(金正國)이 1519년에 기묘사화(己卯士禍)로 사직하고 경기도 고양으로 내려가 칩거할 때, "나는 죄를 짓고 시골에서 살게 되었는데 병을 치료하는 의사가 없음을 걱정하여 의서[醫方]와 약물학 서적[藥書]들을 많이 구해 가지고 있었다[余負累居村, 患無已病之醫, 多求得醫方藥書]."라고 적은 내용과 유사하다.[12] 그 결과 10여 종의 의서를 소장하게 되어[13] 성주 지역에서 의서를 필요로 하는 사대부들에게 빌려주기까지 할 정도였다.[14] 이렇

---

12 『村家救急方』跋(『村家求急方』(국립중앙도서관 소장 古7670-18). 원문과 번역은 오재근, 「약 하나로 병 하나 고치기(用一藥治一病) :『동의보감』단방의 편찬과 계승」,『의사학』22-1, 2014, 6쪽과 주5)에서 재인용. 번역은 일부 수정.

13 김성수, 앞의 논문, 2013, 38쪽.

14 『默齋日記』卷七 명종 11년(1556, 병진) 8월 25일 신해 "○이희명(李熙明)이 양로서(養老書) 2권 ·《득효방(得效方)》1권 ·《활인심(活人心)》1권 ·《직지맥(直指脈)》1권을 빌려갔다(○ 李熙明借養老書二,《得效方》一,《活人心》一,《直指脈》一去)";『默齋日記』卷二 명종 즉위년(1545, 을사) 10월 13일 임인, "○김(金) 정자(正字)가 학질이 걸렸다고 하기에 《향약집성방(鄕藥集成方)》1권을 보냈다(○ 金正字患瘧云, 送《集成方》一卷示之)";『默齋日記』卷三 명종 1년(1546, 병오) 8월 22일 병오, "○김산(金山) 형 청중(淸仲)이 농(籠) 2구(具)와 삼정(三丁), 생노루와 조과(造果)를 보내주면서, 괴산으로 바로 보내도록 지명(地名)을 써서 보냈다고 했다. 기뻐서 바로 답장을 보냈다. 학질이 차도가 없다는 이야기를 듣고 《향약집성방(鄕藥集成方)》1책을 보내주었다(○金山兄淸仲送遺籠二具, 三丁幷生獐與造果, 直送槐山, 地名書送云云, 可喜, 即答

게 수집한 의서 속의 약물 처방들을 투약하기 위해 이문건은 스스로 약물을 재배하거나 구입했다. 그리고 비록 유배객의 신분이었지만 경상도 관찰사나 성주 목사 등 지역의 고위 관료와 사찰의 승려 등으로부터 계속해서 각종 약물을 공급받는 등의 특혜를 누리면서 충분한 약재를 비축해 둘 수 있었다. 그리고 그는 자신의 의학 지식과 기술 및 약재를 가지고서 가족의 범위를 넘어 지역민들에게도 약물 처방 위주의 의술을 베푸는 유의로서 활동하게 되었다.[15]

대표적인 예로 한양과는 비교되게 자기 자신과 남들을 맥진하는 일이 일기에 자주 등장하는 것을 들 수 있다. 그에게 자신의 진찰을 위해 맥을 짚어 주기를 부탁하는 지방 사족도 있을 정도였다.[16] 또한 그는 성주 목사

送之, 聞患瘡不差奇, 送示《集成方》一册)."

15 김성수, 앞의 논문, 2013, 38쪽; 신동원, 앞의 논문, 2015, 404-409쪽.

16 『默齋日記』卷五 명종 6년(1551, 신해) 4월 17일 을해, "○눌질개(訥叱介)가 병들어 누워서 일을 하지 못하기에 **불러서 진맥했더니** 맥이 가늘고 빠른 것 같다. 그저께부터 배가 아프고 설사를 했다. 이로 인해 편치 않다고 하기에 향소산(香蘇散)을 주어 먹게 했다. ○거공(巨公)을 **불러서 진맥을 했더니** 빠르지는 않지만 허맥(虛脈)이며, 여전히 입이 쓰다고 하기에 남은 열이 있을까 걱정이 되어 소시호탕(小柴胡湯) 반 첩을 주었다(○訥叱介病臥不事. 招診其脈, 脈似細數. 自昨昨腹痛下注. 因此不平云, 與服香蘇散. ○見巨公診其脈, 則不數而虛, 猶言口苦云, 慮有餘熱, 與小柴胡湯半服)";『默齋日記』卷五 명종 7년(1552, 임자) 11월 9일 정해, "허리 통증이 무거워지고 낫지를 않으며, 심맥(心脈)이 때때로 동맥이며 위급한 상태가 많이 일어났(腰疼而重不永差, 心脈時動, 危狀多發)" 번역은 일부 수정;『默齋日記』卷七 명종 12년(1557, 정사) 5월 23일 을해 "강언수(姜彦叟)가 와서 말하기를, "**이희명(李熙明)이 공(公)을 뵙고 맥(脈)을 짚어보고 싶어 합니다**"라고 했다(姜彦叟來見, 言"李熙明欲見公審脈"云云)";『默齋日記』卷七 명종 10년(1555, 을묘) 6월 20일 계미, "환자의 기맥(氣脈)이 위급해져서 입으로 ▢물을 넣지 못하고, 괴로워하다 인사불성이 되었다. 때로 수저로 약이나 마실 것을 입에 적셔 주었다. **맥을 자세히 짚으니, 수가 적고 자주 대맥(代脈)인 것이 가망이 없었다.** 저녁에 다시 내려가 보았는데, 눈을 뜨고 쳐다보는 것이

나 판관의 치료에 참여하기도 했다.[17] 결과적으로 그가 적극적으로 진료를 하던 기간인 1561년 이후에, 자신이나 가족 혹은 종들을 제외한 타인들을 사흘에 1건 정도의 빈도로 진료했을 정도로 유의로서 활약했다.[18] 사후에 이문건은 그에 대한 행장(行狀)에서 "의술에 정통하여 살려낸 사람이 매우 많다[精於醫方, 活人甚多]."[19]는 평가를 받기까지 했다.

이문건은 환자가 발생하면 먼저 의학을 통하여 치료하고자 했는데, 이점은 그가 정통 성리학자의 문인이며 의학 지식을 갖춘 유의라는 사실에 부합된다. 그러나 자신의 의학적 치료가 별다른 효과를 보지 못하면 곧바로 점술, 독경, 굿, 불교의 구명시식(救命施食) 등 의학 이외의 다양한 치유 방법까지 총동원했다.[20] 의학적 지식과 기술 및 충분한 약재까지 갖고 있던 이문건조차 이랬을 정도인데, 그 정도의 진단 기술과 의학적 지식이 없었던 다른 사대부들 중에 의학 이외의 다른 치유 방법에 의지하게 되는 것은 막기 힘든 상황이었을 것이다.

정신이 혼미하여 알아보지 못하는 것 같았다. 불러보니, 눈썹을 찡그리는 것이 귀찮아하는 것 같았다. 비복(婢僕)이 피로하고 고달파 하며 버티지 못했다. 아침에 상충(上衝)할 때 대소변을 모두 흘렸다고 한다(病人氣脈向危, 不納口物于口, 困不省之.時已沃之, 或藥或飮焉. 細診其脈, 則微數頻代, 無可望焉. 夕復往見. 開目看之, 似不省知爾. 呼之, 則縮眉似厭矣. 婢僕倦憊不支焉. 朝上衝時大小遺皆失之云)."

17   김성수, 앞의 논문, 2001, 43쪽.
18   신동원, 앞의 논문, 2015, 407쪽.
19   『人物考』卷十八 乙巳以後罹禍人 李文楗.
20   이문건에 대한 이상의 내용은 박재홍, 앞의 논문, 2023, 167-175쪽.

2) 유의 이문건은 어떻게 치료에 실패했나?

여기에 더 문제가 되는 것은 이문건의 치료가 그렇게 훌륭하기만 한 것은 아니었다는 점이다. 이문건이 1561년에 아픈 손자를 치료하다가 실패한 뒤 무당에게 의존한 사건은 유의가 봉착하곤 했던 어려움을 드러낸다.

1561년 2월 30일부터 급성 신우신염[acute pyelonephritis]으로 추정되는 병에 걸린 이문건의 손자는 이것이 낫지 않아 4월 5일까지 고생했다. 오른쪽 옆구리 아래쪽부터 허리까지의 근육이 강직성 경련으로 당기는 증상이 이문건의 일기에 반복적으로 등장한다. 2월 30일에 처음으로 나타난 증상이 요도구의 통증이었고, 그 뒤로 배뇨통이 있으며 소변을 자주 보지만 소변량은 적은 상태였다. 그리고 이와 함께 속이 메스꺼워서 헛구역질을 하며 토할 것 같은 증상을 보이기도 했다. 이후 전반적으로 허약 증상이 나타났는데, 다리 힘이 약해져서 오래 서 있지 못하며, 늘 기운이 없이 피곤해했고, 밥을 잘 먹지 않으며 감기에 자주 걸렸다.

3월 6일부터 이문건은 손자를 치료하기 시작했다. 처음에 그는 별다른 진단 없이 이전에도 손자에게 종종 투약하고는 했던 사군자탕(四君子湯)에 몇 가지 약물을 가미한 처방을 며칠간 투약해 보지만 효과는 없었다.[21]

---

21 『默齋日記』卷九 명종 16년(1561, 신유) 3월 6일, "○아이를 돌보며 당(堂)에서 잤다. 아이는 다시 사군자탕(四君子湯)에 진피(陳皮)·청피(青皮) 더 넣은 것을 먹었다. 피곤하여 힘이 빠져있고 오른쪽 허리 근육이 당기는 것이 밤중에는 7, 8번 일어나더니 낮에는 4, 5번 일어났다. 증세가 나타나면 숨이 가쁘고 가슴이 답답하다고 한다(○宿堂護兒. 兒復服四君子湯加陳皮, 青皮者. 倦困乏力, 右腰筋縮急, 夜間七八動, 午四五作. 作則氣迫心悶云云)"

그러자 이번에는 기를 보하는 사군자탕과는 정반대의 성격으로 혈을 보하는 사물탕(四物湯)에 약물을 가미하여 3월 12일부터 청심환(淸心丸)과 함께 투약해 보는데,[22] 여전히 효과는 없었다.

3월 22일부터는 이전과 달리 손자의 증상을 면밀히 살펴보며 투약하기 시작했다. 소변이 잘 나오지 않는 등의 증상에 사용할 수 있는 오령산(五苓散)에 인삼(人參)·황기(黃芪)·맥문동(麥門冬)·시호(柴胡)를 가미해 투약한 것이다.[23] 이 약을 며칠간 투약해도 낫지 않자 3월 26일부터 청간산(淸肝散)을 투약하기 시작했다.[24] 4월 5일 아침까지 청간산을 10일 넘게 투약해 봤지만, 그리고 3월 6일부터 정확하게 한 달 동안 계속해서 약물을 투약해 봤지만, 여전히 아무런 효과가 없었다. 그러자 이문건은 손자

22 『默齋日記』卷九 명종 16년(1561, 신유) 3월 12일, "ㅇ손자를 돌보며 당(堂)에서 잤다. 손자는 허리 근육이 당기는 증세가 그치지 않아 생건지황(生乾地黃)날것으로 말린 지황의 뿌리를 넣어 사물탕(四物湯)을 짓고 방풍(防風)·강활(羌活)·박하(薄荷)를 더 넣어 달여서 주었다. 아침에 반(半) 복(服)을 먹었는데, 청환(淸丸) 1[撮]을 삼키게 했다(ㅇ宿堂護孫, 孫有腰筋急證不止, 爲合生乾地黃四物湯, 加防風, 羌活, 薄苟, 煎與之. 朝服半服, 令呑下淸丸一撮)"

23 『默齋日記』卷九 명종 16년(1561, 신유) 3월 22일, "ㅇ손자를 돌보며 당(堂)에서 잤다. 손자는 매우 허약하며 밥을 먹지 못했다. ㅇ내려가 아침밥을 먹고 십행기(拾行碁)를 두다가 당(堂)으로 돌아왔다. 약재를 살펴 다시 오령산(五苓散)을 지었다. 월계수를 빼고 인삼(人參)으로 대신하고, 황지(黃芪)·맥문동(麥門冬)·시호(柴胡)를 조금 더 보태 달였다(ㅇ宿堂護孫. 孫甚萎弱, 不能食食. ㅇ下見朝食, 拾行碁, 還堂. 考材, 復合五苓散. 去桂代人參, 加入黃芪, 麥門冬, 柴胡少許, 煎之)"

24 『默齋日記』卷九 명종 16년(1561, 신유) 3월 26일, "ㅇ아이를 돌보며 당(堂)에서 잤다. 아이는 아침에 오령산(五苓散)을 조금 먹었다.…… ㅇ손자 숙길은 다리 힘이 특히 약해 오래 서 있을 수가 없으니 걱정된다. 방문(方文)을 다시 살펴 청간산(淸肝散)을 지어 달이고, 저문 후에 반(半) 복(服) 쯤을 주었다(ㅇ宿堂護兒. 兒朝服五苓散少許.…… ㅇ吉孫之脚力殊弱, 不任久立. 可慮. 改考方文, 合淸肝散煎之, 當昏與服半許)"

가 작년 12월에 다른 아이들과 성황당에 갔다가 급작스럽게 몸이 안 좋아져서 집으로 돌아온 일을 떠올리며 무당을 불렀다.[25] 자신이 치료하려고 노력해 봐도 전혀 차도가 없는 손자의 질병이 혹시 귀신으로 인해 발생한 것이 아닐까 의심했던 것 같다.

무당에게 의뢰해 보아도 별다른 효과는 없었다. 11월 18일에도 소변의 문제는 여전히 해결되고 있지 않았고, 이듬해 1월 25일에도 옆구리의 문제는 남아 있었다.[26] 의약부터 무당에 이르기까지 여러 수단을 활용해 봐도, 치료에 성공하지는 못했던 것이다.

당시 이문건의 치료가 최선의 선택이었다고 볼 수는 없다. 손자에게 처음 나타난 증상이 요도구의 통증이었고, 이후 소변빈삭과 배뇨통 및 소변량 감소가 계속해서 있었다. 그런데 투약을 시작한 지 16일이 지나 오령산을 투약하는 것에서야 이에 대한 고려가 처음으로 나타났다. 이문건은 손자의 증상을 전체적으로 면밀하게 살펴 진단하지 않았던 것이었다. 그는 손자가 보이는 허약 증상 즉 늘 기운 없이 피곤하고 근육 힘도 약해지며 식사량이 줄고 자주 감기에 걸리는 등의 증상에만 주목해서 기허(氣虛)라고 판단한 뒤, 이전부터 종종 손자에게 먹이던 사군자탕을 선택했다. 그러나 효과가 없자 이번에는 아예 사군자탕과 정반대의 성격을 지닌 사

---

25 『默齋日記』卷九 명종 16년(1561, 신유) 4월 5일; 박재홍, 앞의 논문, 2023, 171쪽.

26 『默齋日記』卷九 명종 16년(1561, 신유) 11월 18일 갑진, "손자를 돌봤다. 손자가 약을 먹지 않았다. 시호(柴胡)가 있으나 냉증으로 소변이 잦은 듯하기에 먹지 말라고 했다(護孫. 孫不飲藥. 有柴胡似冷小便數, 故停之)"; 『默齋日記』卷九 명종 17년(1562, 임술) 1월 25일 경술, "아이는 옆구리가 결렸다. 글공부를 하지 않았다(兒有攣脇證. 不習文)."

물탕을 투약해 혈(血)을 보해 보았다. 이 역시 효과가 없자, 그제야 소변의 이상에 주목해 오령산을 선택했다.

이 경우는 치료의 첫 단추부터 잘못 끼워져서 우왕좌왕한 대표적 사례였다. 이와 비슷하게 그가 전혀 계열이 다른 여러 처방들을 동시에 투약해 치료하려다가 오히려 상태를 악화시킨 사례는 그가 "맞지 않는 약재를 망령되이 쓴 것이 후회되었다."고 적은 1555년 2월 23일의 일기에서도 다시 발견된다.[27] 치료의 방향을 잡는 것조차 쉽지 않은 상황이 그에게 종종 발생했던 것이다. 이문건이 앓았던 질환 중 양쪽 눈 모두 실명하게 된 눈병이나, 충치로 인한 치통, 그리고 치질같이 당시의 그 어떤 의원이었다 해도 치료하기 쉽지 않았을 것들은 말할 필요조차 없다.[28]

이문건은 유의라는 신분을 넘어서 성주 지역에서 가장 의학적 지식이 많은 사람 중 하나였고, 맥진이라는 진단 기술 또한 어느 정도 구비한 인물이었다는 점을 다시 한번 상기할 필요가 있다. 그리고 성주 지역에 한 명의 아이에게 한 달 동안이나 계속 투약할 수 있고, 게다가 그중에 10일은 인삼을 넣어서 투약할 수 있는 사람은 이문건 이외에는 그다지 많이 존재하지 않았을 것이다. 따라서 이문건의 손자 치료 실패는 성주 지역에서 거의 모든 의학적인 가용 자원을 활용했음에도 불구하고 치료되지 않았음을 의미했고, 그의 입장에서 보면 그가 아는 의학으로서는 더 이상 해 볼 수 있는 것이 없는 상황에 도달한 것이었다. 제대로 의학적 교육을 받지도 못한 그가 성주 지역에서 의학적 지식과 기술 그리고 약재를 가

---

27 번역문은 김성수, 앞의 논문, 2013, 39-40쪽에서 재인용.

28 같은 논문, 42-44쪽.

장 많이 갖춘 사람 중 하나였다는 사실은 그의 한계가 개인 차원을 넘어 당시 지방 의료의 한계 그 자체이기도 했음을 분명하게 드러낸다. 이문건 그리고 지방의 조선인들은 이런 한계를 느끼면서 의학적 병인(病因)이 아니라 어떤 초자연적 존재의 개입으로 인해 발병했을 가능성을 떠올렸고,[29] 무당을 비롯한 종교인들이 제시하는 주술적 해결책을 또 다른 선택지로 여기고는 했던 것이다.

3) 쉽지 않은 유의 되기-성주의 진사 이희명(李熙明)의 사례

성주 지역의 다른 사대부들의 경우, 아무리 의학적 치료를 해야 한다는 점을 알고 이것을 시도해 보려 해도 이문건보다 더 빨리 그리고 더 자주 한계에 봉착했을 가능성이 높다. 다른 이들은 신뢰할 만한 지역 의료의 전문 인력이 존재하지 않는 상황에서, 그보다 의학적 지식도 적고 의학적 기술도 갖추지 못했으며 약재도 별로 구비해 놓지 못했기 때문이다. 이문건의 『묵재일기』에 등장하는 성주의 진사 이희명은 배 속에 가스가 차는 창증(脹證)이 완전히 나은 것도 아니지만 또 그렇다고 해서 증상이 심한 것도 아닌 어중간한 상태에 처해 있었다. 이때 이희명은 스스로 진단법과 약물 처방을 공부해서 완치해 보고자 하는 마음을 먹었던 것으로 보인다. 그는 이문건에게서 병을 치료하는 의서인 『세의득효방(世醫得效方)』과 병을 진단하는 맥진 전문 의서인 『직지방론맥진경(直指方論脈眞經)』을 빌려

---

29 巫醫의 병인론에 대해서는 최종성, 「儒醫와 巫醫 - 유교와 무속의 치유」, 『종교연구』 26, 2002, 154쪽.

갔다.[30] 그러나 책을 빌려 간 지 1년 만에 즉 병을 치료할 수 있을 만큼 의술에 정통해지기에는 부족해 보이는 상황에서 이희명은 사망하고 만다.[31] 의원에 비한다면 전문성이 떨어지는 유의라고 할지라도, 그 유의가 되는 것조차 결코 쉽지 않았던 점을 이희명의 사례는 드러낸다. 물론 이희명이 유의가 되어 '치료'하려고만 했던 것은 아니다. 그는 의서와 함께 『수친양로서(壽親養老書)』와 『활인심(活人心)』과 같은 양생 서적도 함께 빌려 갔다. 의서와 양생서를 통해 비록 증상은 심하지 않지만 질병이 낫지 않고 만성화되려는 상태에 대해 대처하려 했던 것이다.

4) 투약을 통한 병 치료를 포기할 정도로 어려운 지방 의료 상황
  ─귀향한 뒤 약 쓰기를 포기한 이황(李滉)

이런 상황이 성주만의 문제는 아니었다. 다른 지방의 의료 상황 역시

---

30 『默齋日記』卷七 명종 11년(1556, 병진) 8월 23일, "이후명(李厚明)이 보러 와서 말하기를, "병든 형이 그저께 이곳에 도착했습니다" 운운하(면서 왕진을 부탁하)기에 내가 그에게 가서 보는 것을 허락했다(李厚明來見, 言 "病兄昨昨來此"云云. 許往見.)"; 『默齋日記』卷七 명종 11년(1556, 병진) 8월 24일, "이희명(李熙明)을 찾아가니 창증(脹證)이 완전히 낫지는 않았지만 또 그렇게 심하지도 않다고 하기에 남아서 이야기를 나눴다(尋見李熙明, 則脹證不永差, 亦不至極云)"; 『默齋日記』卷七 명종 11년(1556, 병진) 8월 25일, "이희명(李熙明)이 양로서(養老書) 2권 · 《득효방(得效方)》 1권 · 《활인심(活人心)》1권 · 《직지맥(直指脈)》1권을 빌려갔다(李熙明借養老書二, 《得效方》一, 《活人心》一, 《直指脈》一去)." 번역은 일부 수정.
31 『默齋日記』卷八 명종 12년(1557, 정사) 9월 2일 임자, "진사(進士) 이희명(李熙明)이 세상을 떠났다고 한다. 여응해(呂應諧)가 부음을 전해왔다(李熙明進士捐世云, 呂應諧使傳訃)."

비슷했다.[32] 이황에 대한 연구를 통해 살펴보더라도, 지방에서는 실력 있는 의원을 만나기가 어려웠을 뿐 아니라 처방에 사용할 약재를 구하는 것 역시 어려웠다. 지방에 비한다면 서울은 약재 구하기가 비교적 나은 상황이었지만, 하나의 처방에 들어가는 여러 약물을 모두 다 갖추는 것은 자신이 속한 정부 기관에 있는 약방(藥房)과 자신이 부릴 수 있는 의관들을 총동원해야만 가능할 정도로 쉽지 않았다. 그리고 수준 높은 의원이 한양에는 있었지만, 그 수가 매우 적었으며, 고위 관직자가 아니라면 이들로부터 처방을 구하기가 힘들었다.[33] 설사 처방과 약재를 구비한다 하더라도, 약재의 구비 과정에 많은 시간이 소요되어 이미 병증이 달라졌을 가능성도 높았다.

다음에 인용된 이황의 편지는 이러한 사정을 압축적으로 보여준다. 이황 역시 유의였는데, 그는 의약에 정통해 조정의 의학 담당 관청 소속 의관들에게 의학을 가르치는 벼슬로 특채될 정도[34]였던 백양(伯陽) 조성(趙

---

32 예를 들어 전라도 지역의 의료생활에 대해서는 김호, 앞의 논문, 2001, 130-145쪽. 16세기 전반의 경기도 고양에 대해서는 위에서 언급한 김정국(金正國)의 사례를 들 수 있다. 16세기 중반 황해도 해주(海州)에 대해서는 노경린(盧慶麟)의 사례가 있다. 그는 1568년에 건강상태가 급격하게 악화되자 자신의 세거지(世居地)인 황해도 해주에서 좋은 의사를 구하기 힘들어 서울로 올라왔다. 『栗谷全書』卷之十八 行狀「宗簿寺正盧公行狀」, "시골에는 좋은 의사가 없어서 구하지 못할까 두려워 가마를 타고 한양으로 들어갔다(鄕無善醫, 恐不可救, 輿入京城)."

33 신동원, 「이황의 의술과 퇴계 시대의 의학」, 『퇴계학논집』 6, 2010, 11-18쪽, 23-25쪽.

34 『明宗實錄』 12권, 명종 6년(1551) 10월 2일 병진 1번째기사, 조강에서 정사룡의 건의로 안현과 조성에게 악기 수리와 의원 교육을 명하다, "또 생원 조성(趙晟)이라는 사람은 어려서부터 질병이 있어 벼슬은 구하지 아니하였으나 의약(醫藥) · 율려(律呂) · 산수(算數) 등의 학문에 정통합니다. 그에게 일하게 하면 참으로 못하는 것이 없을 것입니다. 지금 의약을 정통하게 아는 자가 더욱 없는데, 조성은 의술에도 정통

晟, 1492-1555)[35]으로부터 의학을 배웠다. 그러나 이황은 자신이 든 여러 가지 이유로 인해 고향인 안동으로 돌아온 뒤 고명한 의술을 가진 서울의 조성에게 처방을 요구하지도 않았고, 서울의 고관들에게 처방에 쓸 약재를 보내 달라고 부탁하지도 않았다. 유의였던 그가 귀향 후 몇 년간 의학적 치료를 포기할 정도로 지방의 의료 상황은 열악했던 것이다. 이황은 특히 어떤 병증에 쓸 처방에 들어가는 약재를 구하기가 쉽지 않아서, 오랜 시간을 소요해 어렵게 구하더라도 이미 시일이 경과해 다른 병증으로 바뀌어 버리는 일이 일상적으로 발생할 것을 예상하고 미리 약재 구하는 것 자체를 포기했다고 말했다. 이와 같은 이황의 포기는 그가 서술한 상황이 경상도를 넘어선 다른 지방에도 마찬가지로 적용될 수 있는 구조적 문제임을 보여준다.

고개를 넘어 고향으로 돌아온 뒤에는 어떨지 몰라서 조백양(趙伯陽)에게 맞는 약을 물어보고 싶었고, 또 영감[令公]에게 물어 처방에 들어가는 약재를 구해 스스로 치료해 보고 싶었습니다. 그러나 요 몇 해 사이에 서울에서 병을 끼고 살면서, 약을 구하기가 매우 쉽지 않다는 일을 알고 있었습니다. 또

합니다. 만약 그에게 녹봉을 넉넉히 주고 의사(醫司)의 관원 중에서 두뇌가 명석하여 배울 만한 자를 선발하여 가르치게 한다면 어찌 명의(名醫)가 나오지 않겠습니까 (又有生員趙晟者, 自少有疾, 不求仕宦, 精於醫藥, 律呂, 算數之學. 若令爲之, 則固無不能矣. 醫藥之事, 尤無通曉之人, 趙晟又能精通於醫術. 若優其廩給, 而遴選醫司之聰敏可學者, 率以教之, 則豈無名醫之出乎?)."

35 趙伯陽의 본명은 趙晟이고, 伯陽은 그의 자이다. "율려(律呂)에 밝을 뿐 아니라 의약과 산수에도 정통하여 군직(軍職)에 나가서는 의술을 가르친 바도 있다. 저서로는 《양심당집》이 있다." 『한국민족문화대백과사전』, 조성(趙晟).

하물며 천리나 떨어진 시골에서 드러누워서 약 구하는 일을 부탁하여 그 약을 얻더라도, 병중과 약을 구한 시기가 또 같지 않아 효과를 보기가 너무 요원하지 않겠습니까? 이로 인해 꼭 구하리라는 것을 기대할 수 없었을 뿐입니다.[36]

3. 복약 경험의 회자를 통한 복식(服食)의 조용한 확산

1) 도교양생법인 복식(服食)의 개념과 조선에서의 활용

의학 처방에 들어가는 약재의 수급이 쉽지 않은 상황에서 '복식(服食)'은 사람들의 주목을 끌만 했다. 15~17세기에 걸쳐 한두 개 혹은 소수의 약물로 구성된 간단한 처방을 통해 질병을 치료하는 단방(單方)이 계속해서 주목을 받았고, 15세기의 『향약집성방(鄕藥集成方)』, 16세기의 『촌가구급방(村家救急方)』, 17세기의 『동의보감(東醫寶鑑)』 등의 여러 의서에서 주요하게 다루어지고 있었다.[37] 단방과 마찬가지로 복식은 다양한 약물을 사용

---

36 『陶山全書』續內集, 卷9. 「與宋台叟(乙卯)」. "踰嶺歸未知厥後如何. 欲問趙伯陽以當藥. 又欲從令公求劑以自救. 但近年抱病在京知藥甚不易事. 又況千里之鄕. 轉轉[轉轉疑作輾轉]囑託以求之. 及其得藥. 病證與求藥之時. 又不同. 其責效不已踈乎. 以此未敢必求耳." 이 편지는 이황이 송태수 즉 송인수(宋麟壽, 1499~1547)에게 을묘년에 쓴 것으로 되어 있는데, 잘못 표기된 연도이다. 을묘년은 명종 10년 1555년에 해당되지만, 송인수가 이미 1547년에 사망했기 때문이다. 편지의 내용상 이황이 낙향한 1546년(丙午)부터 송인수가 사망한 1547년(丁未) 사이에 쓰인 것으로 추정된다.

37 오재근, 앞의 논문, 2014, 5-7쪽. 특히 단방의 개념에 대해서는 오재근의 "간단하게 구성된 치료 처방"이라는 규정을 참조했다.

하지 않고 한두 개 혹은 비교적 소수의 약물만을 활용하여 질병을 치료할 수 있고, 더 나아가 장복한다면 회춘하고 장수할 수 있다고까지 주장되는 방법이었다.

게다가 복식은 전파 방식 면에서 양생 서적에 수록된 도인법(導引法) 등보다 훨씬 유리한 측면이 있었다. 『활인심방』과 같은 경우 소장을 위해 책 전체 혹은 이황과 같이 일부에 불과할지라도 상당 부분을 필사해야 했다. 반면에 복식은 기본적으로 하나 혹은 소수의 약재만으로 구성되는 '처방전'을 통해 전달되기 때문에, 다른 양생법에 비한다면 분량상 비교적 짧다. 직접 처방전을 필사하거나, 처방전이 수록된 책에서 해당 부분만 필사하는 방식으로도 용이하게 전파될 수 있다.[38] 더 나아가 서로 대화하던 도중에 어떤 복식을 실제 경험해 본 사람이 경험담을 소개하면서 추천한다면 구두로도 전달할 수 있다. 특히 하나의 약물로 구성되어 있는 등 간단한 처방이라면 그 가능성은 더욱 높아진다.[39]

---

38 『默齋日記』卷六 명종 8년(1553, 계축) 12월 6일 무인 "관관이 사람을 보내 문안하며 《본초(本草)》의 괴실(槐實)이 실려 있는 권을 가져갔다(二道伻問, 取《本草》槐實付卷去)." 번역은 일부 수정. 괴실은 『증류본초(證類本草)』에서 오래 복용하면 눈이 밝아지고 기운이 나며, 흰 머리가 검게 되고 오래 사는 등의 효능을 지닌 것으로 일컬어진다. 『證類本草』卷第十二 槐實 "主五內邪氣熱, 止涎唾, 補絕傷, 五痔. …… 久服明目, 益氣, 頭不白, 延年. …… 又方古方, 明目, 黑髮. 槐子於牛膽中漬, 陰乾百日, 食後吞一枚, 十日身輕, 三十日白髮黑, 百日內通神";『鄉藥集成方』卷第八十 本草 木部上品 槐實, "久服, 明目益氣. 頭不白. 延年."

39 본 절에서 다룰 윤항이 유희춘에게 대화 도중 희렴환(豨薟丸)을 추천하는 1571년의 사례가 이에 해당된다. 희렴환이 수록된 의서인 『의설(醫說)』에 의하면, 희렴환은 오월달에 희렴의 잎과 가지끄트머리를 모아서 아홉 번 찌고 말린[九蒸九曝] 뒤 절구에 찧고 이를 졸인 꿀로 오자대 크기의 환약을 빚어서 따뜻한 술이나 미음으로 20~30환씩 복용한다. 張杲, 『醫說』卷三. 神方. "其藥多生沃壤. 五月間收洗去土, 摘

복식은 다른 말로 복약(服藥) 혹은 복이(服餌)로도 불리며, 약초(藥草)·광물(鑛物)·단약(丹藥)·부적(符籍)·천체(天體)의 기(氣) 등을 섭취하여 불로장생하는 신선이 되고자 하는 도교양생법이다. 도교양생법에서는 복식이 질병을 치료할 뿐만 아니라, 오래 복용하여 성적 능력을 증진시키고, 몸을 가볍게 만들고 흰머리를 검은 머리로 만드는 등 젊음을 되돌리면서 늙지 않게 해 주며, 수명을 늘려 주고, 궁극적으로는 영원한 삶을 누리는 신선이 될 수 있게 한다고 주장한다. 경우에 따라서는 불로장생하여 신선이 되는 것은 오로지 단약 즉 불사약인 금단(金丹)을 통해서만 가능하며, 이외의 복식은 장수하는 것까지만 가능하다고 기술되기도 한다. 또 하나의 특징은 장생불사약이라는 단약 즉 금단을 제외한 대부분의 복식의 처방들이 비교적 적은 개수의 약재들로 구성된다는 점이다. 물론 팔미원(八味元)과 같이 주로 허로를 치료하는 기존의 의학 처방이 복식으로 활용되기도 하며,[40] 총 9종의 약물로 구성된 연년익수불로단(延年益壽不老丹)

其葉及枝頭, 九蒸九曝不必太燥, 但取蒸爲度. 杵爲末, 煉蜜丸梧子大, 空心溫酒米飮下二三十丸.” 이 중 오월달에 희렴의 잎과 가지끄트머리를 채취한다는 점을 제외한 나머지 사항은 약에 대해 익숙한 사람에게 환약을 만드는 일반적인 방법에 불과하다고 여겨질 만한 내용이다. 결국 이 경우 처방에 대해 들은 사람은 환약의 재료와 채취시기만 기억하면 된다. 참고로 현재 ‘豨薟’의 공식적인 독음은 ‘희렴’이므로 본고는 이를 따랐다. ‘薟’의 훈이 ‘털진득찰’일 때의 독음은 ‘험’이고, ‘가위톱’일 때는 ‘렴’이다. ‘豨薟’의 기원이 ‘진득찰’이라는 약물이므로, 원래대로라면 ‘희험’이 올바른 독음일 것으로 보인다. 그러나 우리나라에서 ‘희험’은 쓰이지 않고 ‘희렴’ 혹은 ‘豨薟’을 ‘豨簽’으로 쓰면서 그 독음인 ‘희첨’이 사용된다.

40 『太平惠民和劑局方』卷之五 治諸虛(附骨蒸), 八味圓, “久服壯元陽, 益精髓, 活血駐顔, 強志輕身.” ‘오래 복용한다’는 복용방법과 ‘젊은 얼굴을 유지한다[駐顔]’ 및 ‘몸을 가볍게 한다[輕身]’는 효능은 복식의 대표적인 특징이다. 물론 『太平惠民和劑局方』에는 “治腎氣虛乏, 下元冷憊, 臍腹疼痛, 夜多漩溺, 脚膝緩弱, 肢體倦怠, 面色黧黑, 不

과 같은 복식 처방도 있다.[41] 그리고 복식 관련 내용은 약물을 전문적으로 다루는 본초 서적에 실려 있고, 또한 생활백과사전류에 빠지지 않고 수록되는 편이며,[42] 보통 거질(巨帙)의 대형 방서(方書)들에도 수록되어 있다.[43] 반면에 의서에는 수록되기도 하고 안 되기도 한다.

또한 벽곡(辟穀) 혹은 단곡(斷穀) 혹은 절곡(絶穀)이라 불리던 도교적 양생법 역시 복식과 밀접한 연관 속에 실행되었다. 벽곡은 복식의 전통으로부터 갈라져 나온 도교양생법의 하나로,[44] 인간을 해치는 삼시(三尸)[45]라는

思飲食, 又治脚氣上衝, 少腹不仁, 及虛勞不足, 渴欲飮水, 腰重疼痛, 少腹拘急, 小便不利;或男子消渴, 小便反多, 婦人轉胞, 小便不通"라는 허로 치료제로서의 효능도 함께 기재되어 있다.

41 『醫林撮要』제5권 허손문 28 [虛損門 二十八], 延年益壽不老丹, "千益百補, 服之十日, 或一月, 知爲另等人也. 常服, 功效難言. 得此藥者, 不可以爲藥, 易而輕傳, 實呂祖之初梯也." 연년익수불로단은 생지황, 숙지황, 천문동, 맥문동, 인삼, 지골피, 백복령, 하수오 및 꿀의 9종 약물로 구성되어 있다.

42 홍만선(洪萬選, 1643~1715)의 『산림경제(山林經濟)』와 유중림(柳重臨, 1705-1771)의 『증보산림경제(增補山林經濟)』(1766)에는 모두 복식이 별도의 문으로 수록되어 있다. 『山林經濟』卷之一 攝生 服食;『增補山林經濟』卷七 服食諸方. 이 두 책에 비해 이른 시기에 저술된 『지봉유설(芝峯類說)』(1614년경)에는 복식에 대한 별도의 문은 없으며, 『芝峯類說』卷十九 食物部 藥의 내용 중에는 복식과 벽곡이 일부 포함하고 있다.

43 송대부터 명대까지의 중국 대형방서에는 복식에 대한 문(門)이 따로 있었다. 『태평성혜방(太平聖惠方)』卷第九十四 神仙方序;『성제총록(聖濟總錄)』卷第一百九十八神仙餌門;『보제방(普濟方)』卷二百六十三~卷二百六十五 服餌門. 조선의 경우는 아래의 벽곡에서 설명할 내용인데, 의서인 『의림촬요(醫林撮要)』卷之十三 雜方의 "救荒辟穀方"이나 "斷穀不飢藥"과 같이 벽곡이라는 범주 하에 수록되었다.

44 백유상, 앞의 논문, 2024, 103쪽.

45 삼시(三尸)는 사람의 몸속에 살면서 물욕, 식욕, 성욕 등 인체의 욕망을 유발하며, 경신일(庚申日)에 하늘에 올라가 신에게 인간의 잘못을 아뢰어 인간에게 질병을 내리거나 수명을 단축시키는 귀신이다. 사람이 섭취한 곡식의 기운을 먹고 생존하므로,

도교의 귀신을 제거하고 장생불사하기 위하여 곡식을 섭취하지 않으며, 곡식 대신 기(氣)나 약(藥), 이(餌)를 장기간 섭취하는 도교양생술이다. '삼시' 관련 내용과 식사 대용으로 사용하면서 곡식을 끊는다는 점을 제외하면, 장생불사라는 목표와 이를 위해 장기적으로 약을 복용하는 점에서 벽곡은 복식과 유사하다.[46] 이를테면 솔잎은 벽곡뿐만 아니라 복식에서도 중요한 약재로 취급된다.[47] 모든 복식방이 식사 대용으로 쓰일 수 있는 것은 아니라는 점에서 벽곡방은 아니지만, 벽곡방은 복식방으로 사용될 수 있다. 벽곡방을 복식으로 사용할 뿐, 곡식을 끊지 않는 방법을 채택하기도 했던 것이다.[48] 다만 벽곡을 통해 곡식을 끊고 식사를 하지 않게 되면

벽곡을 통해 곡식을 끊어서 이를 제거한다.

46 黃永鋒과 같은 중국의 도교학자는 벽곡을 비롯해 服氣[調息이나 吐納 등의 호흡수련법], 服符[부적의 복용] 및 도교음식이 위에서 언급된 복약과 함께 복식에 포함된다고 주장한다. 黃永鋒, 앞의 책, 2008, 16-17쪽. 그러나 조선에서는 黃永鋒의 服藥과 辟穀이 복식으로 여겨지며, 나머지는 거의 언급되지 않는다.

47 『忠州救荒切要』에서는 솔잎이 벽곡방으로 간주되었는데, 이는 『산림경제』 제3권 구황(救荒)에서도 마찬가지이다. 그런데 동시에 『산림경제』 제1권 섭생(攝生) 복식(服食)에서도 솔잎이 취급된다. 솔잎을 솔가루로 만들어 복용하는 방법에 대해 '복식법(服食法)'이라고 부르면서, 제3권의 구황(救荒) 조를 참조하라고 되어 있다. 『忠州救荒切要』, "오늘날 절간의 중들은[僧徒] 솔잎[松葉]으로 곡식을 끊는 사람들이며 의약서[醫書]에도 역시 솔잎을 먹는 벽곡법[松葉辟穀之方]이 기술되어 있다. 이런즉 솔잎은 능히 장수할 수 있다(今之僧徒有松葉絶穀者. 醫書亦有食松葉辟穀之方. 此則松葉可以延生.)"; 『山林經濟』 제1권 攝生 服食, "솔잎······ 가루를 만들어 먹는 방법은 구황(救荒) 조에 보인다(松葉 ······ 作末服食法. 見救荒)."

48 이문건이 松葉末 즉 솔잎으로 만든 솔가루를 장기적으로 복용했지만, 이때 그가 곡식으로 된 식사를 끊었다는 내용은 일기에 보이지 않고 오히려 식사를 했다는 기록은 남아 있다. 『默齋日記』卷五 명종 7년(1552, 임자) 6월 4일 을묘, "아침 일찍 솔가루[松末]를 먹었다. 이어 물만밥[水飯]을 먹고 중모(中牟)의 재궁(齋宮)을 떠나 반식동(半息洞)에 이르러 아침밥을 지어 먹고, 말을 먹이고 출발했다(早服松末. 次啗水

다른 사람들도 쉽게 알게 되고, 괴이한 행동으로 주목을 받으며 신선술법을 하는 것으로 분명하게 인식되었다.[49]

흔히 복식과 혼용되는 용어인 복약과 복이[50]는 복식 안에서 서로 구분되는 두 종류의 하위 범주이다. 복약은 풀과 나무 혹은 광물을 재료로 하는 약과 단약을 가리키며, 복이와 비교했을 때 상대적으로 제형이 더 다

飯, 自中牟齋宮發行, 止于半息洞, 炊朝飯食之, 秣馬而行)." 그는 솔잎을 벽곡방이 아니라 복식방으로 사용했던 것이다.

49 『宣祖實錄』 209권, 선조 40년(1607) 3월 6일 기사 3번째기사, "곽재우(郭再祐)를 경주 부윤(慶州府尹)으로 삼았다.【벽곡(辟穀)을 하며 선도(仙道)를 배우더니, 역시 적송자(赤松子)를 따라 노닐겠다는 뜻인가.】(爲 …… 郭再祐爲慶州府尹【辟穀學仙, 亦從赤松子之意耶?】)";『선조실록』 211권, 선조 40년(1607) 5월 4일 병인 2번째기사, "전 우윤(右尹) 곽재우(郭再祐)는 행실이 괴이하여 벽곡(辟穀)을 하고 밥을 먹지 않으면서 도인(導引)・토납(吐納)의 방술(方術)을 창도하고 있습니다. 성명(聖明)의 세상에 어찌 감히 오활하고 괴이한 일을 자행하여 명교(名敎)의 죄인이 되는 것을 달게 여긴단 말입니까. 파직하고 서용하지 말아 인심을 바로잡으소서. 선비들 가운데 무뢰한 무리들이 혹 이 사람의 일을 포양(襃揚)하여 본받는 자가 또한 많으니, 사관(四館)으로 하여금 적발해 정거(停擧)하게 하여 사도(邪道)를 억제하는 법을 보이소서(前右尹郭再祐, 行己詭異, 辟穀不食, 倡爲導引, 吐納之術. 聖明之世, 安敢恣行迂怪之事, 甘爲名敎中罪人乎? 請命罷職不敍, 以正人心. 士子中無賴之徒, 或有襃揚此人之事, 而慕效之者亦多. 請令四館, 擲發停擧, 以示抑邪之典)";『광해군일기[중초본]』 7권, 광해 즉위년(1608) 8월 13일 정묘 5번째 기사, "그런데 재우가 산성 방수(防守)를 그만둔 뒤로 벽곡(辟穀)을 하여 솔잎만을 먹고 있으므로, 남들은 그가 도인(道引)을 하는 것이라고 하나[郭再祐自罷山城防守之後, 辟穀不食, 惟茹松葉, 人稱道引)."

50 예를 들면 『增補山林經濟』 卷七 攝生에서는 '복식의 여러 처방[服食諸方]'이라는 제목 하에 "무릇 복이하는 사람들이 생 고수 및 마늘과 여러 산나물을 많이 먹어서는 안 된다(凡服餌之家不可多食生胡荽及蒜雜生菜)"면서 복식과 복이를 혼용한다. 그런데 『醫方類聚』 卷之一 總論一에서 인용된 『和劑局方』에 이 구절은 "服藥, 不可多食生胡荽及蒜雜生菜"로 되어 있다. 이런 방식으로 '복약'과 '복식' 및 '복이'는 혼용되고 있다.

양하다는 특징이 있다. 복약의 제형은 단(丹),[51] 고약(膏藥), 환(丸), 탕(湯), 산(散), 술[酒], 약재를 우려낸 물 등이다. 복이는 현대의 영양 보조 식품 섭취와 유사한데, '이(餌)' 자체가 음식물을 가리키기 때문이다. 제형은 떡[糕餅]의 형태를 띠며, 복약과 비교하면 더 다양한 재료를 사용하는 편에 속한다. 이를테면 동물성[血肉品], 풀과 나무, 채소, 영지(靈芝) 버섯류와 금옥(金玉) 등이다.[52]

조선의 복식에는 솔잎이나 송진[松脂], 하수오(何首烏), 괴실(槐實),[53] 토사자(菟絲子), 오미자(五味子)[54] 등의 식물성 재료와 녹용(鹿茸)이나 자하거(紫河車)[55] 및 소뼈[牛骨][56]과 같은 동물성 재료 및 철액(鐵液)과 같은 금속이

51　단(丹)은 약재를 분말로 하여 이를 풀이나 점성약즙으로 개어 알약을 만드는 것으로 외형상 환약(丸藥)과 유사하다. 흔히 정련된 약품이나 귀중한 약재가 많이 포함된 것을 흔히 '丹'이라 지칭한다. 윤용갑, 『동의방제와 처방해설』, 의성당, 1998, 85쪽.

52　黃永鋒, 앞의 책, 2008, 16-17쪽.

53　『默齋日記』 卷六 명종 9년(1554, 갑인) 3월 2일 임인 "회화나무 열매[槐子] 3개를 먹었고, 아침에는 솔가루[松末]를 먹었다(服槐子三介, 朝服松末)."

54　『默齋日記』 卷四 명종 3년(1548, 무신) 5월 15일 을축, "오미자를 조금 먹었다(服五味子少許)"; 『默齋日記』 卷四 명종 3년(1548, 무신) 5월 16일 경인, "오미자를 조금 먹었다(少服五味子)"; 『默齋日記』 卷四 명종 3년(1548, 무신) 5월 17일 신묘, "○오미자를 조금 먹었다. ○더위를 먹어서 밤에 자는데 몸이 편치 않다(○少服五味子. ○夜以飮熱, 寢不便.)"; 『默齋日記』 卷四 명종 3년(1548, 무신) 5월 18일 임진, "오미자를 조금 먹었다(服五味子少許)."

55　『승정원일기』 40책 인조 11년(1633) 6월 14일 갑술 6/18, "그저께 지어 들인 자하거단(紫河車丹)은 이미 복용하셨으며(再昨劑入紫河車丹, 其已進御)"; 『승정원일기』 95책 인조 24년(1646) 9월 29일 임신 3/7, "탕약 외에 자하거환(紫河車丸)을 전에 30제(劑)만 복용하기로 정했었는데 오늘 아침에 30제를 다 들여보냈습니다(而湯藥之外, 紫河車丸, 前以三十劑爲限, 今朝三十劑已爲畢入矣)."

56　『승정원일기』 768책 영조 9년(1733) 11월 12일 기축 13/13, "여염의 사람들은 현기증이 있으면 음식으로 보양하는데 그 방도로 우골(牛骨)만 한 것이 없으니, 그 효과를

나 기타 여러 광물성 재료로 만든 약이 사용되었다. 이 중에서 식물성 재료의 사용이 두드러지게 많고, 특히 솔잎이 가장 널리 활용되었다. 철액을 제외한 다른 금속 및 광물성 약재를 주재료로 하는 약이나 도교의 단약이 사용된 사례는 19세기 이전까지는 잘 보이지 않는다. 또한 하나나 비교적 소수의 약재로 이루어진 단방 외에도 허로를 치료하는 의학의 처방 역시 복식을 위해 장기 복용되었다. 위에서 언급된 자주 사용되는 복식 약재를 주재료로 사용하며 '오랫동안 복용하면 … 모든 병을 낫게 하며 … 몸이 가벼워지며 오래 살고' 등의 복식으로서의 효능을 기재한 소토사자원(小菟絲子圓)[57]이나, 복식 관련 효능이 기재된 허로 치료제인 팔미원(八味元), 그리고 복식 관련 효능 없이 보하는 약재를 중요하게 사용하는 팔물탕(八物湯)이나 육군자탕(六君子湯) 등이 이에 해당되었다. 특히 소토사자원은 『향약집성방』에도 수록된 처방으로 16세기 중후반의 유희춘과 이문건의 일기 모두에 등장하는데, "오래 복용하면 모든 병을 제거하고 눈과 귀가 밝아지며, 좋아지고 몸이 가벼워지며 오래 살게 해 준다."[58]

본 사람도 많고 방서(方書)에도 언급하였습니다.… 고(故) 판서 이광적(李光迪)은 나이가 90세에 가깝도록 다른 복식하는 처방은 없었고, 매일 아침 우골탕 한 보시기에 술 한 잔을 먹었다고 하였습니다(閭閻之人, 有眩氣者, 食補之道, 無如牛骨, 其見效者, 多矣, 方書亦言之 … 故判書李光迪, 年近九十, 無他服食之方, 每日朝喫骨湯一甫兒, 酒一杯云矣)." 번역은 일부 수정.

57 『鄕藥集成方』卷第十四 諸虛 小菟絲子圓, "오랫동안 복용하면 골수를 충실하게 하고 부러진 것을 이어주며 오장을 보하고 모든 병을 낫게 하며 보고 듣는 것이 명확해지고 안색이 좋아지고 몸이 가벼워지며 오래 살고, 눈과 귀를 밝게 한다(久服塡骨髓, 續折傷, 補五臟, 去萬病, 明視聽, 益顏色, 輕身延年, 聰耳明目)."

58 『鄕藥集成方』卷第十四 諸虛 小菟絲子圓, "久服塡骨髓, 續折傷, 補五臟, 去萬病, 明視聽, 益顏色, 輕身延年, 聰耳明目."

는 주치로 인해 당시 주목받은 것으로 보인다.

조선에서의 복식이 지닌 또 하나의 특징은 예를 들면 '3년'과 같이[59] 보통 복식은 장기적으로 복약해야 하는 것으로 여겨졌다는 점이다. 그리고 복약의 장기화에 따라 병을 치료[治病]하는 것으로부터 시작해서, 몸을 가볍게 하며[輕身] 기력이 나게 하고[益氣力], 노화를 막아 젊음을 되찾고[返老還童], 수명을 연장하거나[延年] 장생(長生)하여 경우에 따라서는 신선이 되는 것 등의 목표가 차례로 달성되는 것으로 기술된 원래 복약의 효능이 조선에서도 충실하게 신봉되고 있었다[60]는 점이다. 1614년에 저술된 『지봉유설』은 한국 최초의 백과전서적인 저술로 복식에 대한 다양한 내용을 수록하고 있는데, 이 중 토사자에 대한 언급은 16세기 말부터 17세기 초의 토사자를 비롯한 복식에 대한 조선인들의 인식을 잘 보여준다. 임진왜란(1592~1597)으로 인해 기근이 발생했을 때, 중풍에 걸려 (아마도 지체의 마비로 인해 피난 가기도 힘들었을) 병자가 집 안에 틀어박혀 토사자 수십 말(1말은 대략 18리터)을 곡식 대신 식량으로 삼아 먹었더니 어느 날 갑자기 중풍도 낫고 기력도 중풍에 걸리기 전보다 좋아졌다는 것이다.[61] 당시 사람

---

59 『月洲集』卷之一, 詩, 范若虛所進鐵液方 幷序, "庶幾可期於三年之後."
60 대표적인 사례를 한 가지만 들면, 『鄕藥集成方』卷第七十五 補遺 服枸杞養神延年不老地仙方 神仙服枸杞法出淮南枕中記, "(복약하면) '200일 안에 신체가 빛나고 윤택하며, 피부가 연유처럼 뽀얗게 되고, 300일 지나면 천천히 걸어도 말을 따라갈 수 있으며, 노인이 다시 젊어진다. 장복하면 오래 살고 진인이 될 수 있다.'고 하였다(二百內, 身體光澤, 皮膚如酥. 三百日, 徐行及馬, 老者復少. 久服延年, 可爲眞人矣)." 이와 유사한 내용은 같은 책의 《聖惠方》中山衛叔卿服雲母法, 神仙服天門冬强筋髓駐顔容法, 神仙餌松實方, 神仙餌桃膠法, 神仙服芍藥絶穀方 등에서도 보인다.
61 『芝峯類說』卷十九 食物部 藥, "有村民患風疾, 不能出戶. 癸巳年間, 因兵荒, 收得兔絲子數斛, 作飯常服之. 舊疾頓愈, 氣力壯健, 勝於未病之前."

들이 복식을 복용함으로써 기대하는 가장 기본적인 효과는 병이 있는 사람이 계속 먹으면 오래된 지병이 낫고 기력이 이전보다 건강해지는 것이다. 따라서 허약하게 타고난 사람이나 젊어서부터 질병이 많았던 이들이 복식을 시작하게 되는 경우도 많았다.[62]

2) 1571~1573년 희렴 복식-유희춘(柳希春) 내외(內外)의 사례

1571년에 윤항(尹衖)이라는 해남(海南)의 진사가 조정의 고관을 지낸 유희춘(柳希春, 1513-1577)에게 "희렴(豨薟)을 먹으면 백발이 흑발로 변하고 소화 기능이 왕성해진다. 옛날부터 지금까지 비할 데 없을 만큼 아주 훌륭한 약이다."[63]라며 추천했고, 대략 보름 후 약까지 보내왔다.[64] 유희춘은 이때부터 부인과 함께 희렴환(豨薟丸)을 복용하기 시작했고, 햇수로 3년째 되던 해인 1573년에 유희춘에게 새로 나는 콧수염이 이전과 같이 흰색

---

62 『玉潭詩集』, 玉潭遺稿「나의 노쇠함[吾衰]」, "옛날 어린 시절에는 타고난 기품이 많이 허약하여 오랜 세월 질병을 안고 살아 모습이 이처럼 쇠잔하게 됐어라.… 중년에는 복식하기를 일삼아 신체가 제법 충실해졌기에(昔我孩竪時 禀氣多不足 長年抱疾病 形骸任殘翁 … 中年事服食 軀殼頗充實)." 『옥담시집(玉潭詩集)』은 이응희(李應禧, 1579~1651)의 시문을 모은 문집이다.

63 『眉巖日記』 6책 辛未年(선조 4년, 1571) 八月 初九日 "윤탄지[주: 항]가 "희렴을 먹으면 백발이 흑발로 변하고 소화기능이 왕성해진다. 옛날부터 지금까지 비할 데 없을 만큼 아주 훌륭한 약이다. 박한무로부터 얻었다"고 말했다(尹坦之 [주:衖] 服豨薟 白髮少變黑 腸胃充壯 蓋古今絶妙之良藥 得之於朴漢懋云)."

64 『眉巖日記』 6책 辛未年(선조 4년, 1571) 八月 初十日 "아침에 윤탄지[주: 항]가 희렴환 2000환을 보내왔다. 나는 매일부터 먹을 것이고 부인 역시 이것을 복용할 것인데, '비위가 조화로워지고 점차 식욕이 생긴다'고 했다(朝尹坦之 [주:衖] 送豨薟丸二千丸 來 余欲自明日服之 夫人亦服此 而脾胃平和 漸思食云)."

이 아니라 흑색으로 나기 시작했다. 그의 부인은 함경북도 국경 지대에서 풍사(風邪)에 상한 뒤 차가운 땀이 물 흐르듯이 줄줄 나는 자한증(自汗證)을 10년 넘게 앓아 왔는데, 3년째 복용하자 이 고질병이 완치되었다.[65]

희렴환은 『의설(醫說)』이라는 의서에 수록된 처방으로,[66] 희렴의 이파리

---

65   『眉巖日記』 7책 癸酉年(선조 6년, 1573) 正月 初九日 "부인이 새로 자라나는 내 콧수염이 모두 검은색이라는 것을 보았는데, 희렴을 복용한 효과라고 생각했다. 광문(光雯)이 보아도 역시 그랬는데, 이것이 어찌 천지간에 기이한 약이 아니겠는가?(夫人見余鼻下髭新生者皆黑 以爲服豨薟之效 光雯視之亦然 此豈非天地間奇藥)"; 『眉巖日記』 8책 癸酉(선조 6년, 1573년) 十一月 十八日, "부인이 경신년(주: 명종 15년, 1560)에 종성에 부임하는 자신을 따라 갔다가 풍사를 받아 차가운 땀이 물 흐르듯 나는 병에 걸렸는데, 신미년(주: 선조 4년, 1571년) 7월부터 희렴환을 복용하기 시작해 복용한 지 2년이 되던 해에 풍한이 조금 줄었고, 3년째에 이르러 올 가을에는 완치되었다(夫人自庚申年 [주:明宗十五年] 赴鍾城 受風膝理 冷汗如流 自辛未年 [주:宣祖四年] 七月 始服豨薟丸 服之二年 風汗稍減 至第三年 今秋快差)." 물론 그녀가 희렴환만으로 완치되었다고 보기는 힘들다. 1570년에도 『화제국방(和劑局方)』의 수중금원(守中金圓)을 복용하고 "다 나았다[差平]"고 말한 적이 있기 때문이다. 차평(差平)은 "병이 나아서 평상의 건강상태로 회복하다[差平復]"의 의미이다. 『眉巖日記』 6책 辛未(1571) 二月 初九日. 또한 1573년에 완치되었는지도 정확하게 알기 힘들다.

66   김호는 "朴醫醫說"에 대해 '박한무가 저술한 『의설』'로 해석한다. 김호, 앞의 논문, 2001, 137쪽. 그러나 이것은 "박의원(이 빌려준) 『의설』" 혹은 "박의원(의 책인) 『의설』"의 의미이다. 희렴환은 박한무(朴漢懋)라는 의원이 제조한 것인데, 그는 유희춘에게 희렴환이 수록된 『의설』이라는 의서를 보내왔다. 유희춘은 『의설』을 "朴醫醫說" 혹은 "醫說"이라 부르는데, 전자는 "박의원이 빌려준 『의설』"이라는 뜻이다. 박한무는 『의설』 외에도 『直指』라는 책도 빌려줬는데, 유희춘은 이를 "朴漢懋直指方"이라 부른다. 그런데 이 '直指方'은 송나라 陽士瀛이 지은 의서 『仁齋直指方』을 가리킨다. 그러므로 "朴漢懋直指方"은 "박한무가 빌려준 『직지방』"이며, 이와 마찬가지로 "朴醫醫說" 역시 "박의원이 빌려준 『의설』"이 되는 것이다. 『眉巖日記』 6책 辛未年(선조 4년, 1571) 八月 十三日 "박한무의 책 『의설』이 볼 만하다(朴醫醫說一書可觀)"; 『眉巖日記』 6책 辛未年(선조 4년, 1571) 八月 十五日 "의설을 훑어보면서 희렴환(에 관해 들은 내용이) 사실임을 보았다(閱醫說 見豨薟丸事實)"; 『眉巖日記』 6책 辛未年(선조 4년, 1571) 十月 初六日, "박한무 직지방 6책을 이미 등사했고 본책은

와 가지 끝 아홉 번 찌고 말린 뒤 절구에 찧어 가루를 만들어서 연밀(煉蜜)로 빚은 환약이다.[67] 100복(服)을 먹으면 "눈이 밝아진다[眼目輕明]." 그리고 1,000복을 먹으면 "수염과 머리카락이 까매지며, 근력이 가볍고 세어진다[鬚髮烏黑, 筋力輕健]." 등을 비롯하여 갖가지 효능이 있다고 한다. 이외에 질병을 치료하는 효과도 있는데, 중풍으로 인한 실음불어(失音不語)나 구안와사같이 풍사(風邪)로 인한 난치병들을 치료하는 것으로 기재되어 있다.[68]

유희춘의 부인 같은 경우, 바로 이 풍사를 치료하기 위한 목적으로 희렴환을 복용했던 것이다. 그녀는 1570년에도 풍허지한(風虛之汗)을 치료하기 위해 수중금원(守中金元)[69]을 복용하여 큰 효과를 보았다. 이 처방은 『화제국방(和劑局方)』의 수중금원(守中金圓)으로 중초불화와 비위에 쌓인 냉기를 다스리는 치료제이다.[70] 수중금원의 예는 부인의 희렴환 복용이

내가 갖고 등사한 책은 박한무에게 돌려줄 것이다(朴漢懋直指方六册 旣已謄寫 本册 爲吾所有 而謄本歸朴矣)"; 『眉巖日記』 6책 辛未年(선조 4년, 1571) 十月 十六日 "『직지방』과 『의설』 등의 사본과 2장부유석을 박한무에게 보냈다(以直指方醫說等寫本 · 二張付油席 送于朴漢懋)."

67 『醫說』卷三. 神方. 豨薟丸. "摘其葉及枝頭, 九蒸九曝, 不必太燥, 但取蒸爲度. 杵爲末, 煉蜜丸梧子大, 空心溫酒米飮下二三十丸."

68 『醫說』卷三. 神方. 豨薟丸. "臣自吃至百服, 眼目輕明. 即至千服鬚髮烏黑, 筋力輕健, 效驗多端. 臣本州有都押衙羅守一, 曾因中風墜馬風墜失音不語. 臣與十服, 其病立痊. 又尙智嚴, 年七十, 患偏風口眼喎斜, 時時吐涎. 臣與七服, 亦便瘥."

69 『眉巖日記』 6책 辛未(1571) 二月 初九日, "夫人 自去冬風虛之汗差平 乃去歲服守中金元之效也"; 『眉巖日記』 6책 辛未(1571) 十月 初三日 "審藥 爲吳姊 製守中金元 二百二十三丸."

70 『太平惠民和劑局方』卷之三 治一切氣 守中金圓; 『醫方類聚』卷之一百 脾胃門二 和劑局方 脾胃 守中金圓 "理中焦不和, 脾胃積冷, 心下虛痞, 腹中疼痛, 或飮酒過多, 胸

복식을 치료에 활용하는 맥락이었음을 보여준다. 그 외에도 유희춘은 복식인 소토자원도 복용했다.[71]

3) 1535~1567년간의 다양한 복식-이문건(李文楗)의 사례

이문건은 유희춘과 비슷한 시기를 살면서 유희춘보다 훨씬 다양한 종류의 복식을 장기적으로 애용했다. 그가 작성한 일기인『묵재일기』의 원문과 번역문이 수록된 디지털 장서각에서 '복이(服餌)'로 검색되는 총 430건의 자료가 이문건이 복용한 복식이다. 그리고 구체적으로는 김성수가 이문건에 대해 "거의 매일같이 약물을 복용하고 있었으며, 그는 이를 '약' 혹은 '약이(藥餌)'라고 표현하였다."면서 '양생의 방편'으로 이문건이 복용한 것으로 송진과 꿀 그리고 때로는 이 두 약물에 복령 가루까지 더한 단방, 보정고(補精膏), 토사자원(免絲子元), 상단(上丹) 등을 소개했다.[72] 이문

脅逆滿, 噎塞不通, 欬嗽無時, 嘔吐冷痰, 飲食不下, 噫氣吞酸, 口苦失味, 怠惰嗜臥, 不思飲食. 又治傷寒時氣, 裏寒外熱, 霍亂吐利, 心腹絞疼, 手足不和, 身熱不渴, 及腸鳴自利, 米穀不化."

71 『眉巖日記』3책 己巳(1569) 九月初八日 "朴僉知大立守伯 備送小菟絲子圓藥材四種來";『眉巖日記』3책 己巳(1569) 九月二十三日 "閔公起文 令醫製小菟絲子圓來";『眉巖日記』3책 己巳(1569) 十一月二十二日 "是朝 初服小菟絲子圓二十九 [주]丸] 以酒下之 其實當服五十丸也";『眉巖日記』3책 己巳(1569) 十一月二十三日 "朝 始服免 [주:菟] 絲子圓五十丸."

72 김성수, 앞의 논문, 2013, 38-39쪽, 48-49쪽. 논문에서 언급된 '免絲子元'은 『묵재일기』에서 소토사자원(小兎絲子元, 小免絲子元)의 약칭으로 사용되며, 유희춘이 복약한 小菟絲子圓과 같은 처방이다. 또한『묵재일기』에서 免絲子丸라고 1회 등장하는 처방 역시 같은 처방일 가능성이 있지만, 마찬가지로 "머리털과 콧수염이 노랗거나 흰 것을 치료하니, 검게 변화시킨다(治髮髭黃白, 可變令黑)"는 복식의 효능을 지닌

건은 송진과 복령 가루를 꿀로 빚은 것을 '이(餌)' 그리고 이를 복용하는 행위를 '복이(服餌)'라고 불렀다.[73] 또한 이문건은 솔잎[松葉]을 가루로 만든 솔가루[松葉末, 松末]를 장기 복용했는데, 솔잎·송진·복령·토사자원(免絲子元) 등은 모두 장기 복용하는 대표적인 복식에 해당된다. 그가 소장하고 있던 『향약집성방』에 따르면, 복령은 『선경(仙經)』의 복식방(服食方)으로 곡식을 끊어도 배고픔을 느끼지 않게 해 주며, 토사자환(菟絲子丸)은 수염과 머리카락을 검게 만들어 준다.[74] 보정고는 "항상 복용하면 원양

『향약집성방』의 菟絲子丸일 가능성 또한 있다. 上丹은 논문에서 언급되지 않았는데, 『默齋日記』卷二 명종 즉위년(1545, 을사) 11월 22일 신사, "괴산의 노 억년(億年)이 와서 서울 집에서 보낸 편지, 유의(襦衣) 2벌[領], 버선 2부, 겹적삼[裌衫 1개, 흑색 죽립 1개, 현석(玄石) 갓끈[纓子] 1개, 흑대(黑帶) 1개, 상단(上丹) 1봉(封), 귀손(貴孫)이 보낸 토사자(免絲子) 1봉 등의 물품을 전해주기에 살펴서 받았다(槐山奴億年來, 傳京家所送書信及襦衣二領, 韈二部, 裌衫一, 黑竹笠一, 玄石纓子一, 黑帶一, 上丹一封, 貴孫免絲子一封等物, 考納之)."

73   『默齋日記』卷五, 명종 7년(1552, 임자) 3월 13일 을미, "복이를 했다. 송진[松脂]과 복령가루[苓末]에 꿀을 섞어 만든 餌를 오늘로 다 먹었다(服餌. 餌具松脂, 苓末和蜜者今日乃盡)." 번역은 일부 수정.

74   『鄕藥集成方』卷第八十, 本草 木部上品, 松葉 [鄕名] 솔입사귀, "맛이 쓰고, 약성(藥性)이 따뜻하다. 풍습창(風濕瘡)을 치료하고, 모발(毛髮)을 자라게 하며, 오장(五臟)을 편하게 하고, 속을 지키며, 배고프지 않게 하고, 오래 살게 만든다(味苦, 溫. 主風濕瘡, 生毛髮, 安五臟, 守中, 不飢延年)";『鄕藥集成方』卷第八十, 本草 木部上品, 松脂 [鄕名] 송진, "장복(長服)하면 몸이 거뜬해지고 늙지 않으며 오래 살게 된다(久服, 輕身不老延年)";『鄕藥集成方』卷第八十, 本草 木部上品, 茯神 [鄕名] 솔뿌리싼 복령, "《선경(仙經)》의 복식방(服食方)에는 이것이 매우 중요하다고 하면서, 정신을 맑게 하고, 구규(九竅)를 잘 통하게 하며, 살찌게 하고, 장(腸)을 튼튼하게 하며, 심규(心竅)를 열어 주고, 영(榮)을 고르게 하며, 위기(胃氣)를 다스리는 데에 매우 좋은 선약(仙藥)이라고 하였다. 곡식을 끊어도 배고프지 않게 한다(仙經服食亦爲至要. 云其通神而致靈, 和魂而練魄, 明竅而益肌, 厚腸而開心, 調榮而理胃, 上品仙藥也. 善能斷穀不飢)";『鄕藥集成方』卷第三十, 頭病門 2, 髮黃令黑,《聖濟總錄》菟絲子丸 治髮髭黃白,

을 건장하게 하고 진기를 보익하며 위장을 도와주고 윤폐시킨다[常服, 壯元陽, 益眞氣, 助胃潤肺]."는 주치를 가지고 있어서 복식 관련 내용은 없지만, 허로에 대한 처방을 '항상 복용'한다는 복용법상 복식으로 사용됨을 알 수 있다.[75] 상단을 "오래 복용하면 몸을 가볍게 하고 나이가 많더라도 기력이 약해지지 않아 노인 같지 않고 정정해지며, 힘이 세지고, 음식이 맛있어지며, 눈이 밝아진다."[76]는 효능이 바로 복식과 동일하다.

4) 1560~1570년대 철액(鐵液) 복식-노경린(盧慶麟)의 사례를 중심으로

율곡(栗谷) 이이(李珥)의 장인 노경린(盧慶麟, 1516-1568) 역시 복식 처방인 철액을 장기 복용했다. 이이가 쓴 노경린의 행장에 의하면 노경린은 원래 관절 질환을 비롯해 이런저런 병으로 고생하던 터라 여러 종류의 약이를 복용하며 버텨 왔다. 대략 1564~1566년의 숙천부사(肅川府使) 재임기간[77] 중 노경린은 어떤 사람으로부터 철액 복식법을 소개받았다. 그는

可變令黑,"《성제총록》토사자환 머리털과 콧수염이 노랗거나 흰 것을 치료하니, 검게 변화시킨다(《聖濟總錄》菟絲子丸 治髮髭黃白, 可變令黑)."

75 『鄕藥集成方』卷第十四, 諸虛, 補精膏, "항상 복용하면 원양을 건장하게 하고 진기를 보익하며 위장을 도와주고 윤폐시킨다(常服, 壯元陽, 益眞氣, 助胃潤肺)."

76 『太平惠民和劑局方』卷五 諸虛不足 上丹, "養五臟, 補不足, 固眞元, 調二氣, 和榮衛, 保神守中, 久服輕身耐老, **健力美食明目**, 降心火, 交腎水, 益精氣. 男子絶陽, 庶事不興. 女子絶陰, 不能姙娠. 腰膝重痛, 筋骨衰敗, 面色黧黑, 心勞志昏, 寤寐恍惚, 煩憒多倦, 餘瀝夢遺, 膀胱邪熱, 五勞七傷, 肌肉羸瘁, 上熱下冷, 難任補藥, 服之半月, 陰陽自和, 容色肌肉光潤悅澤. 開心意, 安魂魄, 消飮食, 養胃氣." 강조와 밑줄은 필자.

77 노경린이 1564년에 숙천부사를 재임하고 있었고, 1566년에 사위인 이이가 장인인 숙천부사 노경린을 대신해 장계를 올린 사실이 확인된다. 『明宗實錄』30권, 명종 19

이후 1년 넘게 철액을 복약했다. 노경린보다 조금 뒤인 1572년에 유희춘도 첨정(僉正) 벼슬을 지낸 정희증(鄭希曾)으로부터 철액 처방에 대해 전해 들었던 것[78]을 보면, 16세기 중후반에 철액 처방의 전파 경로로는 사람들의 권유가 중요하게 작용했다. 그리고 '철액'이라는 명칭상 이것은 본초 서적을 비롯한 의서에서 기원한 것이 아니었다. 대략 1580년대 초반에 저술되어 동시대의 의서인 『의림촬요(醫林撮要)』에 철액은 아예 포함되어 있지 않다.

또한 16세기 중반부터 16세기 말까지 조선에서 유통되던 본초학 서적을 비롯한 의서에서 복식으로 사용된 것은 '철액'[79]이 아니라 '철장(鐵漿)'·'철화분(鐵華粉)'·'생철(生鐵)'·'철분(鐵分)'이었다.[80] 이 점은 당시 약

년(1564) 12월 8일 병자 1번째 기사; 『栗谷全書』 卷12, 書(4) 「代肅川府使上平安兵使金秀文」 이이가 장계를 올린 연도가 장계에 적힌 丙寅 즉 1565년이 아니라 1566년이라는 점에 대해서는 이재경, 「명종~선조대 압록강 방면 여진족 집단들과 조선」, 『한국문화』 83, 2018, 272쪽.

78 『眉巖日記』 7책 壬申(선조 5년, 1572) 十一月十六日 "僉正鄭希曾 來言鐵液之方"

79 『鄕藥集成方』 卷第七十七, 本草 石部 中品, 鐵落, "풍열(風熱), 악창(惡瘡), 양저(瘍疽), 가창(痂瘡), 개창(疥瘡), 기(氣)가 피부에 몰린 증상 등을 치료한다. 가슴 속의 열기(熱氣)로 소화가 안 되는 증상을 없애고, 갑갑함을 멎게 하며, 사마귀를 없앤다. 일명 철액(鐵液)이라고도 한다. 검게 염색할 수 있다. …… 일화자(日華子)는 다음처럼 말했다. 철액(鐵液)은 심경사(心驚邪), 일체의 독사(毒蛇)·독충(毒蟲)·잠칠(蠶漆)에 의한 교창(咬瘡) 등을 치료한다. 장풍(腸風), 치루(痔漏), 탈항(脫肛), 유행성 질환, 열병(熱病)으로 발광(發狂)하는 병 등을 치료한다(主風熱惡瘡 瘍疽 瘡痂疥氣在皮膚中, 除胸膈中熱氣食不下, 止煩, 去黑子. 一名鐵液, 可以染皂. …… 日華子云, 鐵液, 治心驚邪, 一切毒蛇蟲, 及蠶漆咬瘡, 腸風痔瘻脫肛, 時疾熱狂)."

80 『鄕藥集成方』 卷第七十七, 本草 石部 中品, 鐵漿, "《진주낭(珍珠囊)》에서는 다음처럼 말했다. 철장(鐵漿)은 곧 생철(生鐵)을 물에 담가 우려낸 것인데, 날마다 마신 뒤에는 새 물을 붓는다. 오래 지나 철 위에 노란 기름이 생기면 약력(藥力)이 더 좋아져서 몸이 거뜬해지면서 건강하게 된다. 당태비(唐太妃)가 먹은 것이 바로 이것이

물과 관련되어 조선에서 널리 사용되던『향약집성방』이나『중수정화증류본초(重修政和證類本草)』[81]와『경사증류대관본초(經史證類大觀本草)』그리고 후대의『동의보감』에 이르기까지 동일하다. 고려시대에 유입된『경사증류대관본초』와 1577년에 조선에서 간행되기까지 한『중수정화증류본초』는『향약집성방』의 중요 저본이기도 하다. 사실상 조선에서 참조할 수 있는 의약 서적에서 '철액'이라는 용어는 복식으로 사용되지 않았던 것이다.

이에 대해서는 "철장(鐵漿)은 바로 생철(生鐵)을 담근 물을 복이(服餌)하는 것이다. 매일 철장을 만들어 마시고 즉시 새로 길어 온 물을 넣는데, 오래되어 철 표면에 누런 기름이 생기면 그 효력이 훨씬 좋아서 사람의 몸을 가볍고 튼튼하게 한다. 당태비(唐太妃)가 복용한 것이 바로 이것이다.

다(珍珠囊云, 鐵漿, 卽是以生鐵漬水服餌者, 日取飮, 旋入新水, 日久鐵上生黃膏, 則力愈勝, 令人肌體輕健. 唐太妃所服者, 乃此也)";『鄕藥集成方卷』第七十七, 本草 石部 中品, 鐵華粉, "심신(心神)을 편안하게 하거나, 골수(骨髓)를 튼튼하게 하거나, 심지를 굳건하게 하거나, 풍사(風邪)를 제거하거나, 혈기(血氣)를 길러 주거나, 수명이 늘어나고 흰머리가 변하거나, 온갖 병을 제거한다. 냉증과 열증에 따라 여러 가지 약재와 섞은 다음 대추로 만든 고(膏)로 환약을 만든다(主安心神, 堅骨髓, 强志力, 除風邪, 養血氣, 延年變白, 去百病. 隨所冷熱, 合和諸藥, 用棗膏爲丸)";『鄕藥集成方卷』第七十七, 本草 石部 中品, 生鐵, "鎭心, 安五藏, 能黑鬚髮(마음을 진정시키며, 오장(五臟)을 편안하게 만들고, 수염과 머리카락을 검게 만들며)";『鄕藥集成方卷』第七十七, 本草 石部 中品, 鐵分, "심신(心神)을 안정시키고, 골수(骨髓)를 강화하며, 백병(百病)을 치료한다. 머리카락을 검게 만들고, 살결을 윤기 나게 하며, 사람을 늙지 않게 한다. 신체를 강하게 하고 식욕을 돋운다. 장복(長服)하면 살이 찌고 검게 된다(主安心神, 堅骨髓, 除百病, 變白潤肌膚, 令人不老, 體健能食, 久服令人身重肥黑)."

81　『重修政和證類本草』卷第四;『經史證類大觀本草』卷第四(日本公文書館 소장),

만약 검게 염색하는 것을 철장이라고 한다면 시고 쓴 맛과 악취가 나고 떫어서 가까이하지 못하는데, 하물며 먹겠는가."라는 『중수정화증류본초』와 『경사증류대관본초』 유철(柔鐵) 조의 언급이 직접적이다.[82] 여기에서 '검게 염색하는' 약물이라면 복용할 수 없다며 비판하는데, 이 두 책과 『향약집성방』 모두에서 이 약물은 철락(鐵落)으로, "일명 철액(鐵液)이라고도 한다. 검게 염색할 수 있다." 또한 철액은 "대장간 모루 옆에 떨어진 고운 쇳가루를 오래 담가 둔 물이다". 이것에는 다음과 같은 주치증이 있다. "마음이 놀란 것을 치료하고, 온갖 독사·벌레·누에에 물린 것, 옻오른 것, 장풍(腸風)·치루(痔漏)·탈항(脫肛)·온갖 악창을 치료하며, 수염과 머리카락을 검게 물들인다."[83] 그 어디에도 복식으로서의 효능은 없다.

이런 의서와는 달리, 조선에서 사용되는 철액의 처방들은 모두 '철장'과 같이 생철을 담근 물을 복이한다. 따라서 이 '철장'을 '철액'이라고 부르는 복식의 관행은 의학 이외의 부문에서 도입된 것이다. 조선에서 복식으로서의 철액과 관련된 의학 이외 부분의 문헌은 『산림경제』(1715)에 '범약허가 올린 상소[范若虛疏]'라면서 수록된 「철액법(鐵液法)」이 거의 유일

---

82 『重修政和經史證類備用本草』 卷第四, 玉石部中品總八十七種金·銀·鐵·塩·土等附, 鐵落, "鐵漿卽是以生鐵漬水服餌者. 日取飮, 旋入新水, 日久鐵上生黃膏, 則力愈勝, 令人肌體輕健. 唐太妃所服者, 乃此也. 若以染皂者爲漿, 其酸苦臭澁安可近, 況爲服食也." 번역은 일부 수정.

83 『東醫寶鑑』 湯液篇卷之三, 金部, 生鐵 무쇠, 鐵液, "治心驚邪, 一切毒蛇蟲, 及蚕漆咬瘡, 腸風痔漏, 脫肛, 諸惡瘡痂疥, 幷染鬚髮令黑.…… 取鍛家砧上, 打落細皮屑, 水漬日久, 取汁用. 堪染皂, 一名鐵落. 《本草》" 『동의보감』에 전체적으로 정리가 잘 되어 있어서 인용했는데, 이것의 원출처는 『重修政和證類本草』 卷第四 鐵落이고, 『鄕藥集成方』에서 재인용한 것이다. 『鄕藥集成方』 卷第七十七, 本草 石部 中品, 鐵落.

한 것으로 보인다. 그 효능은 무성욕증(Anaphrodisia)과 남성 불임을 치료
하여 '오래 먹으면 비위(脾胃)를 보하고 골수를 메우며, 다리의 힘이 건장
해지고, 눈이 밝아지며 기운이 더해지는가 하면 주독(酒毒)을 제거시키고
입 냄새를 감소시킨다. 그리고 흰머리가 흑발로 되돌아오고 빠진 이가 다
시 나며'⁸⁴ 120세까지 장수하면서 정력이 강해지는 것이다. 17세기의 관

---

84 『山林經濟』 제1권 섭생(攝生) 복식(服食)「鐵液法」, "철액법(鐵液法)은 범약허(范若
虛)의 상소문에, "신(臣)이 해묵은 병 때문에 30여 년을 산중에 들어가 있었는데, 꿈
에 어떤 신인(神人)이 와서 말하기를 '너의 병은 철액(鐵液)을 먹으면 낫는다.' 하였
습니다. 그리하여 천하의 명의에게 다 물어보았으나 알지를 못하였고, 신승(神僧)인
달마(達摩)에게 물었더니 '그렇다. 이 약은 범인은 천하게 여기지만 성인은 귀하게
여기는 것이다. 다섯 가지 철(鐵) 가운데 수철(水鐵)이 독이 없으며, 5방(方)의 금(金
) 중에는 동방의 금이 가장 좋은 것이다.' 하고는, 드디어 먹는 방법을 가르쳐 주므로
21일을 먹으니 조금 나았고, 1백 일을 먹으니 큰 차도가 있었습니다. 신이 70세 전에
는 자식이 없었으며 72세에 상처를 하였는데, 그 후에 아내 한 명과 첩 둘을 얻어 4남
2녀를 두었으며, 지금 나이 1백 20이 되었으나 밤에 잔글씨를 읽을 정도입니다." 하
였다. 가래[鍤]와 쟁기의 생철(生鐵) 5근을 숯불 위에 올려놓고 벌겋게 달구어 망치
로 부수어서 혹은 밤알, 혹은 바둑알 크기로 4근 남짓하게 장만하여 정화수(井華水)
에다 1백 번 깨끗이 씻은 다음 흰 자기 항아리에 담아 정화수 1말에다 담근다. 그리
고 굳게 밀봉하여 기운이 새지 않게 해야 하며 따뜻한 곳에 두거나 부인이 가까이 하
게 하지 말아야 한다. 그렇게 해서 봄과 여름에는 3~4일, 가을 겨울에는 6~7일이 지
난 다음 개봉하여 큰 잔으로 하나씩 먹는다. 혹은 하루에 세 번씩 임의로 먹기도 하
는데 정화수는 떠내는 양만큼 더 첨가한다. 오래 먹으면 비위(脾胃)를 보하고 골수
를 메우며, 다리의 힘이 건장해지고, 눈이 밝아지며 기운이 더해지는가 하면 주독(酒
毒)을 제거시키고 입냄새를 감소시킨다. 그리고 흰 머리가 다시 검어지고 빠진 이가
다시 나며 소리가 금석(金石)처럼 울려서 귀신도 놀라고 두려워한다. 아내가 없는
이는 먹어서는 안 된다. 이는 양기가 동하는 것을 억제하기 어렵기 때문이다. 음식
은 온갖 것을 꺼리는 바가 없으나 돼지고기만은 꺼리며 3년마다 한 번씩 철(鐵)을 바
꾼다(鐵液法. 范若虛疏曰. 臣以宿疾. 入山三十餘年. 夢有神 人來言曰. 汝病服鐵液
則愈. 問于天下名醫皆不知. 問神僧達摩. 曰然. 此藥凡人之所賤. 聖人之所貴. 五鐵
之中. 水鐵無毒. 五方之金. 東方之金最良. 遂敎服法. 三七日少愈. 百日大差. 臣七十

료 소두산(蘇斗山, 1627-1693)은 당시 한양의 선비들 사이에서 크게 유행하던 철액법 처방과 복약법을 구한 뒤 이를 실행에 옮겨 보니 철액이 엄청난 효과가 있다면서, 시와 함께 〈범약허소진철액방 병서(范若虛所進鐵液方幷序)〉라는 글을 썼다. 그가 얻은 처방은 '범약허소진철액방(范若虛所進鐵液方)'이었던 것으로 보인다.[85] 후대의 의서인 『의종손익(醫宗損益)』(1868)과 『의가비결(醫家秘訣)』(1928)에서는 직접적으로 '철액소(鐵液疏)'를 언급했고, 『의휘(宜彙)』(1871)에는 철액소와 관련된 내용은 없지만, 다른 의서에서 언급되는 것보다 매우 다양한 철액법의 내용을 소개했다.[86] 조선에서는 범약허가 올린 상소를 기본으로 한 처방전 혹은 단편의 글이 사람들 사이에서 200년 넘게 유통되었고, 또한 이와는 다른 출처의 철액법 역시 전파되고 있었다고 볼 수 있다.

前無子. 七十二喪妻. 娶一妻二妾. 生四男二女. 今年百有二十. 夜讀細字. 錊鐴生鐵五斤. 炭火上燒令赤. 鎚碎煅煉. 或如栗子. 或如芺子大四斤許. 井華水百度淨洗. 納于白瓮缸. 井華水一斗浸之. 堅封勿洩氣. 勿置溫處. 勿令婦人近之. 春夏經三四日. 秋冬六七日開封. 飮一大盞. 或一日三服任意. 而井華水. 隨出隨添. 久服補脾胃. 塡骨髓健脚力. 明日益氣. 去酒毒減口鼻. 白髮還黑. 落齒更生. 聲若金石. 鬼神驚怕. 無妻妾者不可服. 陽盛難制也. 飮食百無所忌. 只忌猪肉. 三年一改鐵.)." 그리고 이상의 내용에 이어 노경린이 이를 복약한 지 1년만에 사망했으니 경계하라는 『芝峯類說』의 내용이 인용되어 있다.

85 『月洲集』卷之一, 詩. 范若虛所進鐵液方 幷序」.

86 『醫宗損益』卷之一, 子集 神 癲狂, 鐵漿, "범약허(范若虛)의 〈철액소〉에는 다음과 같이 기록되어 있다.…… (范若虛, 鐵液疏曰 ……)"; 『宜彙』卷之一, 補益, 鐵液法; 『醫家秘訣』卷之上, 神門, "철액소(鐵液疏)에서 말하기를 ……(鐵液疏云 ……)."

4. 복식과 그 부작용에 대한 사회적 인식의 형성 기제
―풍문(風聞)

유희춘과 그의 부인은 복식으로 효과를 봤지만, 이문건은 송엽으로 별다른 효과를 보지 못했다. 그는 "솔가루[松末]를 먹지 않았으니, 시고 쓴 것을 억지로 먹는다고 무슨 이득이 있겠는가?"라며 복용을 중지하기도 했다.[87] 그런데 사람에 따라서는 복식을 복용한 뒤 병에 걸리거나 심지어 건강이 나빠지다가 죽는 일까지도 일어났다. 이때 복식의 부작용 중 널리 알려진 것은 저(疽)라는 종기인데, 저는 종기의 뿌리가 깊고 쉽게 아물지 않는 특징이 있다.[88]

16세기 초반[89]에 저술된 조선 최초의 백과사전인 『지봉유설』에는 그 시기가 불명확하지만 복식으로 토사자를 복용한 젊은이가 기력이 왕성해진 뒤 갑자기 등에 '저'라는 종기가 나 버린 사례가 기록되어 있다. 그는 다행히도 대량의 금은화(金銀花) 생즙(生汁)을 2일간 집중적으로 복용하고 완치되었는데, 그의 등창은 토사자의 보기(補氣)하는 성질로 인해 발병한 것이라 기술되었다.[90]

---

87 『默齋日記』卷五 명종 7년(1552, 임자) 12월 8일 병진, "不服松末, 勉啖酸苦, 何益?"

88 疽의 개념에 대해서는 한의학대사전 편찬위원회, 『한의학대사전』, 정담, 2001.

89   일반적으로 『지봉유설』의 성서 연대는 1614년으로 알려져 있지만, 『지봉유설』에 1616년에 사망한 兪大禎과 1620년에 사망한 宋英耈의 죽음이 기록되어 있다. 일부 내용에 대해서는 1614년 이후에도 추가적인 보완이 이뤄진 것으로 보인다.

90 『芝峯類說』卷十九 食物部 藥, "또 한 사람이 젊어서 토사자를 복용했는데, 음식량이 두 배로 늘었고 기혈이 왕성해졌지만, 갑자기 등에 뿌리가 깊은 종기가 났다. 금은화 즙을 이틀 도안 몇 근을 마시고 나서 종기가 즉시 사라졌는데, 토사자가 보기하기 때

또한 『지봉유설』에는 이 정도 수준의 부작용을 넘어서서 16세기 중반부터 17세기 초반까지 다양한 약물로 된 복식을 실행하다가 죽었다고 알려진 고위직 관리 다섯 명이 기록되어 있다. 노경린은 조선 중기의 복식 유행 과정에서 발생한 첫 번째 사망자로 유명해진 인물이다. 이이는 장인의 행장에서 이 과정에 대해 다음과 같이 자세하게 밝혔다. 노경린은 숙천 부사로 재직하던 1564~1566년 사이에 어떤 사람으로부터 철액 복용을 추천받았다. 그가 1년 넘게 철액을 복약하던 중, 어느 날 갑자기 몸과 정신이 쇠약해지게 되자 바로 복약을 중지했다. 1566년에 이이가 장인인 숙천 부사 노경린을 대신해 평안 감사에게 장계를 올린 것을 감안하면, 노경린은 1565년부터 철액 복식을 시작한 뒤 1566년에 급격한 건강 악화로 복식을 그만둔 것으로 추정된다. 그리고 1568년에는 갑자기 병이 심해져서 좋은 의사를 찾아 자신의 집이 있는 황해도 해주를 떠나 서울로 갔지만 결국 53세의 나이로 사망하고 말았다.[91]

노경린도 종삼품의 숙천 부사로 고위직이었지만, 이후로 사망한 관리 네 명은 그보다도 더 높은 지위에 있었다. 『지봉유설』에 의하면 중종의 서녀인 정순옹주(貞順翁主)와 결혼한 여성위(礪城尉) 송인(宋寅, 1517-1584)과 정삼품 참의(參議) 이해수(李海壽, 1536-1599)는 늘 하수오를 복용했다.

문이다(又一人少服兎絲子, 飮食倍常, 氣血充盛, 而忽得背疽. 飮金銀花汁, 兩日至數斤, 腫卽消盡, 蓋兎絲子能補氣故也)." 뒤에서 이해수에 대해 다루면서 자세하게 다루겠지만, 여기의 "달(疸)"은 "저(疽)"의 오기이다.

91   『栗谷全書』卷之十八 行狀 宗簿寺正盧公行狀, "素有風濕疾, 平生以藥餌自扶. 在肅時, 有人示以服鐵液之法, 極稱神效. 公苦於多疾, 欲試其方, 服之踰年, 精神頓耗, 乃止. 隆慶戊辰春, 病轉甚, 鄕無善醫, 恐不可救, 輿入京城, 百藥無效. 朝命下, 拜成均館典籍, 竟不能謝恩, 以四月己亥終. 享年五十有三."

종이품 병조 참판(兵曹參判) 유대정(兪大禎, 1552-1616)은 수년간 송진[松脂]을 복용했으며, 종이품 동지(同知) 송영구(宋英耈, 1556-1620)는 솔잎[松葉]을 복용했다. 『지봉유설』은 이들 모두 '저'로 인해 죽었다고 전한다. 그러므로 '복약(服藥)'하는 사람들은 경계해야 한다고 주장하는데,[92] 이때의 '服藥'은 바로 복식의 하위 범주로 단약을 비롯한 다양한 재료와 제형으로 된 약을 복용하는 '복약(服藥)'이라는 도교양생술을 가리킨다. 그리고 신선이 되기 위해 광물성 약재로 만든 금단을 복용하면 저가 생기기 쉽다고 널리 알려져 있었으며,[93] 이수광은 복식을 복용한 이 네 명에게 생긴 종창을 금단 부작용의 연장선상에서 발생한 저로 간주했던 것이다.

송인의 사망에 대해 살펴보면, 이들의 사망 원인이 모두 다 저는 아니었을 가능성이 드러난다. 송인은 왼쪽 비박(臂膊)[94] 부위에 난 정(疔)으로 사

---

92 『芝峯類說』卷十九 食物部 藥 "盧斯文慶麟服鐵液踰年, 精神頓耗乃死. 兪參判大禎服松脂累年, 礪城尉宋寅, 李參議海壽常服何首烏, 宋同知英耈服松葉, 皆疽發而殂. 服藥者宜知戒哉." 이해수의 문집인 『藥圃遺稿』에 실린 「藥圃先生年譜」에는 『지봉유설』의 저자 이수광이 일찍이 '이해수 선생이 말년에 늘 하수오를 복용했는데, 疽가 생겨서 돌아가셨다'고 말했다고 기록되어 있듯이, "疽"은 "疽"의 오기이다. 『藥圃遺稿』「藥圃先生年譜」. "芝峯李公睟光. 嘗言先生晚年. 常服何首烏. 發疽而卒." 이후 『山林經濟』나 정약용의 「醫零」에 모두 "疽"로 수정되어 있다. 『山林經濟』卷之一 攝生 服食; 『與猶堂全書』第七集醫學集第六卷○麻科會通 六 醫零 集古四.

93 김광래 옮김, 가와하라 하데키, 『독약은 입에 쓰다 - 불로불사를 꿈꾼 중국의 문인들』, 성균관대학교출판부, 2009, 244쪽. 금단의 대표적인 부작용은 저(疽) 외에도 번조와 갈증[躁渴], 조급해하면서 성내기[躁怒]와 광증(狂症)이다. 이 점은 당나라 황제에 대한 역사적 기술에서 흔히 보인다. 『三峯集』卷之十一 奉化鄭道傳著 經濟文鑑別集 上, "宣宗 …… 餌**金丹**, 未幾**躁渴**. 明年**疽**發於背而莫之救矣. …… 憲宗 …… 帝亦餌**金丹**之劑, **躁怒**妄殺." 밑줄과 강조는 필자.

94 비박(臂膊)은 어깨의 등 부위, 윗팔과 팔뚝 등 다양한 의미를 지닌다.

망했다.⁹⁵ 정은 정창(疔瘡) 혹은 정종(疔腫)의 준말이다. 처음 생길 때 피부 위로 볼록 튀어나오고 뿌리가 깊게 있는 종기로 그 형태가 못과 같이 생겼으며, 열독이 깊은 곳에 몰려서 발생한다.⁹⁶ 정은 그 특징적인 생김새로 인해 저와는 분명히 구분되지만, 이수광은 송인에게 발생한 종기를 복식의 부작용으로 간주하며 '저'라고 부른 것이다.

이와 유사하게 『약포유고(藥圃遺稿)』「약포선생연보(藥圃先生年譜)」에는 이해수가 "머리카락의 가장자리 부위에 종기가 났다[髮際腫發]."고 그리고 『표옹유고(瓢翁遺稿)』「연보(年譜)」에는 송영구 역시 "머리카락의 가장자리 부위에 종기가 났다[髮際生腫]."⁹⁷고만 되어 있다. '종(腫)'은 종기에 대한 포괄적 용어로 저만이 아니라 정이나 옹(癰)과 같은 다른 종류의 종기도 포함되지만, 이수광은 이를 '저'라고 특정한 것이다. 게다가 「약포선생연보」의 저자는 이해수의 사망 원인에 대해 대자(大字)의 원문으로 '종기[腫]'라고 기록하면서, 부가적으로 이수광이 이해수의 종기를 '저(疽)'라고 불렀다는 점도 소자(小字)의 주로 함께 적어 놓았다. 공식적으로 이해수와 송영구의 사망 원인은 '종기'라는 포괄적 의미를 지니는 '종(腫)'이었다.

또한 이들의 종기가 꼭 복식으로부터 발생하지 않았을 가능성 역시 존재한다. 『약포유고』「약포선생연보」에는 이수광이 "이해수 선생이 말년

---

95 『頤庵遺稿』卷之十一附錄一 實紀「有明朝鮮國奉憲大夫礪城君兼五衛都摠府都摠管 宋公墓誌銘幷序.「甲申七月. 疔生左臂髆轉劇.」;『頤庵遺稿』卷之十一附錄一 實紀 諡狀,「甲申七月丁亥. 公病臂疔以終.」 한국고전DB의 원문 이미지에는 "髆"으로 되어 있으나 한국고전DB의 원문에는 "髆"으로 판독되어 있다. 여기에서는 "髆"으로 바로 잡았다.

96 『醫林撮要』卷之十 疔腫方 八十五.

97 『藥圃遺稿』「藥圃先生年譜」;『瓢翁遺稿』卷之三 附錄「年譜」.

에 늘 하수오를 복용했는데, 저가 생겨서 돌아가셨다."고 말했다고 기록되어 있다. 그러나 연보의 저자인 이해수의 외육대손(外六代孫) 조영세(趙榮世, 1679-?)는 이 내용이 '집안에서 대대로 전해지는 말[世所傳說]'일 뿐, 정작 가문에서 펴낸 기록에는 실려 있지 않아서 사실 여부를 알 수는 없다고 첨언했다. 이 논평은 『약포집(藥圃集)』「약포선생연보【금당】(藥圃先生年譜【錦堂】)」에 하수오와 관련된 내용이 없다는 점을 가리킨다.[98]

조영세의 지적은 이해수만이 아니라 송인과 유대정, 송영구에게도 똑같이 적용된다. 이수광이 주장하는 것과 같이 복식의 부작용으로 사망했다는 내용은 네 명 중 그 누구의 문집에도 보이지 않기 때문이다. 송영구에 대해서는 "사망하기 한 해 전부터 몸이 몹시 여위면서 병이 끊이지를 않고 계속 나다가 해가 바뀌고 나서 봄이 될 무렵에 위독해지더니 종기가 난 뒤 사망했다."고만 기록되어 있다.[99] 만약 이들이 복식을 했다 하더라도 그것이 사망의 원인이 아니었을 가능성, 실제로는 복식이 사망의 원인이지만 가족들이 복식을 사망의 원인으로 여기지 않았을 가능성, 복식으로 인해 사망했음을 인지했으나 가족들이 그 내용을 기록하지 않았을 가능성 등이 존재한다. 이와는 달리 이들의 가족들이 사망 원인으로 복식을 지목하지 않았고, 실제로 이들의 사망이 복식과 무관할 가능성을 배제할

98　『藥圃遺稿』「藥圃先生年譜」. "芝峯李公晬光, 嘗言先生晩年, 常服何首烏, 發疽而卒. 此言家乘之所不載. 然世所傳說, 而未知其言之虛實也. 語在芝峯類說." 가문에서 펴낸 문집에 실린 연보에서 묘사하는 이해수의 사망은 다음과 같다. 『藥圃集』「藥圃先生年譜【錦堂】」. "九月, 寢疾, 十九日, 易簣于醴泉高坪里第. 訃聞, 上震悼, 輟朝三日, 賜賻加厚.【都民罷市巷哭】"

99　『瓢翁遺稿』卷之三 附錄 季譜, "公自己未以後. 形貌瘦削. 疾病連綿. 自冬徂春. 證勢轉篤. 因以髮際生腫. 五月二日. 卒于東大門外寓所."

수 없다. 그럼에도 불구하고, 사람들 사이에서는 이들이 복식으로 사망했다는 풍문이 퍼져 있었다.

이것은 『지봉유설』에서 고관 출신 인물 네 명이 복식을 실행하다가 저가 발생해 사망했다는 주장의 사실 여부와는 별도로, 고관대작들의 복식 및 이로 인한 부작용과 사망은 한 세대를 넘어 후대까지도 회자될 정도로 중요한 정보로 여겨졌기 때문이다. 『지봉유설』의 저자인 이수광(李睟光, 1563-1628)은 1563년생으로 노경린이 사망한 1568년에 만 5세에 불과했다. 그런 이수광이 50년도 더 뒤에 노경린의 사망을 자신이 저술한 백과사전인 『지봉유설』에 남길 정도로 철액으로 인한 노경린의 사망은 후대까지도 잊히지 않았다. 노경린의 철액 복식과 사망 사건을 알고 있는 그 누군가는 마치 이수광이 이해수의 죽음에 대해 "말년에 그가 하수오를 상복하고서 저가 발생하여 사망했다."고 말한 것처럼 이야기하고는 했었고, 이것이 나중에 이수광의 귀에까지 닿게 되었던 것이다. 1584년에 사망한 송인 역시 30여 년 뒤에도 복식으로 인한 사망자로 여전히 기억되고 있었다. 이를 통해서 조정의 고관들이 복식으로 인해 사망했다는 이야기가 사실 여부를 떠나 그 자체로서 화제성을 가지고 유포되었다는 사실을 알 수 있다. 복식과 그로 인한 것으로 이야기되는 부작용이 이미 사회적 관심사로 자리 잡게 된 것이다.

5. 결론

지금까지 '의약을 통한 질병 치료'를 이념적 목표로 삼았지만 이것의 달성이 결코 쉽지 않았던 16세기 중후반 조선의 현실로부터 시작해, 질병 치료와 젊음의 회복 및 장수를 비교적 소수의 약재들로 구성된 하나의 처방으로 해결할 수 있다는 도교양생법인 복식이 이 괴리를 파고들며 전파되는 미시적인 과정에 대해 기술했다. 이것은 개인적 차원에서 채택한 전략이며, 이에 대한 정보의 획득과 전파 역시 개인적 차원에서 상호 간의 대인 접촉을 통해 이루어지는 측면이 강했다. 그리고 복식을 통해 효과를 본 사람뿐만 아니라 부작용을 경험한 사람도 발생했으며, 복식을 하던 고관들의 잇따른 사망에 대한 풍문은 사람들로 하여금 복식을 단순히 개인적 전략의 채택과 실천을 넘어서는 사회적 현상으로 인식하게 하였다. 사망 사건이 발생한 지 수십 년이 지난 뒤에도 사람들의 입에서 오르내릴 정도의 화제성을 가지고 풍문을 통해 전파되면서, 복식이 스스로 주장하는 바와는 달리 해로울 수도 있다는 인식 또한 확산되어 갔음을 살펴보았다.

이 글에서 조선의 양생과 관련하여 그동안 주목받지 못한 복식이라는 도교양생술의 개념을 통해 조선에서 16세기 중후반 이후 이 도교양생법이 조용히 전파되고 있었다는 점을 밝혔다. 기존의 연구에서 복식이 연구 대상으로 여겨지지 않았던 것은 '복식(服食)'과 혼용되는 용어인 '복약(服藥)'과 '복이(服餌)'가 복식이라는 개념을 포착하는 데 일정 부분 장애로 작용했던 점에서 기인한다. 복약은 복식의 한 종류라는 점 외에 일반적으로는 '약을 복용한다'는 의미로 널리 사용되기 때문이다. 또한 복식의 하위 범주인 '복약'에서 복용하는 것이 실제로는 약재였기 때문에 도교양생법인 복약을 단순히 '약을 복용한다'라고 해석해도 틀린 말은 아니었다. 이 점은 결국 약재를 복용하는 점에서 다를 것이 없는 '복이'에 대해서도 마찬가지로 적용된다. 다른 한편으로 복식의 개념 자체가 질병 치료를 포함하고 있으므로, 경우에 따라서 복식과 복약 그리고 복이라는 세 가지 용어가 질병 치료를 위한 일반적인 의학의 약물 복용과 다를 것 없이 여겨졌기 때문이다.

특히 이 글에서 복식이 양생법이지만 개념상 치료의 수단으로 활용된다는 점을 밝힌 것은 앞으로 조선의 도교와 양생에 대한 이해를 넓히는 데 일조할 수 있을 것으로 기대된다. 일반적으로 양생은 질병 치료와는 대척점에서 질병이 없는 평상시에 생명을 기르는 것으로 이해되어 왔다. 그러나 본고에서 살펴본 것과 같이 양생법에는 이 점 외에도 질병 치료의 측면이 함께 존재한다. 관절 질환을 비롯해 여러 가지 만성질환에 시달리던 노경린의 철액 복식과 10년 넘게 '풍허지한'이라는 질병을 앓아 오던 유희춘 부인의 희렴환 복식은 복식이라는 도교양생법이 질병 치료를 목적으로 선택될 수 있음을 보여준다.

더 나아가 복식이라는 양생법이 치료의 수단으로 활용된다는 사실은 '양생법의 치료적 활용'이 복식 이외의 다른 도교양생법에 대해서도 마찬가지로 적용될 수 있는지 검토해 볼 필요성을 우리에게 제시해 준다. 이희명이 자신의 창증이 비록 증상은 심하지 않지만 완치되지 않고 만성화하는 것에 대해 대처하기 위해 이문건으로부터 의서와 함께 『활인심방』을 비롯한 양생 서적을 함께 빌려 간 것과 이황이 늘 병마로 고통받았지만 이에 대한 약물 치료조차 제대로 하기 힘든 상황에서 『활인심방』을 필사하고 도인술을 평생 실천한 것에 대해서도 '질병 치료에 대한 양생법의 활용'이라는 관점에서 새롭게 접근해 볼 필요가 있는 것이다. 이런 후속 연구는 16세기 중후반 조선 사대부들 사이에서 도교양생법들이 어떤 목적을 위해 얼마나 전파되었는지에 대해 포괄적으로 이해하는 데 도움을 줄 것이다.

또한 필자는 이 글의 전반부에서 유의의 진료 사례에 대해 진단상의 문제로부터 치료 효과의 미비함에 이르기까지 검토했는데, 이것은 유의가 실제로 수행한 역할을 진료의 과정과 결과를 통해 구체적으로 분석해야 할 필요성을 제기해 준다. 이를테면 성주 지방의 유의 이문건에 대해 "전문적 수준에서 의술을 펼쳤다."는 신동원의 평가는 그가 적극적으로 진료를 행한 1561년 이후부터의 기간에 사흘에 1건 남짓한 환자를 본 진료 건수를 비롯해, 그를 찾아온 환자군과 그들의 질병, 그들에 대한 진료 유형, 그리고 이문건의 다양한 소장 의서를 통해 살펴본 그의 의술 수준 등을 포괄적으로 검토한 뒤 내려진 것으로 보인다.[100] 그러나 이 평가는 가장 핵심적일 수 있는 진료 수준에 대한 분석을 누락하고 있다는 점에서 보완 연구가 필요하다.

이문건이 '적극적으로 진료를 행한 시기'에 속하는 1561년에 발병한 손자의 신우신염에 대해, 본고에서 밝힌 것과 같이 그는 진료의 방향을 잡는 첫 단계부터 실패했다. 당시의 진료가 의원에 의해 독단적으로 이루어지지 않고 환자와의 토론 및 환자 측의 학습까지 동반한 형태로 이루어져 식자층의 의학 지식 수준이 높았다 하더라도,[101] 그리고 어느 유의가 제아무리 많은 의서를 읽었다 하더라도, 조정에서 인식하고 있었던 바와 같이 독학으로 의서를 읽어 습득한 의술의 한계가 극복될 수 없는 결정적인 장애물로 유의에게 작용했을 가능성을 배제할 수 없다. 따라서 이문건의 행장에 실린 "의술에 정통하여 살려낸 사람이 매우 많았다."는 평가에 대해

---

100 신동원, 앞의 논문, 2015, 403쪽; 신동원, 앞의 책, 2014, 387-443쪽.
101 신동원, 앞의 논문, 2015, 402쪽.

개별적 진료 사례들을 분석하여 '활인(活人)'이 어느 정도 수준까지 가능했는지에 대해 검토하는 것이 필요하다.

한편 이 글에는 다음과 같은 한계점도 있다. 복식에 존재하는 질병 치료의 측면은 분명히 복식의 확산에 일조를 했지만, 이것만으로 복식의 확산 현상 전체를 설명할 수는 없다. 유희춘이 복식을 시작한 이유인 백발을 흑발로 돌리는 노화 방지 더 나아가 장수하고자 하는 욕구 또한 복식의 확산과 밀접하게 관련되어 있을 텐데, 이에 대해서는 구체적으로 다루지 못한 것이다. 후속 연구에서는 당시 복식이 확산되던 것처럼 이 욕구 역시 확산되고 있었는지, 만약 그렇다면 어떤 역사적 과정을 통해 이런 변화가 나타났는지, 그 개인적 선택의 밑에 깔린 사회적 기전에 대한 고찰을 시도할 것이다.

또한 본고에서 사람들 사이에서 그 부작용에 대한 풍문이 전파되었던 점에 대해 규명했는데, 이에 대한 반응은 이수광의 '복식하는 자들은 경계해야 마땅할진저[服藥者宜知戒哉]'라는 언급을 소개하는 데서 그쳤다. 그런데 이에 대한 이론적인 반응은 16세기 중후반에 노경린의 사위이자 당대 최고 수준의 성리학자인 이이에 의해 성리학에서, 그리고 당대 최고의 의학 실력을 갖춘 어의 양예수에 의하여 의학 이론 분야에서 본격적으로 제기되었다. 의료 및 약의 개념과 올바른 수양의 방법 등의 주제를 놓고 격렬하게 진행되는 반응에 대해서도 후속 논고를 통해 기술할 것이다.

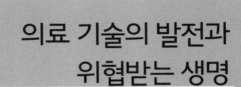

의료 기술의 발전과
위협받는 생명

—「태아성감별금지법」에 대한 위헌판결과 관련하여

조태구

경희대학교 인문학연구원 HK+통합의료인문학연구단 HK교수

1. 서론

헌법재판소는 2024년 2월 28일 임신 32주 이전 태아의 성 감별을 금지하는 의료법 제20조 제2항("의료인은 임신 32주 이전에 태아나 임부를 진찰하거나 검사하면서 알게 된 태아의 성(性)을 임부, 임부의 가족, 그 밖의 다른 사람이 알게 하여서는 아니 된다.")에 대해 위헌 6명, 헌법 불합치 3명의 의견으로 위헌을 판결했다.[1] 이로써 1987년 '3년 이하의 징역 또는 200만 원 이하의 벌금'이라는 강력한 처벌 규정과 함께 제정되었던 태아성 감별 행위 및 고지 금지 관련 조항(이하 「태아성감별금지법」)은 2008년 헌재로부터 헌법 불합치 판결을 받아 2009년 현재의 조항으로 개정된 이후 15년 만에 완전히 역사 속으로 사라지게 되었다.[2] 그러나 소수의 몇몇 의료 관련 매체를 제외하고는 헌재의 이런 판결에 크게 주목하는 언론은 없었다. 일반 대중도, 학계도 무관심하기는 마찬가지였다. 물론 「태아성감별법」이 2008년

---

1   선고 2022헌마356, 2023헌마189 · 1305(병합).
2   헌재의 위헌 판결 이전까지 전개된 태아성감별금지법의 개정 및 제정의 역사는 정창환과 최규진의 다음의 논문에 완벽하게 정리되어 있다. 정창환 · 최규진, 「태아성감별 행위 및 고지금지법 폐지의 필요성」, 『한국의료윤리학회지』 24-3, 2021, 319~324쪽.

에 이미 헌재로부터 '헌법 불합치' 판결을 받은 바 있어, '위헌'이라는 헌재의 이번 판결이 전혀 새롭지 않게 느껴졌을 수도 있다. 그러나 대안 입법을 유도하는 '헌법 불합치' 판결과 법의 완전한 폐기를 선언하는 '위헌' 사이에는 메울 수 없는 간극이 존재한다. '헌법 불합치' 판결은 태아의 성 감별 행위를 법으로 금지하는 일에 일정한 가치를 인정하지만, '위헌' 판결은 이러한 금지에 어떠한 가치도 인정하지 않는다. 즉 태아의 성 감별은 이제 의료 기술이 허용하는 한, 부모가 원한다면 언제라도 시행해도 좋은 일이 되었지만, 이러한 변화에 관심을 갖는 사람을 거의 찾아보기 힘들다는 것이 현재의 상황이다.

그런데 사실 2008년 헌법재판소가 「태아성감별법」에 대해 헌법 불합치 5명, 위헌 3명, 합헌 1명의 의견으로 헌법 불합치 판결을 내렸을 때도[3] 언론은 이러한 헌재의 판결에 거의 주목하지 않았다. 당시 관심을 가졌던 소수의 매체 중 하나인 《병원신문》이 〈태아 성 감별 헌재 판결헌… 의료계 우려·환영 교차〉라는 제목의 기사에서 헌재의 판결을 두고 "의사 단체와 생명윤리학계가 첨예한 의견 차이를 보이고 있어 향후 논란이 예상된다."고 썼지만,[4] 기사의 예상과는 달리 별다른 논란은 발생하지 않았다. "왜 위헌이 아니라 헌법 불합치인가?", "헌재가 판결의 근거로 삼은 논점은 정당한가?" 등 헌재의 판결에 대해 비판적인 입장을 취하는 법학계의 몇몇 논문이 발표되었을 뿐,[5] 정작 "성 감별 고지를 허용하게 되면 낙태 등

---

3   선고 2004헌마1010, 2005헌바90(병합).

4   「태아 성감별 헌재판결.. 의료계 우려·환영 교차」, 《병원신문》, 2008.08.01.

5   변종필, 「태아 성감별교지 금지의 위헌성 검토」, 『비교법연구』 9-1, 2008, 155~180쪽;
     양현아, 「의료법상 태아의 성감별 행위 등 금지 조항의 위헌 여부 판단을 위한 사회과

의 생명윤리 문제가 발생할 수 있다며 우려감을 감추지 않았다."⁶던 생명 윤리학계에서는 관련 사안에 대해 단 한 편의 논문도 발표된 바 없고 관련 주제를 다루는 학술의 장이 열린 바도 없다. 언론도 학계도 이 사안에 대해서는 2008년이나 2024년이나 일관되게 관심이 없다.

이러한 무관심의 이유는 무엇일까? 우선 태아의 성 감별을 금지하자는 주장의 근거가 허구라는 점이 보편적으로 받아들여져서 더 이상 논쟁 자체가 성립되지 않는 상황을 생각해 볼 수 있다. 처음에는 피상적으로 관련 문제에 접근했다가, 논의를 진행하기 위해 사태의 진상을 파악한 뒤에는 침묵하게 된 경우인 것이다. 가령, 앞서 언급한 《병원신문》의 기사는 가톨릭대 생명대학원의 구인회 교수를 현재 판결에 반대하는 진영의 대변자로 내세우고 있다. 구인회 교수에 따르면, 태아의 성별에 대한 정보는 임산부의 건강과 직결되는 정보가 아니라 '단순한 호기심'의 대상일 뿐이며, 태아의 성별을 식별하여 고지하는 의사의 행위는 낙태 등으로 이어질 수 있으므로 '의사의 직업 수행 자유'라는 이유로 보호받을 수 있는 행위가 아니다. 즉 "생명 보호가 알 권리(호기심 충족) 내지 직업의 자유보다 더 귀중한 가치인 만큼", 낙태처럼 "생명을 파괴하는 행위"로 이어질 수 있는 태아 성 감별은 계속 금지되어야 한다는 것이 구인회 교수의 주장이다.⁷ 그런데 「태아성감별법」의 위헌성을 주장하는 진영에서 사실이 아니라고 판단하고 있는 것이 바로 이러한 구인회 교수의 주장이다. 그들에

학적 의견」, 『서울대학교 법학』 50-4, 2009, 1~34쪽.

6   《병원신문》, 같은 글.

7   같은 글.

따르면, 태아의 성별에 대한 앎이 낙태로 이어지는 경우는 극히 드물 뿐만 아니라, 태아 성별에 대한 정보는 태아의 생명과도 직결될 수 있는 정보로서 단순한 호기심의 대상 이상의 것이다.

본 글에서는 우선 2024년 헌재의 판결문을 살펴보면서 「태아성감별금지법」이 폐지된 배경을 알아보고, 태아의 성 감별을 금지해야 한다는 주장이 이제는 더 이상 근거가 없음을, 적어도 매우 취약한 근거 위에 세워져 있음을 확인할 것이다. 이러한 확인은 헌재 판결에 대한 학계와 일반 대중의 무관심을 일정 부분 설명해 줄 것이다. 그러나 본 글은 이러한 무관심의 이유가 드러나는 바로 그 지점에서 의료 기술의 급격한 발전과 함께 이러한 무관심이 매우 위험할 수 있음을 경고할 것이다. 의료 기술의 급격한 발달은 수많은 생명을 죽음으로부터 또 고통으로부터 구해 냈지만, 그와 동시에 또 수많은 생명을 죽음의 위협 앞으로, 무관심 속에, 위치시킬 수도 있다.

2. 헌재 판결문이 말하고 있는 것

1) 태아의 성별과 낙태

태아의 성별을 감별하는 행위를 금지해야 한다는 주장의 가장 주된 근거는 태아의 성 감별이 인위적인 낙태로 이어질 수 있다는 우려이다. 따라서 2024년 헌재의 판결문에서 가장 많은 분량을 차지하는 부분이 낙태와 관련된 논의라는 점은 매우 자연스럽다. 헌재의 판결문은 태아의 성별을 부모에게 고지하는 행위가 얼마나 낙태로 연결될 수 있고, 실제로 연결되고 있는가를 살핀다. 헌재는 이를 '1) 남아 선호 사상의 존속 여부', '2) 출생 성비의 변화', '3) 태아의 성별과 낙태와의 관련성'으로 나누어 검토 하고 있는데, 이는 개정되기 전 구(舊)「의료법」의 관련 조항의 입법 배경 이 "당시 우리 사회에 존재하던 남아 선호 사상에 따라 태아의 성을 선별 하여 출산하는 경향으로 인해 여아에 대한 낙태가 조장되고, 인구 성비에 심각한 불균형을 초래하였기 때문"이라는 점에서 당연해 보인다.[8] 법의 위헌성을 판단하기 위해 무엇보다 먼저 파악해야 할 문제는 2009년 법이 "개정된 이후 15년이 지난 오늘날에도 태아의 성별 고지를 제한해야 할 만큼 남아 선호 사상이 계속 유지되고 있는지, 출생 성비는 어떻게 변화 하였는지, 태아의 성별이 낙태의 원인이 되고 있는지"의 여부이다.[9]

우선 '남아 선호 사상의 존속 여부'에 대해서는 긴 설명이 필요 없을 것 으로 보인다. 헌재의 판결문은 〈2018년 전국 출산력 및 가족 보건·복지 실태 조사〉[10]와 한국리서치의 2023년 7월 5일 〈2023년 자녀·육아 인식 조사〉,[11] 보건복지부의 국내 입양아 수 통계표에 근거하여[12] "현재 우리나

---

8   아래 〈표 3〉에서 확인할 수 있는 바처럼, 여아 100명당 출생한 남아 수를 의미하는 출 생성비는 1980년대 중반 이후 급격히 상승했으며, 이는 성별에 의한 낙태로 인한 것 으로 파악되었다. 1980년대 중반 이후, 성에 따른 차별적 낙태는 주요한 사회적 문제 였다.

9   이 단락의 모든 인용은 선고 2022헌마356, 2023헌마189·1305(병합).

10   한국보건사회연구원, 「2018년 전국 출산력 및 가족보건·복지 실태조사」, 2018. https://www.kihasa.re.kr/publish/report/view?type=research&seq=27889 (2024.11.28.접속)

11   한국리서치, 「2023년 자녀·육아인식조사」. https://hrcopinion.co.kr/archives/26991 (2024.11.28.접속)

12   "2013년부터 2022년까지 국내 입양아동의 성별은 여아가 확연히 높았고, 남아는 국

라는 여성의 사회경제적 지위 향상과 함께 양성 평등 의식이 상당히 자리를 잡아 가고 있고, 국민의 가치관 및 의식의 변화로 전통 유교 사회의 영향인 남아 선호 사상이 확연히 쇠퇴하고 있다."[13]고 결론 내렸다. 그런데 사실 여러 매체를 통해 쉽게 확인할 수 있는 바처럼, 한국 사회에서 남아 선호 사상은 쇠퇴했을 뿐만이 아니라, 여아 선호 경향으로 대체되었다고 보는 편이 더 정확한 평가일 것이다. 가령, 헌재가 참조하고 있는 한국리서치의 〈자녀·육아 인식 조사〉 결과는 2024년도에 더욱 강화된 여아 선호 경향을 보여준다. 조사에 따르면, '딸이 하나는 있어야 한다'는 데 동의하는 사람은 2023년의 59%에서 3% 상승한 62%를 기록했으며, 이러한 여아 선호 경향은 2022년부터 2024년까지 꾸준히 지속되고 있다(55%, 59%, 62%).[14] 물론 〈표 1〉에서 볼 수 있듯이, 동일 기간 '아들이 하나는 있어야 한다'는 데 동의한 사람의 비율도 31%, 34%, 36%로 증가했다. 그러나 딸에 대한 선호와 비교할 때 이러한 선호는 미미할 뿐이다.

이러한 남아 선호 경향의 뚜렷한 감소는 실제 출생 성비에 반영되고 있다. 출생 성비는 여아 100명당 출생한 남아 수를 의미하며, 인위적인 의료적 개입 없이 자연적으로 달성되는 생물학적 출생 성비는 105명을 기준으로 103명~107명을 정상 범위로 본다. 헌재는 통계청의 발표를 검토하면서, 첫째아 성비가 이미 1991년부터 꾸준히 정상 범위를 유지하고 있으며, 둘째아 성비는 2003년부터, 총 출생 성비는 2007년 이후부터 정상 범

외로 입양되는 경향을 보이고 있다."(선고 2022헌마356, 2023헌마189·1305(병합))

13   선고 2022헌마356, 2023헌마189·1305(병합)

14   한국리서치, 「2024년 자녀·육아인식조사」, https://hrcopinion.co.kr/archives/30178 (2024.11.28. 접속)

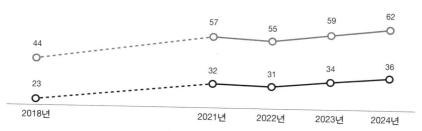

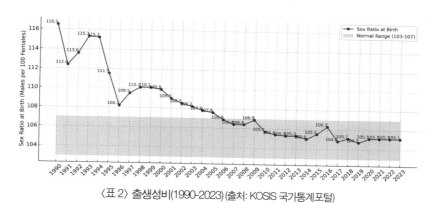

<표 1> 〈2024년 자녀·육아 인식 조사〉(단위: %)
한국리서치, https://hrcopinion.co.kr/archives/30178〉

<표 2> 출생성비(1990-2023)(출처: KOSIS 국가통계포털)

위에 도달했다는 사실을 확인했다.(〈표 2〉 참조)

그리고 무엇보다 셋째아 이상의 출생 성비에 주목하는데, 이는 남아에 대한 선호가 있다면 저출산 시대인 오늘날 인위적으로 출산에 개입할 동기가 가장 높은 것은 셋째아일 것이기 때문이다. 실제로 셋째아의 출생 성비는 "1993년 209.7이라는 자연적으로 불가능한 수치에 달하기도 했"다.(〈표 3〉 참조)[15] 그러나 이러한 셋째아 이상의 출생 성비도 꾸준히 감소

---

15   선고 2022헌마356, 2023헌마189·1305(병합).

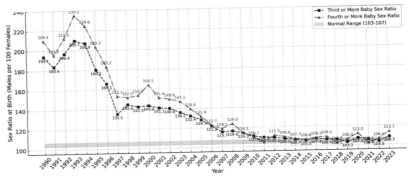

〈표 3〉 셋째아 이상 출생성비와 넷째아 이상 출생성비(1990-2023) (출처: KOSIS 국가통계포털)

하여 2014년 이후부터는 2016년 107.4와 2020년의 107.2라는 소폭의 예외를 제외하면 모두 정상 범위 안에 들어온다.[16] 따라서 헌재는 "과거에는 특히 둘째나 셋째아의 경우 딸보다는 아들을 선호하는 분위기가 출생 성비에 반영되었고, 성별과 관련하여 인위적인 개입이 있었다고 볼 수 있지만, 셋째아 이상도 자연 성비의 정상 범위에 도달한 2014년부터는 성별과 관련하여 인위적인 개입이 있다는 뚜렷한 징표가 보이지 않는다."고 결론 내렸다.[17]

---

16   통계청이 제공하는 1990년부터 2023년까지의 셋째아와 셋째아 이상의 출생성비를 살펴보면, 출생성비는 1990년부터 1993까지 상승세를 보이고 1993년(205.6/209.7) 정점을 찍은 뒤 급격히 하락하여 1997년(133.5/135.5) 바닥을 찍고 다시 상승하였다가(1998년: 144.2/145.0, 1999년: 141.2/142.5), 2000년(141.5/143.6)부터 완전히 하향세로 전환한 뒤 매년 조금씩 하락한 끝에 2014년(106.5/106.7)에 마침내 정상범위에 들어온다.(〈표 3〉 참조) 2000년대 이후의 꾸준한 하락세는 사회전반의 변화를 원인으로 볼 수 있으나, 1993년 이후 보였던 급격한 하락세는 정부의 규제 강화 등이 이유였을 것으로 추정된다.

17   선고 2022헌마356, 2023헌마189·1305(병합). 통계청에 따르면 2023년 출생성비 역시 105.1로 정상범위 내에 있다. 다만, 셋째아 이상의 출생성비는 108.3으로 정상범

이렇게 지속해서 감소하는 남아 선호 경향과 출생 성비의 정상화에 대한 확인은 2024년 헌재가 2008년과는 달리 「태아성감별금지법」을 대안 입법을 요구하는 헌법 불합치가 아니라 단순 위헌으로 판단하는 주요한 근거가 되었음에 틀림없다. 실제로 2008년의 헌재 판결문은 남아 선호 경향이 감소했음을 자료를 통해 확인하면서도 "남아에 대한 선호 사상이 완전히 불식되었다고 단언할 수 없다."며 여지를 남겼는데,[18] 이는 2008년 헌재의 판결 당시 셋째아 이상의 출생 성비가 여전히 자연적인 출생 성비보다 훨씬 높은 116.6에 달했다는 점에서 합리적인 태도였다고 평가할 수 있다.

그러나 남아 선호 경향이 실제로 사라졌고, 심지어 여아 선호 경향으로 그것이 대체되어 그 흐름이 계속 강화되고 있다는 것이 사실로서 확인되었다고 할지라도, 또 출생 성비가 이미 오래전부터 정상 범위 안에 들어와 있다는 것이 사실이라고 할지라도, 이러한 사실만으로는 아직 「태아성감별금지법」을 폐지할 충분한 근거가 마련되었다고 볼 수는 없다. 남아든 여아든, 부모가 "자녀의 성별에 대한 선호를 가지는 경우가 있다"는 것이 분명한 이상, "자녀의 성별에 대한 선호가 낙태라는 결과를 초래하고 있지는 않은지에 대하여 살펴볼 필요가 있다."[19] 정상 범위 안에 들어

위를 벗어나 있는데 이는 넷째아 이상의 출생성비가 113.7로 정상범위를 상당히 벗어나 있기 때문이다(〈표 3〉 참조, 셋째아 출생성비는 107.3). 그러나 극심한 저출산 시대에 넷째아 이상의 출생성비에 과도한 의미를 부여할 필요는 없을 것으로 보인다. 적은 표본으로 인한 통계의 왜곡으로 보는 것이 적절하다.

18 선고 2004헌마1010, 2005헌바90(병합).
19 선고 2022헌마356, 2023헌마189 · 1305(병합).

와 있는 출생 성비가 사실 남아와 여아를 선호함으로써 인위적으로 임신 중절을 시행한 결과 우연히 이루어진 균형일 수도 있기 때문이다. 따라서 헌재의 판결문은 이제 태아의 성별이 낙태의 원인으로 작용하는지를 검토한다. 다만 2024년 헌재의 판결문은 2008년 헌재의 판결문과는 달리, 보건복지부가 발표하는 〈인공임신중절 실태 조사〉의 '인공임신중절 이유'에 대한 설문 통계를 활용하지 않고, 다만 '인공임신중절을 한 임신 주수' 등의 통계를 이용하여 간접적인 방식으로 태아의 성별과 낙태와의 인과관계를 추정할 뿐이다. 2010년 중단되었다가 2018년 재개된 이 〈인공임신중절 실태 조사〉에서 더 이상 '태아의 성별을 이유로'라는 항목은 '인공임신중절의 이유'를 묻는 질문에 선택지로 제시되지 않아, 애초에 헌재가 원하는 정보를 직접 확인할 수 있는 방법이 제거되어 버렸기 때문이다.[20]

그러나 조사 대상자가 얼마든지 거짓으로 답할 수 있는 낙태의 이유를 직접 묻는 설문 결과보다 '인공임신중절을 한 임신 주수'로부터 추정하는 태아의 성별과 낙태와의 상관관계가 훨씬 더 객관적이며 설득력이 있다. 현재의 의료 기술로 태아의 성을 감별할 수 있는 시기가 특정 임신 주수 이후로 제한되어 있다면, 이 시기 이전에 이루어진 낙태는 태아의 성별과는 무관하게 이루어진 일이라고 타당하게 결론 내릴 수 있기 때문이다. 실제로 현재 가장 보편적으로 태아 성 감별에 사용되는 검사 방법은

---

20 참고로, 2008년 헌재 판결문이 인용하고 있는 「2005년 인공임신중절 실태조사 및 종합대책수립」에서 낙태의 원인을 "태아의 성별을 이유로"라고 답한 비율은 1.2%였다.(보건복지부, 「2005년 인공임신중절 실태조사 및 종합대책수립」, 2005.08.)

초음파검사이며, 이러한 검사를 통해서는 최소 임신 주수가 16주가 지나야 태아의 성 감별이 가능하다. 물론 태아의 성 감별을 할 수 있는 다른 방법이 없는 것은 아니다. 정창환과 최규진에 따르면 현재 "태아의 성별을 확인할 수 있는 검사로 융모막융모생검(Chorionic Villus Sampling), 양수천자(amniocentesis), 탯줄 혈액 채취와 같은 침습적 검사와 임부 혈액을 이용한 비침습 산전 검사(Non-Invasive Prenatal Testing for Fetal Aneuploidy using Cell-free Fetal DNA in Maternal Blood, 이하 NIPT)와 초음파영상진단검사(이하 초음파검사)와 같은 비침습적 검사가 있다."[21] 이 가운데 16주 이전에 태아의 성 감별이 가능한 검사 방법은 침습적 검사인 융모막융모생검(10-12주에 시행)과 비침습적인 NIPT(12주 이전)이다. 그러나 자궁을 통과하여 태아 물질을 채취함으로써 염색체 이상 여부를 검사하는 방식인 융모막융모생검은 검사 비용이 비쌀 뿐만 아니라 여러 합병증과 유산의 위험마저 있다. 또한 NIPT는 임부의 혈액만으로 태아 성별을 정확히 알아내는 방법으로 비교적 안전하기는 하지만, 2011년 소개되어 국내 특허 등록을 마쳤을 뿐 정확성과 범용성 등 여러 이유로 인해 아직 상용화되지 않았다. 따라서 적어도 현재까지 "국내에서 태아 성 감별 수단으로 초음파검사를 대체할 만한 것은 없다."[22]

그렇다면 이제 극히 예외적인 경우가 아니라면, 한국에서 태아의 성별을 확인할 수 있는 시기는 임신한 뒤 최소 16주가 지나서이며, 따라서 그 이전에 이루어진 임신중절에 대해서는 태아의 성별과 아무런 상관없이

21   정창환 · 최규진, 앞의 글, 328쪽.
22   같은 글, 329쪽.

벌어진 일이라고 결론 내려야 한다. 그리고 헌재가 확인하는 2021년 〈인 공임신중절 실태 조사〉에 따르면 16주 이전에 이루어지는 인공임신중절 이 무려 전체의 97.7%를 차지한다.[23] 한국에서 이루어지는 낙태의 대부분 은 태아의 성별과 상관없이 이루어지고 있다는 것이 사실이다.

그런데 헌재 판결문은 여기에 덧붙여 앞서 언급한 특정한 기술로 인해 태아의 성별을 확인할 수 있는 기간인 임신 10주 이후에 이루어진 인공임 신중절의 시행 이유 또한 살펴본다. 같은 조사에 따르면, 임신 10주 이후 에 인공임신중절을 한 경우 그 이유로 가장 높게 응답한 것이 '임신한 사 실을 늦게 알게 되어서'(41.6%)이며, 그 뒤로 '처음에는 낳으려고 했으나 상황이 변해서 고민하다가'(24.7%), '파트너 및 가족과 의견을 조율하느라' (22.5%), '적절한 인공임신중절(낙태) 방법을 알아보다가'(18%), '수술 비용 을 마련하느라'(14.6%), '인공임신중절 수술 기관을 못 찾아서'(10.1%), '건 강 상태가 좋지 않아서 시기를 기다리다가'(10.1%), '법적 처벌 때문에 고 민하다가'(2.2%), '다른 인공임신중절(낙태) 방법을 시도하였으나 실패하여 서'(1.1%)라고 응답하였다. 순위 어디에도 태아의 성과 관련된 응답은 없 었으며, 기타 항목에 응답한 사람도 없었다. 10주 이후에 인공임신중절을 시행한 이유가 태아의 성을 확인할 수 있을 때까지 기다리기 위함이었을 가능성은 거의 없어 보인다. 따라서 헌재의 판결문은 이제 "태아의 성별

---

23 헌재의 판결문은 16주 이전에 이루어지는 인공임신중절이 97.7%에 달한다는 결 과가 2021년 보고서를 인용한 것처럼 기술되어 있으나 2018년의 보고서를 인용 한 것으로 보인다. (보건복지부, 「2018년 인공임신중절 실태조사」, 2018, 233쪽: https://www.mohw.go.kr/board.es?mid=a10411010200&bid=0019&act=view&list_ no=349015&tag=&nPage=1)

과 낙태 사이에는 큰 관련성이 있다고 보기는 어렵다."고 결론 내린다.[24]

2) 치료를 위한 의학 정보로서의 태아 성별

이렇게 태아의 성별과 낙태와의 상관성을 확인할 수 없다면, 생명 보호와 알 권리를 대립시키려는 논쟁이 설 자리는 없는 것처럼 보인다. 헌재의 판결문이 그러한 것처럼, "태아의 성별을 알고자 하는 것"을 부모의 "본능적이고 자연스러운 욕구"로 인정하고 "태아의 성별을 비롯하여 태아에 대한 모든 정보에 접근을 방해받지 않을 권리를 부모로서 누려야 할 마땅한 권리'"로 인정하면 될 것이다.[25]

그런데 태아의 성별에 관한 정보는 단순한 호기심의 대상인 것만도 아니다. 태아의 성별에 관한 정보는 단순히 부모의 알 권리 차원에서만 요청되는 것이 아니라, 좀 더 적극적으로 치료해야 할 필요에서도 요청된다. 흥미롭게도 2024년 헌재의 판결문에서 태아 성 감별의 이러한 적극적인 필요에 주목한 것은 「태아성감별금지법」을 단순 위헌이 아니라 헌법불합치로 판결한 소수 의견 쪽에서였다. 헌재 판결의 소수 의견에 따르면, "엑스(X)-염색체 의존성 질환과 같이 태아의 성별에 따라 의학적 조치가 달라지는 유전 질환이 의심될 때에는 의학적 필요로 태아의 성별을 미리 확인할 필요가 있고, 의료인이 검사 과정에서 태아의 부모에게 성별을 알려야 하는 상황이 있을 수 있"음에도 불구하고, 「태아성감별금지법」은

---

24   선고 2022헌마356, 2023헌마189·1305(병합).

25   같은 글.

예외 없이 임신 32주 전 태아의 성별 고지를 제한하고 있다는 점에서 법률이 갖춰야 할 "침해의 최소성을 충족한다고 볼 수 없다."[26] 「태아성감별금지법」은 충분히 피할 수 있는 위험에 태아와 임부를 무책임하게 노출시켜 버릴 수도 있는 심각한 문제를 가지고 있는 법률이다.

실제로 성별에 따라 다른 의학적 조치를 취해야 하는 다수의 유전적 질환이 존재하며,[27] 그 경우 태아의 성별을 미리 확인하는 일은 필수적이다. 대표적인 것이 혈우병인데, 혈우병은 X염색체 의존성 질환으로서 임부가 혈우병 보인자이고 임신한 아이가 남아일 경우에만 발생한다. 따라서 태아가 여아일 경우, 임부가 혈우병 보인자라고 할지라도 태아에 대한 특별한 검사는 요구되지 않으며, 이 태아의 혈우병을 확인하는 검사가 각종 합병증과 심지어 유산을 야기할 수 있는 침습적 검사이므로 태아의 성별을 확인함으로써 검사를 하지 않아도 된다는 사실을 아는 것만으로도 이미 태아와 임부에게는 큰 이득이다. 더구나 태아가 혈우병인지 아닌지를 아는 것은 분만 시에 매우 중요하다. 혈우병인 신생아는 그렇지 않은 신생아에 비해 뇌출혈 발생률이 20~50배 높다고 알려져 있으며, 이는 분만 시 진공흡입분만법이나 겸자분만법을 사용해서는 안 된다는 것을 의미한다. "이처럼 특정 유전 질환이 의되는 경우 태아의 성별에 따라 예후 및 의학적 조치가 확연하게 달라지므로" 태아의 성을 확인하는 일은 다만 호

---

26   같은 글. 그럼에도 불구하고 소수의견은 태아의 성별을 이유로 인위적인 낙태가 이루어질 수 있는 가능성을 완전히 배제할 수 없으므로, 위헌보다는 대안 입법을 권고하는 헌법불합치가 적합한 판결이라는 입장이다.

27   Duchenne 근위축증, 혈우병(A형, B형), Lesch-Nyhan 증후군, 만성육아종증 등이 대표적이다.(정창환·최규진, 앞의 글, 329쪽)

기심이 아니라 의료적 필요에 의해 반드시 요구된다.[28]

그런데 이렇게 의료적 필요에 의한 태아의 성 감별에 대한 요구는, 의학이 더욱 발달하여 질병이나 질환에 성차가 있는 유전적 요인이 좀 더 많이, 그리고 좀 더 정확하게 밝혀질수록 더욱 커질 것이다. 태아의 성 감별을 금지하는 법이 다만 폐지되는 데서 멈추는 것이 아니라, 언젠가 태아의 성 감별을 법으로 강제하는 날이 올지도 모른다는 생각은 의학과 의료 기술의 급속한 발전 속도를 고려할 때, 아무 근거 없는 상상에 불과한 것일 수 없다. 그리고 바로 이 지점에서 생각해 볼 문제가 있다.

3. 의료 기술의 발전과 생명

먼저 지금까지의 논의가 「태아성감별금지법」에 대한 헌재의 위헌 판결과 관련하여 일반 대중과 학계가 보인 무관심을 정당한 것으로 만드는지, 태아의 성 감별을 반대하는 주장이 정말 허위에 기반을 둔 것으로서 애초에 태아 성 감별과 관련해서는 논쟁이 발생할 여지조차 없었던 것이었는지 검토해 보자.

헌재의 판결문이 인용하고 있는 여러 자료들에 따르면, 분명 태아의 성별은 부모의 인공적인 임신중절 결정 여부에 영향을 끼치고 있지 않은 것으로 보인다. 그러나 사실이 그렇다고 하여, 그 발생 가능성마저 부정할 수는 없다. 여전히 태아의 성별을 알게 된 부모가 성별을 이유로 낙태를 실행할 가능성은 존재하며, 이는 헌재의 판결문 역시 인정하는 부분이다.

---

28   정창환 · 최규진, 앞의 글, 329쪽.

"임신 32주 이전 태아의 성별 고지 행위로 인해 태아의 성별을 알게 된 부모가 성별을 이유로 낙태에 이르게 되는 경우가 있을 수도 있"는 것이다. 그런데 곧바로 헌재의 판결문은 이러한 가능성을 "태아의 생명을 박탈하는 행위"가 성별을 고지하는 행위 자체에 있는 것이 아니라 "'성별을 이유로 한 낙태 행위"에 있으며, 따라서 "'태아의 생명 보호를 위해 국가가 개입하여 규제해야 할 단계는 성별 고지가 아니라 성별을 이유로 한 낙태 행위가 발생하는 단계"라고 주장하면서 이러한 가능성에 대한 책임을 외면했다. 그리고 현재 낙태죄가 사실상 폐지된 상황임을 지적하며, 태아의 생명 보호는 "'태아의 성별 고지 제한이 아닌 낙태와 관련된 국회의 개선 입법으로 해결하여야 할 것'"이라고 주장하면서 입법부에 그 책임을 떠넘겼다.[29]

그런데 이러한 주장은 2008년의 헌재 판결문이 낙태죄가 존재하고 있다는 사실을 근거로 「태아성별고지금지법」을 과잉 규제로 평가했다는 점을 떠올릴 때 흥미롭다. 2008년 헌재는 판결문에서 "우리 형법은 성별에 따른 낙태뿐만 아니라 모든 경우의 낙태를 방지하기 위하여 낙태죄를 형사 처벌하는 규정을 두고 있"음에도 불구하고, 추가로 "특히 성별을 이유로 한 낙태를 근절시킨다는 명목하에 태아의 성별 고지를 금지하고 있"으며, 이는 "형법상 낙태죄만 가지고는 성별을 이유로 한 낙태를 방지하는 것이 어렵다고 보고", "태아의 성별 고지 금지 제도를 추가한 것"으로서,

---

29 지금까지 선고 2022헌마356, 2023헌마189·1305(병합). 그런데 이러한 헌재의 판결은 적어도 이 판결의 다수입장은 낙태죄의 존재를 긍정하는 입장이라고 판단하게 만든다.

"저출산이 사회문제로 대두되어 출산·장려 정책이 실시되고 있는 오늘날"에는 적합하지 않은 "필요 최소한의 정도를 넘어선 과잉 규제에 해당한다."고 말한 바 있다.[30] 태아의 성별에 따라 선별적으로 낙태가 행해질 가능성은 매우 낮기에 현행 낙태죄만으로 충분히 대응 가능하다는 것이 2008년 헌재의 입장이며, 다만 2023년의 헌재 판단과는 달리 태아의 성별을 고지하는 행위가 이러한 가능성에 책임이 있을 수 있음을 인정하기에 위헌 대신 헌법 불합치로 판결한 것이다. 낙태죄가 존재할 때도 존재하지 않을 때도, 태아 성별 고지에 대한 금지는 완화되거나 사라져야 하는 법인 것이다.

물론 어떤 결과가 발생할 수 있는 아주 작은 가능성이 있다는 이유로, 어떤 행위를 법으로까지 금지해야 하는가에 대한 문제 제기는 타당하며, 이러한 문제 제기의 결론이 2024년 현재 법으로 처벌받을 걱정 없이 자유롭게 태아의 성 감별을 할 수 있게 된 오늘날의 상황이다. 그러나 이 아주 작은 가능성으로라도 발생할지 모르는 결과가 생명과 관련된 것이라면, 법에 의한 규제는 아니더라도 적어도 윤리적인 차원에서의 논의는 계속될 필요가 있다. 과연 성별을 이유로 태아의 생명을 제거할 수 있는 가능성을 남겨 두는 것이 타당한가? 심지어 낙태죄가 폐지되어 개인의 의사에 따라 자유롭게 인공적인 임신중절이 가능해진 상황에서 이러한 가능성을 남겨 두는 것은 너무 위험하지 않은가?

다만 태아 성 감별 금지의 불필요함을 말하는 것이 아니라, 태아 성 감별의 필요성을 말하게 되는 이유가 바로 이러한 질문들에 적절하게 대응

---

30 선고 2004헌마1010, 2005헌바90(병합).

의료 기술의 발전과 위협받는 생명 | **273**

하기 위함일 것이다. 생명과 관련된 문제에서 소극적인 이유만을 내세우는 입장이 우위를 점하기 쉽지 않다. 적극적인 이유가 필요하며, 이때 적극적인 이유로 내세울 수 있는 것은 동가의 가치를 가지는 무엇, 즉 생명일 수밖에 없다. 태아의 성별을 확인하는 일이 곧 생명을 보호하는 일임을 주장하는 것이다. 앞서 살펴보았던 것처럼, 태아의 성별에 대한 정보는 단순한 호기심의 대상만이 아니다. 상황에 따라 그 정보는 태아와 임부의 생명을 보호한다.

그러나 역설은 바로 여기에서 드러난다. 한쪽 편에서는 태아의 생명을 이유로 태아 성 감별 행위를 금지할 것을 주장하고, 다른 한쪽 편에서는 태아의 생명을 이유로 태아 성 감별 행위가 필요하다고 주장한다. 그리고 진실은 양쪽 모두에 있다. 즉 태아의 성 감별 행위를 금지함으로써 태아의 생명이 위협받을 가능성도 있고, 반대로 태아의 성 감별 행위를 허용함으로써 태아의 생명을 위협하게 될 가능성도 있다. 그리고 의료 기술이 발전함에 따라 이러한 가능성은 양쪽 모두에서 상승할 것이다. 한층 발달한 의료 기술은 더욱 정밀하고 안전한 검사로 태아의 성별을 좀 더 일찍 좀 더 정확하게 식별해 냄으로써 태아의 생명을 구할 것이고, 반대로 좀 더 정밀하고 안전한 검사로 태아의 성별을 좀 더 일찍 좀 더 정확하게 식별해 냄으로써 성별에 따른 낙태의 가능성을 높일 것이다. 가령 의료 기술의 발달로 인해 더욱 안전한 방식으로 정확하게 태아의 성별을 감별할 수 있는 시기가 점점 앞당겨진다고 해 보자. 따로 상상할 필요 없이, 임부의 혈액만으로 태아의 성별을 식별해 낼 수 있는 NIPT가 기술의 발달로 인해 더욱 정확해지고 더욱 저렴해지는 경우를 생각해 보자. 성별에 대한 특정한 선호가 있는 부모가 10주 혹은 그 이전에 알게 된 태아의 성별을 기준으로 어떤 선택을 하지 않을 것이라 믿을 수 있는가? 혹은 그 부모는 그러한 선택을 마다할 이유가 있을까? 적어도 16주가 되어서야 성별을 확인할 수 있는 지금보다는 훨씬 더 쉽게 어떤 선택을 할 수 있는 조건이 마련되는 것 아닌가?

애초에 여아에 대한 선택적 임신중절이 광범위하게 행해지고 이로 인해 출생 성비의 균형이 무너진 것은 남아 선호 사상 때문만은 아니었다. 남아 선호 사상이 아무리 강력하다고 해도 이를 정확하고 안전하게 실현시킬 수 있는 기술이 없었다면, 임신중절이 광범위하게 행해질 이유도, 출생 성비의 균형이 무너질 이유도 없었다. 이러한 점에서 안전한 낙태 기술의 개발도 하나의 요인이었다 말할 수 있겠으나, 사실 성별에 따른 선별적인 임신중절이 광범위하게 행해지고, 그로 인해 출생 성비의 균형이 무너져 버리게 된 가장 중요한 원인은 1980년대 중반 이후 실현된 초음파검사의 대중화였다.[31] 실제로 아래 〈표 4〉에서 확인할 수 있는 것처

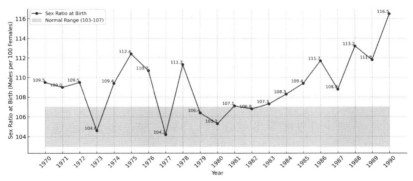

〈표 4〉 출생성비(1970-1990) (출처: KOSIS 국가통계포털)

31   Chai Bin, Park & Nam-Hoon, Cho. Consequences of Son Preference in a Low Fertility Society: Imbalance of the Sex Ratio at Birth in Korea. *Population and Development Review* 21, 1995, pp. 59~84.

럼, 1980년대에 초음파검사가 대중화되기 시작함에 따라 출생 성비는 급격히 상승했다. 대중화된 초음파검사로 인해 수많은 사람들이 고통으로부터, 죽음으로부터 벗어날 수 있었겠지만, 그와 동시에 수많은 태아들이, 생명들이 조용히 사라져 갔다.

4. 결론

이렇게 의료 기술의 발전은 인간을 고통으로부터 해방시켜 주고 건강과 관련된 다양한 욕망을 실현시켜 줌으로써 인간의 삶을 개선하지만, 바로 그 동일한 과정을 통해 인간의 삶 한가운데 생명과 관련된 문제를 발생시킨다. 분명 의료 기술의 발전은 성차를 가진 유전적 질환이나 질병에 대한 좀 더 다양하고 정확한 정보를 전달해 주고 관련된 문제를 해결할 수 있게 만들어 주겠지만, 그 동일한 과정이 생명을 더욱 큰 위험에 직면하게 만들 수 있다. 지금 당장은 아니라고 할지라도, 태아 성 감별에 대한 논의가 멀지 않은 미래에 지금과는 전혀 다른 방식으로, 가령 성 감별을 강제하는 방식으로 되풀이될지도 모를 일이며, 그러한 논의가 어떠한 목적을 가지고 진행될지도 알 수 없는 일이다. 따라서 「태아성감별금지법」에 대한 헌재의 판결에 대해 무관심한 태도로 일관하는 것은 옳지 않다. 적어도 헌재의 위헌 판결로 인해, 태아의 성별에 따른 선택적 낙태의 가능성이 높아졌다는 사실, 의료 기술의 발전에 따라 그 가능성은 점점 더 높아질 것이라는 사실만은 인지하고 있을 필요가 있다.

그렇다면 문제를 막을 방법은 있는가? 기술의 발전을 막을 수 없고, 아이의 성별에 대한 부모의 선호를 없앨 수 없는 것이라면, 방법은 단 하나 남아 있다. 1970년대, 지금과는 비교할 수 없을 정도로 남아 선호 사상이 훨씬 강력했던 그때, 출생 성비는 비교적 정상 범위 내에 머물러 있었다.(〈표 4〉 참조) 그리고 그 이유는 초음파검사가 대중화되기 이전이라는 점도 있겠으나, 무엇보다 '언젠가는 하나 걸리겠지' 기대할 수 있었던 다산(多産)의 문화였다. 많이 낳다 보니 그중 하나는 아들이 나오겠지 기대할 수 있었기 때문에 군이 위험을 무릅쓰고 낙태를 감행할 필요가 없었던 것이다. 이는 단순히 우스갯소리로 하는 말이 아니다. 문제를 해결하는 데 중요한 것은 문화이다. 그리고 여기서 문화는 인간의 삶과 관련된 모든 것을 포괄하는 넓은 의미의 문화이다. 사실 과거에 남아 선호 사상이 득세했던 것은 남자를 숭배하는 어떤 신앙이 있었기 때문이 아니다. 남성의 경제력이 여성에 비해 월등히 뛰어났다는 사실과, 그 사실이 사실일 수 있도록 지탱해 준 다양한 문화적 환경이 남아 선호 사상을 구축한 토대였다. 반대로 오늘날 목격하는 여아 선호 경향은 과거에 비해 완화된 남성과 여성의 경제력의 차이와, 그것을 지탱해 주는 여러 문화적 환경, 그리고 어떤 다른 결의 문화적 요인들이 그 토대를 이루고 있을 것이다.

헌재 판결에 대해 무관심으로 일관하는 것이 옳지 않다는 말의 진정한 의미가 여기에 있다. 현재 어떠한 상황에 있는지를 확인하고, 그 상황에 내재하는 위험 가능성이 무엇인지를 확인해야 할 뿐만 아니라, 그 위험 가능성을 해소시킬 수 있는 문화적 토대가 무엇인지 고민하고 그 문화를 실현시켜 나가는 노력이 필요하다. 앞으로도 의료 기술은 인간의 욕망을 실현하기 위해 끊임없이 발전할 것이며, 그에 따라 인간은 다양한 위험 가능성에 노출될 것이다. 사실 본 글에서 논의한 「태아성감별금지법」은 하나의 예에 불과하다. 당장 본문에서 제시한 16주 이전에 실행할 수 있는 태아 성 감별 기술들이 산전 유전자 검사 기술들이었다는 점을 상기할 필요가 있다. 이 글에서는 태아의 성별에 따른 낙태만을 논의했지만, 동일한 기술로 발견하게 될 유전 질병에 따른 낙태를 본 글이 제시한 것과 동일한 논의 틀 속에서 살펴보지 못할 이유는 없다. 중요한 것은 의료 기술의 발전이 만들어 놓은 그 풍요롭지만 동시에 위태로울 수 있는 환경에서 성공적으로 살아갈 수 있는 문화를 만들어 나가는 일이다. 물론 의료 기술 또한 이 문화를 구성하는 한 요소임에 분명하다. 의료 기술까지 포함한 인간 삶에 관련된 모든 것, 그러한 의미의 문화가 좋은 것이 되기를 끊임없이 고민해야 한다. 의료 기술의 발전은 분명 그늘을 만들어 내겠지만, 그 그늘에서 병들지 않고 쉴 수 있는 방법, 그 문화를 찾아내야 한다.

참고문헌
찾아보기
집필진 소개

조계의 의료와 '갑북' / 김승래

British Foreign Office. Foreign Office: Consulates and Legation, China: General Correspondence. Series I, FO228/2531.

British Foreign Office. Further Correspondences respecting the Affairs of China. July to December 1908. FO405/183.

Richard Feetham. *Report of the Hon. Richard Feetham, C. M. G., Judge of the Supreme Court of the Union of South Africa, to the Shanghai Municipal Council. Shanghai* : North-China Daily News and Herald. 1931-1932.

Shanghai Municipal Council. *Report for the Year 1907 and Budget for the Year 1908.* Shanghai: Kelly & Walsh. 1908.

上海市檔案館編. 『上海公共租界工部局董事会会議録(*The Minutes of the Shanghai Municipal Council*)』. 上海古籍出版社. 2001.

『申報』.

The North-China Herald.

김승래. 「20세기 초 상해 공공조계의 보산현 확장 문제 - 1908년 확장 교섭을 중심으로」. 『史叢(사총)』 111. 2024.

이이지마 와타루 지음. 이석현 옮김. 『감염병의 중국사 - 공중위생과 동아시아』. 역락. 2024.

조정은. 「근대 상하이 공공조계 우두 접종과 거주민의 반응: 지역적·문화적 비교를 중심으로」. 『의사학』 29-1. 2020.

蒯世勳. 「上海公共租界拡充面積的実現和失敗」. 『上海公共租界史稿』. 上海人民出版社. 1980.

劉恵吾 編. 『上海近代史(上)』. 華東師範大学出版社. 1985.

潘君祥, 段煉, 陳漢鴻. 『上海會館公所史話』. 上海人民出版社. 2012.

馮賢亮. 「從國家到地方 : 清代江南的符縣秩序與行政控制」. 『學術月刊』 42-5. 2010.

張笑川. 『近代上海閘北居民社会生活』. 上海辞書出版社. 2009.

伊藤泉美. 『横浜華僑社会の形成と発展』. 山川出版社. 2018.

植田捷雄. 『支那における租界の研究』. 巌松堂書店. 1941.

福士由紀. 『近代上海と公衆衛生』. 御茶の水書房. 2010.

Arnold, David. *Colonizing the Body: State Medicine and Epidemic Disease in Nieteenth-Century India*. California: University of California Press. 1993.

Nakajima, Chieko. *Body, Society, And Nation: The Creation of Public Health and Urban Culture in Shanghai*. MA and London: Harvard University Asia Center. 2018.

Eubank, Keith. "The Fashoda Crisis Re-examined". *The Historian* 22. 1960.

Jackson, Isabella. *Shaping Modern Shanghai : Colonialism in China's Global City*. Cambridge: Cambridge University Press. 2018.

Leung, Yuen-sang. *The Shanghai Taotai - Linkage Man in a Changing Society, 1843-90*. Hawaii: University of Hawaii Press. 1990.

Rogasaki, Ruth. *Hygienic Modernity: Meanings of Health and Disease in Treaty-Port China*. California: University of California Press. 2004.

Wakeman, Jr., Frederic. *Policing Shanghai, 1927-1937*. Berkeley and Los Angeles, California: University of California Press. 1995.

Wright, Arnold. *Twentieth Century Impressions of Hongkong, Shanghai, and other treaty port in China*. London: LLoyd Greater Britain Publishing Company. 1908.

중국의학에서의 심(心) 수양과 현대 동서의학의 심리치료 / 김태은

許浚. 『東醫寶鑑』. 南山堂. 1987.

許浚. 동의과학연구소 譯. 『東醫寶鑑』 內景篇. Humanist. 2002.

劉文典 撰. 『淮南鴻烈集解』. 北京 : 中華書局. 2006.

紫軒 洪元植 監修・德山 朴贊國 譯注. 『黃帝內經素問注釋』. 集文堂. 2005.

『黃帝內經素問』 上冊 (影印本). 人民衛生出版社. 2015.

『黃帝內經素問』 下冊 (影印本). 人民衛生出版社. 2015.

『黃帝內經靈樞』 (影印本). 人民衛生出版社. 2015.

金完熙. 『한의학원론』. 成輔社. 2003.

金光湖・南喆鉉・李起男・李仙童・蘇敬順・康圻林・黃貴緒. 『豫防醫學과 保健學』. 癸丑文化社. 1996.

오홍근. 『보완대체의학 - 현대의학과 더불어 21세기 통합의학으로』. 아카데미아. 2008.

대한신경정신의학회 편. 『신경정신의학』. IMIS company. 2017.

대한한방신경정신과학회 편. 『한방신경정신의학』. 집문당. 2005.

《관보》 제3581호. 1963.11.5.

《매일경제》《조선일보》《경향신문》《동아일보》《연합뉴스》

『환경보건시민센터 보도자료』.

김광임. 『한국의 환경50년사』. 한국환경기술개발원. 1996.

김덕호. 「가전제품, 소비혁명, 그리고 한국의 대량소비사회 형성」. 『역사비평』 137. 2021.

김옥주, 박세홍. 「1960년대 한국의 연탄가스중독의 사회사: 부주의로 인한 사고에서 사회적 질병으로」. 『의사학』 21-2. 2012.

고태우. 「1970년대 한국의 공해(公害) 상황과 재난인식」. 『개념과 소통』 28. 2021.

_____. 「20세기 한국 환경오염사 서설」. 『생태환경과 역사』 10. 2023.

_____. 「공해의 민중사: 1970년대 한국의 공해재난과 반(反)공해운동」. 『학림』 53. 2024.

구도완. 『한국 환경 운동의 사회학』. 문학과지성사. 1997.

노진철. 「환경문제의 역사 - 산업공해, 환경훼손 그리고 환경위험」. 『한국사회학회 심포지엄 논문집』. 2008.

낸시 톰즈 지음. 『세균의 복음 - 1870~1930년 미국 공중보건의 역사』. 이춘입 옮김. 푸른역사. 2019.

미야모토 겐이치 지음. 『공해의 역사를 말한다 - 전후일본공해사론』. 김해창 옮김. 미세움. 2016.

박진영. 『재난에 맞서는 과학』. 민음사. 2023.

신재준. 「1970년 전후 공해(公害)의 일상화와 환경권 인식의 씨앗」. 『역사문제연구』 25-1. 2021.

양지혜. 「근현대 한국의 광업 개발과 '공해'(公害)라는 느린 폭력」. 『역사비평』 134. 2021.

왕웅원. 「1980년대를 전후로 한 도시 중산층의 형성과 한국 소비사회의 발견 - 도시 중산층의 소비 양상을 중심으로」. 『도시연구: 역사·사회·문화』 27. 2021.

원주영. 「한국의 대기오염 규제와 기준의 정치, 1960-2020」. 서울대학교 박사학위 논문. 2022.

이경무. 「가습기살균제 피해의 특성과 피해규모」. 『한국독성학회 심포지움 및 학술발표회 자료집』. 2017.

이상록. 「1970년대 소비억제정책과 소비문화의 일상정치학」. 『역사문제연구』 17-1. 2013.

이슬기, 김희원, 스캇 게이브리얼 놀스. 「Beyond the Accident Republic: Making Life and Safety with Disaster Memorials in Korea」. 『한국과학사학회지』 45-2. 2023.

최성민. 「소리 없이 끔찍한, 느린 재난 - 가습기살균제 참사」. 『어떤죽음4 - 재난편』. 모시는사람들. 근간.

최예용. 「가습기살균제 참사와 과학 그리고 과학자」. 『한국과학기술학회 학술대회 자료

집』. 2019.

현재환. 「일제강점기 위생 마스크의 등장과 정착」. 『의사학』 31-1. 2022.

홍성욱. 「가습기 살균제 참사와 관료적 조직문화」. 『과학기술학연구』 18-1. 2018.

Knowles. Scott Gabriel. "Slow Disater in the Anthropcene: A Historian Witnesses Climate Change on the Korean Peninsula." *Daedalus* 149-4. 2020.

정보 기술의 발달과 노인의 헬스 리터러시 / 조민하

다음사전(고려대학교 한국어대사전) https://dic.daum.net/index.do?dic=all

썸트랜드 https://some.co.kr/analysis/social/mention

표준국어대사전 https://stdict.korean.go.kr/main/main.do

김성은 · 오진아 · 이윤미. 「건강정보 이해능력(Health Literacy)에 대한 개념분석」. 『한국간호학회지』 19-4. 2013.

김준수 · 장영은. 「노인의 디지털기기 이용 효능감과 삶의 만족의 관계: 사회자본의 매개효과」. 『한국컴퓨터정보학회논문지』 29-2. 2024.

김세진 · 곽윤희 · 남석인. 「노인의 정보기기 이용유형에 대한 연구: 전후기 노인의 비교를 중심으로」. 『노인복지연구』 75-2. 2020.

김영선, · 박병현 · 이희윤. 「노인의 건강정보이해능력(Health Literacy)에 영향을 미치는 요인 분석: 앤더슨 행동모형 적용」. 『노인복지연구』 65. 2014.

김한솔 · 김지수 · 이기영. 「노인의 디지털 활용이 생활 만족에 미치는 영향: 우울과 사회참여의 조절된 매개효과를 중심으로」. 『노인복지연구』 78-1. 2023.

김현수 외. 『나이듦과 함께하는 의료인문학』. 모시는사람들. 2024.

남우주 · 하주영. 「독거노인의 건강정보문해력이 복약이행도에 미치는 영향: 인터넷 건강정보이해능력의 매개효과: 횡단적 서술적 조사연구」. 『Journal of Korean Gerontological Nursing』 26-2. 2023.

박가영 · 유수정. 「노인 디지털 리터러시가 우울 수준에 미치는 영향: 경제활동 유무의 조절효과」. 『노인복지연구』 78-3. 2023.

박연환. 「노인의 디지털 헬스 리터러시」. 『대한의료커뮤니케이션학회 추계학술대회 발표논문집』. 대한의료커뮤니케이션학회. 2023.

배재용 · 김혜윤. 「한국의료패널로 본 헬스 리터러시 실태와 정책적 시사점」. 『보건복지포럼』. 2023.02.

최은영 · 윤혜림 · 이광혁 · 신혜리 · 박설우. 「노인의 건강정보이해능력과 정신건강의 관계: 사회적 지지의 조절효과를 중심으로」. 『노인복지연구』 72-3. 2017.

한동희. 「고령사회와 액티브에이징 고찰 연구」. 『노인복지연구』 65. 2014.

황민화 · 박연환. 「디지털 헬스 리터러시 개념분석」. 『근관절건강학회지』 28-3. 2021.

Dunn, P., & Hazzard, E. "Technology approaches to digital health literacy." *International Journal of Cardiology* 293. 2019.

Nancy D. Berkman, Stacey L. Sherida, Katria E, Donahue, David J, Halpem, Karen Crotty. "Low Health Literacy and Health Outcomes: An Updated Systematic Review." *Annals of Internal Medicine*. 2011.

Paasche-Orlow, M. K., & Wolf, M. S. "The causal pathways linking health literacy to health outcomes." *American journal of health behavior* 31-1. 2007.

Sorensen, K., Van den Broucke, S., Fullam. J., Doyle, G., Pelikan, J., Sloska, Z, & Brand, H. "Health literacy and public health: a systematic review and integration of definitions and models". *BMC public health* 12-1. 2012.

Tones, K., & Green. J. *Health Promotion: Planing and strategies*. London: Sage Publication Ltd. 2004.

보건복지부. 「제5차 국민건강증진종합계획(Health Plan 2030, 2021-2030)」. 한국건강증진개발원. 2020.

한국지능정보사회진흥원. 「2020 디지털 정보격차 실태조사」. 2021.

과학기술정보통신부 · 한국지능정보사회진흥원. 「2022 디지털 정보격차 실태조사」. 2022.

WHO. "Global Strategy on Digital Health 2020-2025". 2021.

광고를 통해 굴절된 근대 의료 / 박성호

《매일신보》. 《황성신문》.

商業興信所 編. 『商工資産信用録』. 大阪: 商業興信所. 1926.

大日本実業商工会 編纂. 『大日本実業商工録 - 昭和8年 朝鮮満洲版』. 大阪: 大日本実業商工会. 1933.

고병철. 「일제시대 건강 담론과 약의 구원론 - 《매일신보》 약 광고 분석을 중심으로」. 『종교연구』 30. 한국종교학회. 2003.3.

김경리 · 김선희 · 박삼헌 · 이영섭. 『한국인. 근대적 건강을 상상하다』. 소명출판. 2021.

김영수. 「20세기 초 일본 매약의 수입과 근대 한국의 의약광고의 형성」. 『인문논총』 75-4. 서울대학교 인문학연구원. 2018.11.

박성호. 「광무 · 융희연간 신문의 '사실' 개념과 소설 위상의 상관성 연구」. 고려대학교 박사학위논문. 2014.

박윤재. 「조선총독부의 지방 의료정책과 의료 소비」. 『역사문제연구』 21. 역사문제연구소. 2009.4.

박윤재. 「한말 일제 초 대형 약방의 신약 발매와 한약의 변화」. 『역사와현실』 90. 한국역
　　사연구회. 2013.10.

박윤재. 『일제의 의료정책과 조선 지배』. 동북아역사재단. 2023.

박지현. 「일제시기 의생의 양방 치료에 대한 식민권력의 인식과 대응」. 『진단학보』 139.
　　진단학회. 2022.12.

신인섭·서범석. 『한국광고사』. 도서출판 나남. 1998.

양정필. 「한말-일제 초 근대적 약업 환경과 한약업자의 대응 - '매약'제조업자의 등장과 성
　　장을 중심으로」. 『의사학』 15-2. 대한의사학회. 2006.12.

이꽃메. 「식민지시기 일반인의 한의학 인식과 의약 이용」. 『의사학』 15-2. 대한의사학회.
　　2006.12.

이병주·마정미. 「초기 근대 의약품 광고 담론분석」. 『한국언론정보학보』 32. 한국언론
　　정보학회. 2006.3.

이홍기. 「19세기 말 20세기 초 의약업의 변화와 개업의: 洋藥局과 藥房付屬診療所의 浮
　　沈」. 『의사학』 19-2. 대한의사학회. 2010.12.

최규진. 「1910년대 의약품 광고의 '과학'과 주술」. 『한국사학보』 80. 고려사학회. 2020.8.

최규진. 『이 약 한번 잡숴봐 - 식민지 약 광고와 신체정치』. 서해문집. 2021.

허연실. 「근대 신문 광고의 서사 모티프 연구」. 『한국민족문화』 79. 부산대학교 한국민족
　　문화연구소. 2021.7.

Baum, Emily. "Health by the Bottle: The Dr. Williams' Medicine Company and the
　　Commodification of Well-Being in Liangyou". Paul G. Pickowicz. Kuiyi Shen and
　　Yingjin Zhang Etd. *Liangyou: Kaleidoscopic Modernity and the Shanghai Global
　　Metropolis, 1926-1945*. Boston: Leiden. 2013.

식품과 건강에 대한 근대 지식의 성립과 한계 / 이동규

양홍석. 「1차대전기 미국의 채식주의 운동과 국가의 역할」. 『강원사학회』 27. 2015.

Anderson, Karen. *Wartime Women: Sex Roles, Family Relations, and the Status of
　　Women during World War II*. Westport: Praeger. 1981.

Bateson, Mary Catherine. *With a Daughter's Eye: A Memoir of Margaret Mead and
　　Gregory Bateson*. New York: William Morrow. 1984.

Bentley, Amy. *Eating for Victory: Food Rationing and the Politics of Domesticity*. Urban,
　　IL: University of Illinois Press. 1998,

Biltekoff, Charlotte. *Eating Right in America: The Cultural Politics of Food and Health*.

Durham. NC: Duke University Press. 2013.

Boyd Orr, John. *As I Recall*. London: MacGibbon and Kee. 1966.

Brian, Wansink. "Changing Eating Habits on the Home Front: Lost Lessons from World War II Research". *Journal of Public Policy and Marketing* 21-1. 2002.

Citizens Board of Inquiry. *Hunger USA 1968*. Washington, D.C.. 1968.

Coveney, John. *Food, Morals and Meaning: The Pleasure and Anxiety of Eating*. New York: Routledge. 2006.

Cummings, Richard Osborn. *The American and His Food: A History of Food Habits in the United States*. Chicago: The University of Chicago Press. 1941.

Dower, John. *War without Mercy: Race and Power in the Pacific War*. New York: Pantheon. 1986.

Graebner, William. "The Small Group and Democratic Social Engineering, 1900-1950". *Journal of Social Issues* 42-1. 1986.

Gregory, Chester W.. *Women in Defense Work during World War II*. New York: Exposition Press. 1974.

Guthe, Carl E.. "History of the Committee on Food Habits" in Committee on Food Habits, The Problem of Changing Food Habits: Report of Committee on Food Habit, 1941-1943, Bulletin of the National Research Council No. 108.. Washington. DC: National Research Council, National Academy of Science. 1943.

Harper, Roland. "Food Assessment and Food Acceptance as A Psychological Theme". A Contribution to a Symposium on Food Assessment and Food Acceptance at the British Psychological Society's Annual Conference. Hull. April 1960.

Howard, Jane. *Margaret Mead: A Life*. New York: Simon and Schuster. 1984.

Levenstein, Harvey A.. *Revolution at the Table: The Transfiguration of the American Diet*. Berkeley: University of California Press. 2003.

LeVine, Robert A.. "Culture and Personality Studies, 1918-1960: Myth and History." *Journal of Personality* 69. 2001.

Lutkehaus, Nancy C.. *Margaret Mead: The Making of an American Icon. Princeton*. NJ: Princeton University Press. 2008.

Nader, Laura.. "The Phantom Factor: Impact of the Cold War on Anthropology". Noam Chomsky, Richard C. Lewontin, Laura Nader, Richard Ohmann, Immanuel Wallerstein, and Howard Zinn. *The Cold War and the University: Toward an Intellectual History of the Postwar Years*. New York: The New Press. 1997: 정연복 역. 『냉전과 대학: 냉전의 서막과 미국의 지식인들』. 당대. 2001.

Neiburg, Federico, Goldman, Marcio, and Gow, Peter. "Anthropology and Politics in

Studies of National Character". *Cultural Anthropology* 13. 1998.

Mansfield, Harvey. *Short History of OPA*. Washington D.C.: U.S. Government Printing Office. 1951,

Mandler, Peter. "One World, Many Cultures: Margaret Mead and the Limits to Cold War Anthropology". *History Workshop Journal* 68. 2009.

McLaughlin, Neil G.. "Why Do Schools of Thought Fail? Neo-Freudianism as A Case Study in the Sociology of Knowledge". *Journal of the History of the Behavioral Science* 34. 1998.

Myrdal, Alva and Vincent, P.. *Are We Too Many? UNESCO, Food and People*. London: Bureau of Current Affairs. 1949.

Perry, Lewis. *Intellectual Life in America*. Chicago: The University of Chicago Press. 1984.

Plilcher, Jeffrey M.. *The Oxford Handbook of Food History*. New York: Oxford University Press. 2012.

Polenberg, Richard. *War and Society: The United States*, 1941-1945, Philadelphia. PA: Praeger. 1972.

Pollack, Herbert. "Hunger USA 1968: A Critical Review". *The American Journal of Clinical Nutrition* 22-4. 1969.

Price, David H.. *Anthropological Intelligence: the Deployment and Neglect of American Anthropology in the Second World War, Durham*. NC: Duke University Press. 2008.

Rechcigl, Jr. Miloslav, ed.. *CRC Handbook Series in Nutrition and Food. Cleveland*. OH: CRC Press. 1977.

Roberts, Lydia. "Beginning of the Recommended Dietary Allowances". *Journal of the American Dietetic Association* 34-9. 1959.

Ruxin, Joshua Nalibow. "Hunger, Science, and Politics: FAO, WHO, and Unicef Nutritional Policies, 1945-1979". Ph.D. Dissertation. University College London. 1996.

Ruxin, Joshua Nalibow. "The United Nations Protein Advisory Group in Food, Science, Policy, and Regulation in the Twentieth Century: International and Comparative Perspective". Smith SF. Phillips, ed.. London: Routledge. 2000.

Scott-Smith, Tom. *On an Empty Stomach: Two Hundred Years of Hunger Relief*. Ithaca: Cornell University Press. 2020.

Scrinis, Gyorgy. *Nutritionism: The Science and Politics of Dietary Advice*. New York: Columbia University Press. 2013.

Semba, Richard D.. "The Rise and Fall of Protein Malnutrition in Global Health". *Annal of*

Nutrition & Metabolism 69. 2016.

Shaw D. John. "The World Food Council: The Rise and Fall of a United Nations Body". *Canadian Journal of Development Studies* 30 no. 3-4. 2010.

Spang, Rebecca L.. "The Cultural Habits of a Food Committee". *Food and Foodway* 2-1. 1987.

Steckel, Richard H. and Jerome C. Rose. ed.. *The Backbone of History: Health and Nutrition in the Western Hemisphere*. Cambridge: Cambridge University Press. 2002.

Wellin, Edward. "Cultural Factors in Nutrition". *Nutrition Review* 13-5. 1955.

Yoshihara, Mari. *Embracing the East: White Women and American Orientalism*. New York: Oxford University Press. 2003.

복식(服食)에 기반한 질병 치료와 회춘-장수 담론의 형성 / 최성운

김광래 옮김. 가와하라 히데키. 『독약은 입에 쓰다 - 불로불사를 꿈꾼 중국의 문인들』. 성균관대학교출판부. 2009.

김남일. 『한의학에 미친 조선의 지식인들 - 유의열전儒醫列傳』. 도서출판 들녘. 2011.

安瑋. 洪胤昌. 『忠州救荒切要』(국사편찬위원회 소장).

이황. 『陶山全書』. 韓國精神文化研究院. 1980.

손홍렬. 『韓國醫學史研究』. 修書院. 2014.

신동원. 『조선의약생활사』. 들녘. 2014.

윤용갑. 『동의방제와 처방해설』. 의성당. 1998

黄永鋒. 『道教服食技术研究』. 東方出版社. 2008,

김성수. 「『묵재일기』(默齋日記)가 말하는 조선인의 질병과 치료」. 『역사연구』 24. 2013.

김성수. 「16세기 중반 지방 士族의 醫療 활동 - 경상북도 星州의 李文楗 사례 -」. 『한국한의학연구원논문집』 13-2. 2007.

김성수. 「16世紀 鄕村醫療實態와 士族의 對應 - 『默齋日記』에 나타난 李文楗의 사례를 중심으로 -」. 경희대학교 석사학위논문. 2001.

김호. 「16세기 후반 京·鄕의 의료환경: 『眉巖日記』를 중심으로」. 『대구사학』 64. 2001.

김호. 「朝鮮前期 對民 醫療와 醫書 編纂」. 『국사관논총』 68. 1996.

민정희. 「16世紀 星州地域 兩班家의 巫俗信仰 硏究: 『默齋日記』를 中心으로」. 연세대학교 박사학위논문. 2019.

박재홍. 「16世紀 조선시대 治病을 위한 巫俗활용 양상 - 李文楗의 『默齋日記』를 중심으로 -」.

『漢文古典研究』46. 2023.

백유상.「救荒辟穀方에 대한 考察 - 韓國 醫書를 중심으로 -」.『대한한의학원전학회지』 37-2. 2024.

신동원.「미시사 연구의 방법과 실제 - 이문건의 유의일기(儒醫日記)」.『의사학』24-2. 2015.

신동원.「이황의 의술과 퇴계 시대의 의학」.『퇴계학논집』6. 2010.

오재근.「약 하나로 병 하나 고치기(用一藥治一病) :『동의보감』단방의 편찬과 계승」. 『의사학』22-1. 2014.

이재경.「명종~선조대 압록강 방면 여진족 집단들과 조선」.『한국문화』83. 2018.

최종성.「儒醫와 巫醫 - 유교와 무속의 치유」.『종교연구』26. 2002.

『經史證類大觀本草』(日本公文書館 소장) [cited at 1 August, 2024]: Available from: https://commons.wikimedia.org/wiki/File:NAJDA-304-0289_%E7%B5%8C%E5%8F%B2%E8%A8%BC%E9%A1%9E%E5%A4%A7%E8%A6%B3%E6%9C%AC%E8%8D%89_%E5%B7%BB3-5.pdf

『명종실록』 [cited at 1 August, 2024]: Available from: https://sillok.history.go.kr/search/inspectionMonthList.do

『普濟方』 [cited at 1 August, 2024]: Available from: https://jicheng.tw/tcm/book/%E6%99%AE%E6%BF%9F%E6%96%B9/%E6%99%AE%E6%BF%9F%E6%96%B9/index.html

『宣祖實錄』 [cited at 1 August, 2024]: Available from: https://sillok.history.go.kr/search/inspectionMonthList.do

『聖濟總錄』 [cited at 1 August, 2024]: Available from: https://jicheng.tw/tcm/book/%E8%81%96%E6%BF%9F%E7%B8%BD%E9%8C%84/index.html

『승정원일기』 [cited at 1 August, 2024]: Available from: https://sjw.history.go.kr/main.do

『月洲集』 [cited at 1 August, 2024]: Available from: https://db.itkc.or.kr/dir/item?itemId=MO#/dir/node?dataId=ITKC_MO_0390A&solrQ=query%E2%80%A0%E6%9C%88%E6%B4%B2%E9%9B%86$solr_sortField%E2%80%A0%EA%B7%B8%EB%A3%B9%EC%A0%95%EB%A0%AC_s%20%EC%9E%90%EB%A3%8CID_s$solr_sortOrder%E2%80%A0$solr_secId%E2%80%A0MO_AA$solr_toalCount%E2%80%A013$solr_curPos%E2%80%A00$solr_solrId%E2%80%A0SJ_ITKC_MO_0390A

『醫方類聚』 [cited at 1 August, 2024]: Available from: https://db.itkc.or.kr/dir/item?itemId=GO#/dir/node?dataId=ITKC_GO_1522A

『人物考』 [cited at 18 August, 2024]: Available from: https://db.itkc.or.kr/dir/item?itemId=KP#/dir/node?dataId=ITKC_KP_C005A_0180_010_0050&solrQ=

opInRes%E2%80%A0Y$prevQuery%E2%80%A0%E6%9D%8E%E6%96%87%E6%A5%97$prevQuery2%E2%80%A0%E8%A1%8C%EF%A7%BA$query%E2%80%A0%E6%B4%BB%E4%BA%BA$solr_sortField%E2%80%A0%EA%B7%B8EB%A3%B9%EC%A0%95%EB%A0%AC_s%20%EC%9E%90%EB%A3%8CID_s$solr_sortOrder%E2%80%A0$solr_secId%E2%80%A0KP_AA$solr_toalCount%E2%80%A01$solr_curPos%E2%80%A00$solr_solrId%E2%80%A0BD_ITKC_KP_C005A_0180_010_0050

『重修政和證類本草』[cited at 1 August, 2024]: Available from: https://mediclassics.kr/.

『重修政和經史證類備用本草』[cited at 1 August, 2024]: Available from: https://jicheng.tw/tcm/book/%E8%AD%89%E9%A1%9E%E6%9C%AC%E8%8D%89/index.html

『芝峯類說』[cited at 1 August, 2024]: Available from: https://db.itkc.or.kr/dir/item?itemId=GO#/dir/node?dataId=ITKC_GO_1304A

『太平聖惠方』[cited at 1 August, 2024]: Available from: https://jicheng.tw/tcm/book/%E5%A4%AA%E5%B9%B3%E8%81%96%E6%83%A0%E6%96%B9/index.html

『太平惠民和劑局方』[cited at 1 August, 2024]: Available from: https://jicheng.tw/tcm/book/%E5%A4%AA%E5%B9%B3%E6%83%A0%E6%B0%91%E5%92%8C%E5%8A%91%E5%B1%80%E6%96%B9/index.html

『한국민족문화대백과사전』. [cited at 1 August, 2024]: Available from: https://encykorea.aks.ac.kr/

『鄕藥集成方』[cited at 1 August, 2024]: Available from: https://mediclassics.kr/books/93/volume/1#content_1

宋英耈. 『瓢翁遺稿』. [cited at 1 August, 2024]: Available from: https://db.itkc.or.kr/dir/item?itemId=MO#/dir/node?dataId=ITKC_MO_0732A&solrQ=query%E2%80%A0%E7%93%A2%E7%BF%81%E9%81%BA%E7%A8%BF$solr_sortField%E2%80%A0%EA%B7%B8%EB%A3%B9%EC%A0%95%EB%A0%AC_s%20%EC%9E%90%EB%A3%8CID_s$solr_sortOrder%E2%80%A0$solr_secId%E2%80%A0MO_AA$solr_toalCount%E2%80%A02$solr_curPos%E2%80%A00$solr_solrId%E2%80%A0SJ_ITKC_MO_0732A

宋寅. 『頤庵遺稿』. [cited at 1 August, 2024]: Available from: https://db.itkc.or.kr/dir/item?itemId=MO#/dir/node?dataId=ITKC_MO_0162A&solrQ=query%E2%80%A0%E9%A0%A4%E5%BA%B5%E9%81%BA%E7%A8%BF$solr_sortField%E2%80%A0%EA%B7%B8%EB%A3%B9%EC%A0%95%EB%A0%AC_s%20%EC%9E%90%EB%A3%8CID_s$solr_sortOrder%E2%80%A0$solr_secId%E2%80%A0MO_AA$solr_toalCount%E2%80%A01$solr_

curPos%E2%80%A00$solr_solrId%E2%80%A0SJ_ITKC_MO_0162A

楊禮壽. 『醫林撮要』. [cited at 1 August, 2024]: Available from: https://db.itkc.or.kr/
dir/item?itemId=GO#/dir/node?dataId=ITKC_GO_1479A&solrQ=query%
E2%80%A0%E9%86%AB%E6%9E%97%E6%92%AE%E8%A6%81$solr_sort
Field%E2%80%A0%EA%B7%B8%EB%A3%B9%EC%A0%95%EB%A0%AC_
s%20%EC%9E%90%EB%A3%8CID_s$solr_sortOrder%E2%80%A0$solr_
secId%E2%80%A0GO_AA$solr_toalCount%E2%80%A033$solr_
curPos%E2%80%A00$solr_solrId%E2%80%A0SJ_ITKC_GO_1479A

柳重臨. 『增補山林經濟』. [cited at 1 August, 2024]: https://jsg.aks.ac.kr/dir/view?dataId=
JSG_K3-318

柳希春. 『眉巖日記』. [cited at 1 August, 2024]: Available from: https://jsg.aks.ac.kr/
viewer/viewTxt?itemCode=TXT_ARC_AA&dataId=TMP_55024%7C001#node?data
Id=ARC_55024_001_0001

李文楗. 『默齋日記』. [cited at 1 August, 2024]: Available from: https://jsg.aks.ac.kr/vj/dy/
item?#node?itemId=dy&gubun=book&subCnt=10&depth=2&upPath=Z&dataId=
G002%2BJSG%2BKSM-XG.1535.0000-20181130.D50101

李應禧. 『玉潭詩集』. [cited at 1 August, 2024]: Available from: https://db.itkc.or.kr/
dir/item?itemId=BT#/dir/node?dataId=ITKC_BT_1438A&solrQ=query%E
2%80%A0%E7%8E%89%E6%BD%AD%E8%A9%A9%E9%9B%86$solr_sort
Field%E2%80%A0%EA%B7%B8%EB%A3%B9%EC%A0%95%EB%A0%AC_
s%20%EC%9E%90%EB%A3%8CID_s$solr_sortOrder%E2%80%A0$solr_
secId%E2%80%A0BT_AA$solr_toalCount%E2%80%A01$solr_
curPos%E2%80%A00$solr_solrId%E2%80%A0SJ_ITKC_BT_1438A

이이. 『栗谷全書』. [cited at 1 August, 2024]: Available from: https://db.itkc.or.kr/dir/
item?itemId=MO#/dir/node?dataId=ITKC_MO_0201A

李海壽. 『藥圃遺稿』. [cited at 1 August, 2024]: Available from: https://db.itkc.or.kr/
dir/item?itemId=MO#/dir/node?dataId=ITKC_MO_0202A&solrQ=query%
E2%80%A0%E8%97%A5%E5%9C%83%E9%81%BA%E7%A8%BF$solr_sort
Field%E2%80%A0%EA%B7%B8%EB%A3%B9%EC%A0%95%EB%A0%AC_
s%20%EC%9E%90%EB%A3%8CID_s$solr_sortOrder%E2%80%A0$solr_
secId%E2%80%A0MO_AA$solr_toalCount%E2%80%A07$solr_
curPos%E2%80%A00$solr_solrId%E2%80%A0SJ_ITKC_MO_0202A

張杲. 『醫說』. [cited at 1 August, 2024]: Available from: https://jicheng.tw/tcm/
book/%E9%86%AB%E8%AA%AA/index.html

한의학대사전 편찬위원회. 한의학대사전. 서울. 정담. 2001. [cited at 1 August, 2024]:

Available from: https://terms.naver.com/list.naver?cid=58505&categoryId=58527

許浚.『東醫寶鑑』. [cited at 1 August, 2024]: Available from: https://mediclassics.kr/books/8/volume/1#content_3

洪萬選.『山林經濟』. [cited at 1 August, 2024]: Available from: https://db.itkc.or.kr/dir/item?itemId=BT#/dir/node?dataId=ITKC_BT_1298A

黃道淵.『醫宗損益』. [cited at 1 August, 2024]: Available from: https://mediclassics.kr/books/59/volume/1#content_1

의료 기술의 발전과 위협받는 생명 / 조태구

선고 2004헌마1010. 2005헌바90(병합).

선고 2022헌마356. 2023헌마189·1305(병합).

「태아 성감별 헌재판결. 의료계 우려·환영 교차」,《병원신문》. 2008.08.01.

변종필.「태아 성감별교지 금지의 위헌성 검토」,『비교법연구』9-1. 2008.

보건복지부.「2005년 인공임신중절 실태조사 및 종합대책수립」. 2005: https://www.mohw.go.kr/board.es?mid=a10411010100&bid=0019&tag=&act=view&list_no=336480 (2024.11.28.접속)

_____.「2018년 인공임신중절 실태조사」. 2018. 233쪽: https://www.mohw.go.kr/board.es?mid=a10411010200&bid=0019&act=view&list_no=349015&tag=&nPage=1

양현아.「의료법상 태아의 성감별 행위 등 금지 조항의 위헌 여부 판단을 위한 사회과학적 의견」,『서울대학교 법학』50-4. 2009.

정창환·최규진.「태아성감별행위 및 고지금지법 폐지의 필요성」,『한국의료윤리학회지』24-3. 2021.

한국리서치.「2023년 자녀·육아인식조사」: https://hrcopinion.co.kr/archives/26991 (2024.11.28. 접속)

_____.「2024년 자녀·육아인식조사」: https://hrcopinion.co.kr/archives/30178 (2024.11.28.접속)

한국보건사회연구원.「2018년 전국 출산력 및 가족보건·복지 실태조사」. 2018: https://www.kihasa.re.kr/publish/report/view?type=research&seq=27889 (2024.11.28.접속)

김승래　경희대학교 인문학연구원 HK+통합의료인문학연구단 HK연구교수. 경희대학교 사학과에서 공부한 뒤 일본 도쿄대학교에서 문학 박사 학위를 받았다. 전문 분야는 중국 근대 개항장 도시의 도시 행정으로, 현재 동아시아 전역의 근대 도시를 중심으로 연구하고 있다. 주요 논문으로는 「20세기 초 상해 공공조계의 보산현 확장 문제 - 1908년 확장 교섭을 중심으로」, 「청말 상해 공공조계 월계로 지구의 과세 문제(清末の上海共同租界越界路地区における課税問題)」가 있다.

김태은　경희대학교 인문학연구원 HK+통합의료인문학연구단 HK연구교수. 경희대학교 철학과를 졸업하고, 동대학원 한의철학 협동과정 석사학위를 받았으며, 도쿄대학 인문사회계연구과 박사학위를 취득했다. 주요 논문으로 「중국 고대에 있어서의 天관념과 의학사상의 형성 : 天의 多義性과 天人의 관계에 대한 本末의 治法」(2021), 「無爲思想의 應用과 自然治癒力의 醫術 : 『老子』・『莊子』・『淮南子』・『黃帝內經』에 나타난 治身論史를 중심으로」(2023), 「『管子』의 도가적 신체론과 법가적 체계 : 心性修養論과 醫學史에 있어서의 문헌적 위치에 관한 연구」(2024) 등이 있다.

박성호　경희대학교 인문학연구원 HK+통합의료인문학연구단 HK연구교수. 고려대학교 국어국문학과를 졸업하고, 같은 곳에서 석사, 박사학위를 받았다. 주요 저서와 논문으로 『예나 지금이나』(공저), 『의료문학의 현황과 과제』(공저), 『감염병을 바라보는 의료인문학의 시선』(공저), 「영화 〈프로메테우스〉의 창조자 - 피조물 관계와 인간강화의 역설」, 「1900-

1910년대 신문연재소설에 나타난 병원의 역할과 의미」, 「감사장을 중심으로 한 1910년대 매약 광고와 의료의 이중성」 등이 있다.

이동규　경희대학교 인문학연구원 HK+통합의료인문학연구단 HK연구교수. 고려대학교를 나와 같은 학교 대학원에서 석사학위를 받은 후 미국 컬럼비아 대학교 석사학위를 취득했다. 이후, 홍콩대학교에서 박사학위를 받았다. 주요 논문은 "The Solution Redefined: Agricultural Development, Human Rights, and Free Markets at the 1974 World Food Conference", 「식량과 인권: 1960년대 후반 식량농업기구의 '기아로부터의 자유운동'과 사회경제적 권리」, 「곡물대탈취: 1973년 미국-소비에트 곡물 거래와 국제 식량 체계의 위기」 등이 있다.

정세권　경희대학교 인문학연구원 HK+통합의료인문학연구단 HK연구교수. 서울대학교 농생물학과를 졸업하고 동대학원 과학사 및 과학철학 협동과정에서 석박사학위를 받았다. 서양 과학기술의 역사 특히 특히 미국 의료의 역사를 공부하고 있고, 최근에는 한국 의료의 역사도 연구하고 있다. 특히 미국의 대외정책과 공중보건의 관계 및 한국에 미친 영향, 1960년대 이후 한국 의료의 전문화 및 상업화, 의료기술의 역사 등에 관심을 갖고 있다. 『면역국가의 탄생 - 20세기 미국의 백신접종 논쟁사』(2024), 『본성과 양육이라는 신기루』(2013) 등 다수의 번역서와 『질병과 함께 걷다』(2024), 『첨단기술시대의 의료와 인간』(2024), 『새로운 의료, 새로운 환자』(2023), 『환자란 무엇인가』(2023) 등 공저서를 출판했다.

조민하　경희대학교 인문학연구원 HK+통합의료인문학연구단 HK연구교수. 고려대학교 국어국문학과를 졸업하고 동 대학원에서 국어음성학 석사학위와 박사학위를 받았다. 주요 논저로는 『나이듦과 함께하는 의료인문학』(공저), 『첨단기술 시대의 의료와 인간』(공저), 「환자중심형 의료커뮤니케이션 위한 방안(1): 의사의 친절함을 중심으로」, 「환자중심형 의료커뮤니케이션 위한 방안(2): 의사의 존중 표현을 중심으로」, 「인공지능을 활용한 의료상담의 인식과 과제: 20대 대학생 대상 설문조사를 통하여」 등이 있다.

조태구 경희대학교 인문학연구원 HK+통합의료인문학연구단 HK교수. 경희대학교에서 베르크손에 대한 연구로 석사학위를 받고 프랑스10대학에서 앙리에 대한 연구로 철학 박사학위를 받았다. 주요 저서와 논문으로는 『의철학 연구 - 동서양의 질병관과 그 경계』(공저), 「반이데올로기적 이데올로기 - 의철학 가능성 논쟁: 부어스와 엥겔하르트를 중심으로」, 「삶과 자기-촉발 - 미셸 앙리의 역동적 현상학」, 「돌봄, 주체 그리고 삶: 미셸 앙리와 돌봄에 대한 다른 접근 가능성」 등이 있다.

최성운 경희대학교 인문학연구원 HK+통합의료인문학연구단 HK연구교수. 서울대학교 고고미술사학과와 원광대학교 한의학과를 나와 경희대학교 대학원에서 의사학 전공으로 한의학 석사와 박사 학위를 받았다. 주요 논문으로는 「이제마의 독창적인 인체관의 형성요인 연구 - 이제마의 궁술수련과 방광을 중심으로」와 「약물 처방 하나로 질병 치료부터 회춘과 장수까지 - 16세기 중후반 조선의 도교양생법 복식(服食)에 대한 미시사적 연구」, 「차력, 강신(降神)과 약물을 통한 인간 몸의 변환과 신적 세계의 구현 - 19세기 중반 조선의 차력의 초기양상과 계보에 대한 연구」 등이 있다.

[기타]

경희대학교 인문학연구원 / HK+통합의료인문학연구단 / 통합의료인문학 학술총서13

인문학으로 비추어보는 의료 발전의 이면

등록 1994.7.1 제1-1071
1쇄 발행 2025년 2월 28일

기 획   경희대학교 인문학연구원 HK+통합의료인문학연구단
지은이   김승래 김태은 박성호 이동규 정세권 조민하 조태구 최성운
펴낸이   박길수
편집장   소경희
편집 · 디자인   조영준
관 리   위현정
펴낸곳   도서출판 모시는사람들
          03147 서울시 종로구 삼일대로 457(경운동 수운회관) 1306호
전 화   02-735-7173 / 팩스 02-730-7173
홈페이지 http://www.mosinsaram.com/

인 쇄   피오디북(031-955-8100)
배 본   문화유통북스(031-937-6100)

값은 뒤표지에 있습니다.
ISBN   979-11-6629-224-8   94000
세 트   979-11-6629-001-5   94000

이 저서는 2019년 대한민국 교육부와 한국연구재단의 지원을 받아 수행된 연구임
(NRF-2019S1A6A3A04058286).